▶ 知识产权专业职称考试辅导用书

知识产权专业职称考试用书

〈知识导引〉 中级

陈 燕 / 主编

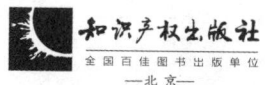
—北京—

图书在版编目（CIP）数据

知识产权专业职称考试用书·知识导引：中级/陈燕主编．—北京：知识产权出版社，2020.7
ISBN 978-7-5130-7023-2

Ⅰ.①知… Ⅱ.①陈… Ⅲ.①知识产权法—中国—资格考试—自学参考资料 Ⅳ.①D923.4

中国版本图书馆 CIP 数据核字（2020）第 112464 号

内容提要

本书是根据知识产权专业职称考试教材（中级）对应编写的辅导资料，对应教材，将其中的知识点一一梳理，使考生能够更好地掌握考试教材中的知识内容。本书的主要内容包括知识产权基础、专利申请、专利保护、专利运用、商标基础、商标使用、注册商标专用权的保护、著作权、地理标志、商业秘密、其他类型的知识产权等。

本书适用于参加知识产权专业职称考试（中级）的考生、知识产权行业工作人员、科研人员、企事业单位相关人员等。

责任编辑：张利萍　　　　　　　　　　　责任校对：谷　洋
封面设计：博华创意·张冀　　　　　　　责任印制：刘译文

知识产权专业职称考试用书·知识导引（中级）

陈　燕　主　编

出版发行	知识产权出版社有限责任公司	网　　址	http://www.ipph.cn
社　　址	北京市海淀区气象路 50 号院	邮　　编	100081
责编电话	010-82000860 转 8387	责编邮箱	65109211@qq.com
发行电话	010-82000860 转 8101/8102	发行传真	010-82000893/82005070/82000270
印　　刷	三河市国英印务有限公司	经　　销	各大网上书店、新华书店及相关专业书店
开　　本	787mm×1092mm　1/16	印　　张	16
版　　次	2020 年 7 月第 1 版	印　　次	2020 年 7 月第 1 次印刷
字　　数	332 千字	定　　价	66.00 元
ISBN 978-7-5130-7023-2			

出版权专有　侵权必究
如有印装质量问题，本社负责调换。

编写组

主　编　陈　燕

副主编　谢小勇　孙张岩

主要撰稿人

第一章：董　涛　张健佳

第二章：李永红　孙　琨

第三章：谢小勇　寿晶晶

第四章：陈　燕　孙　玮

第五章：孙张岩　杨国名

第六章：孙张岩　彭家新

第七章：孙张岩　崔　倩

第八章：易继明

第九章：谢小勇　孙　玮

第十章：马一德　于海江

第十一章：谢小勇　方　波

统稿人　孙　玮　王丽丽

审稿人　张健佳　李芬莲　崔　倩

前 言
INTRODUCTION

2019年6月，人力资源和社会保障部印发《关于深化经济专业人员职称制度改革的指导意见》，明确提出在经济师系列中增设知识产权专业职称。知识产权从业人员第一次有了属于自己的职称名称——知识产权师。这是知识产权领域职称工作的一项重大改革，对于发挥好人才评价的"指挥棒"作用，加强知识产权专业人才队伍建设，促进知识产权治理体系和治理能力现代化，推进创新型国家建设和经济社会高质量发展具有深远而重要的意义。

2019年11月以来，在国家知识产权局人事司的带领下，中国知识产权研究会组织有关专家，开展了经济专业技术资格考试知识产权专业科目考试大纲制定以及初级、中级考试用书的编写等相关工作。2020年3月，《经济专业技术资格考试知识产权专业知识与实务》初级、中级和高级考试大纲正式发布，引发知识产权从业人员高度关注。为帮助广大应试人员了解掌握知识产权专业技术资格考试的基础知识、把握考试重点、攻克考试难点，提高复习效率，中国知识产权研究会联合相关专家完成了《知识产权专业职称考试用书·知识导引》等书目的编写工作。

本书紧紧围绕《经济专业技术资格考试知识产权专业知识与实务（中级）》考试大纲和考试用书，结合中级考试测查应试人员"是否理解知识产权专业理论原理，掌握专业工作方法和专业技术，了解专业相关法律、规范（规定），以及是否具有运用上述知识从事知识产权专业实务工作，科学、合理地创造、运用、保护、管理知识产权的能力"的考试要求，将知识产权专业职称考试（中级）所需要了解、理解、熟悉和掌握的知识要点进行了全面提炼、系统梳理和形象展示，以帮助广大考生更为快速理解、掌握和贯通考试的知识点。全书简明扼要，图文并茂，是广大考生快速把握考试要求、熟悉领会知识要点的良好帮手。

本书的编写得到了国家知识产权局廖涛副局长、周晖国副局长、人事司王岚涛司长、丰兆龙副巡视员的大力支持和指导，在此表示衷心的感谢。本书的编写还得到了国家知识产权局条法司、战略规划司、知识产权保护司、知识产权运用促进司、公共服务司等部门的大力支持与帮助，在此深表谢意。此外，国家知识产权局人事司综合业务处郭新志处长、王亚琴副处长、陈君竹副调研员等同志对本书的编写提出了许多有益的意见和建议，在此深表感谢。中国知识产权研究会综合部孟睿、董美娜等同志也在本书编写过程中提供了许多帮助和支持，在此一并表示感谢。

由于时间仓促，水平有限，本书撰写过程中出现疏漏在所难免，希望广大读者批评指正并提供宝贵意见。后续我们将会根据真题和考情的具体状况适时完善和修订本书的内容。

编写组

2020 年 6 月

- **第一章 知识产权基础** …………………………………………………… 001
  - 一、基本内容框架 / 001
  - 二、主要知识点 / 003
  - 三、知识点解析 / 005

- **第二章 专利申请** ………………………………………………………… 031
  - 一、基本内容框架 / 031
  - 二、主要知识点 / 032
  - 三、知识点解析 / 033

- **第三章 专利保护** ………………………………………………………… 040
  - 一、基本内容框架 / 040
  - 二、主要知识点 / 042
  - 三、知识点解析 / 043

- **第四章 专利运用** ………………………………………………………… 067
  - 一、基本内容框架 / 067
  - 二、主要知识点 / 068
  - 三、知识点解析 / 070

- **第五章 商标基础** ………………………………………………………… 096
  - 一、基本内容框架 / 096

二、主要知识点 / 097
　　三、知识点解析 / 098

■ **第六章　商标使用** …………………………………………………………… 110
　　一、基本内容框架 / 110
　　二、主要知识点 / 112
　　三、知识点解析 / 113

■ **第七章　注册商标专用权的保护** …………………………………………… 134
　　一、基本内容框架 / 134
　　二、主要知识点 / 136
　　三、知识点解析 / 137

■ **第八章　著作权** ……………………………………………………………… 161
　　一、基本内容框架 / 161
　　二、主要知识点 / 163
　　三、知识点解析 / 164

■ **第九章　地理标志** …………………………………………………………… 198
　　一、基本内容框架 / 198
　　二、主要知识点 / 199
　　三、知识点解析 / 200

■ **第十章　商业秘密** …………………………………………………………… 215
　　一、基本内容框架 / 215
　　二、主要知识点 / 216
　　三、知识点解析 / 217

■ **第十一章　其他类型知识产权** ……………………………………………… 221
　　一、基本内容框架 / 221
　　二、主要知识点 / 222
　　三、知识点解析 / 223

第一章 知识产权基础

一、基本内容框架

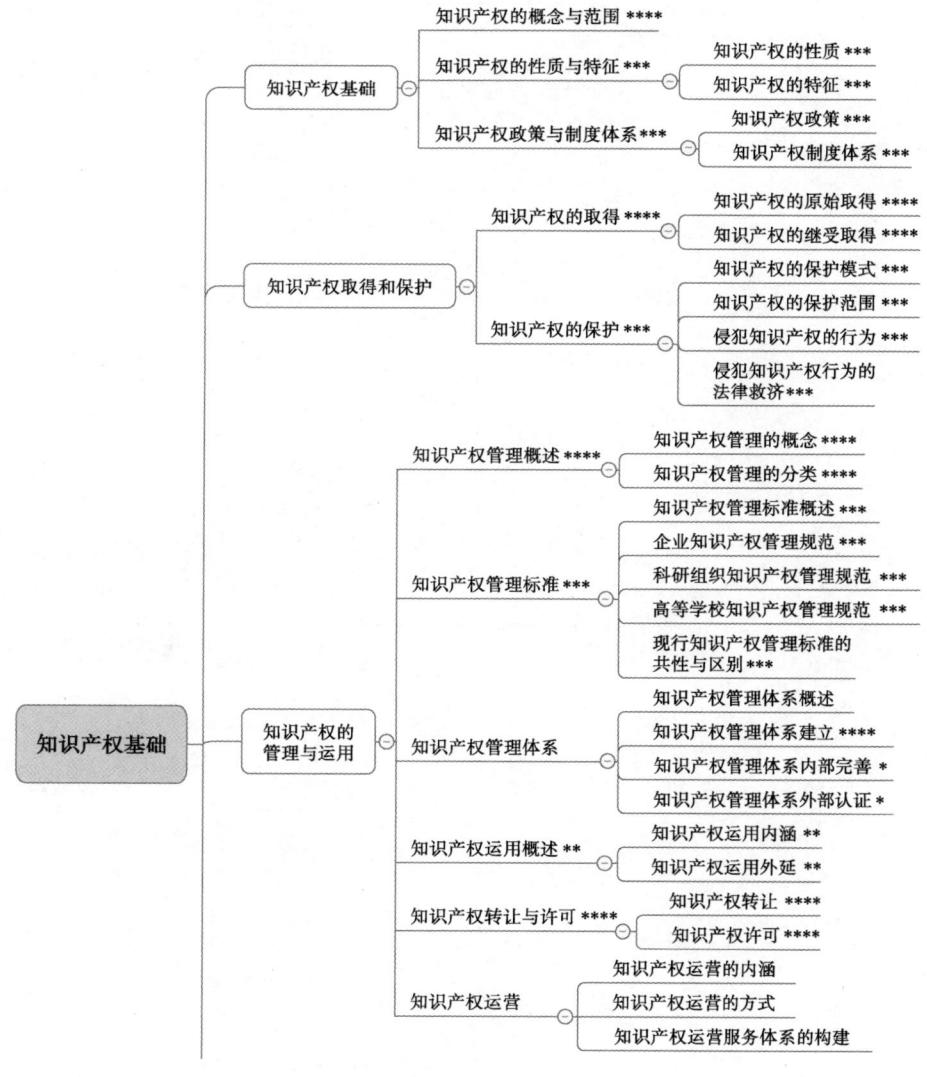

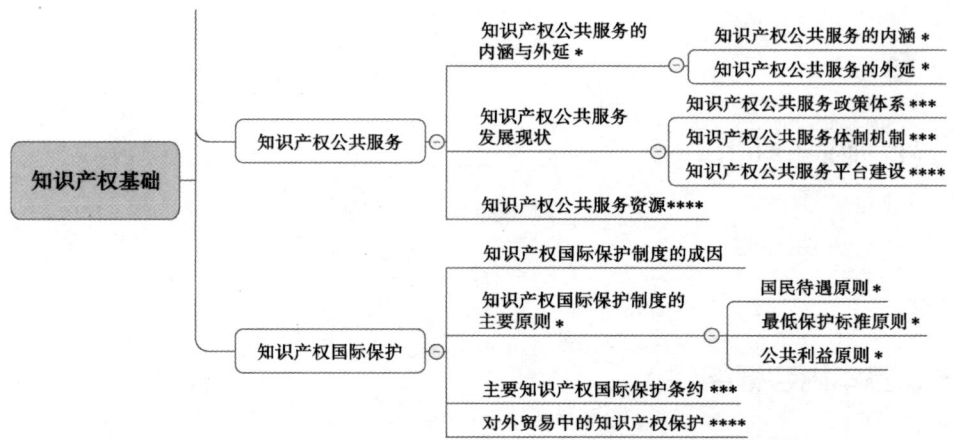

二、主要知识点

（一）掌握 ＊＊＊＊

1. 知识产权的概念
2. 知识产权的范围
3. 知识产权的原始取得
4. 知识产权的继受取得
5. 知识产权管理的概念
6. 知识产权管理的分类
7. 知识产权管理体系建立
8. 知识产权转让
9. 知识产权许可
10. 知识产权公共服务平台建设
11. 知识产权公共服务平台资源
12. 知识产权公共服务产品资源
13. 知识产权公共服务信息资源
14. 知识产权公共服务人才资源
15. 对外贸易中的知识产权保护

（二）熟悉 ＊＊＊

16. 知识产权的性质
17. 知识产权的特征
18. 知识产权政策
19. 知识产权制度体系
20. 知识产权的保护模式
21. 知识产权的保护范围
22. 侵犯知识产权的行为
23. 侵犯知识产权行为的法律救济
24. 知识产权管理标准概述
25. 企业知识产权管理规范
26. 科研组织知识产权管理规范

27. 高等学校知识产权管理规范

28. 现行知识产权管理标准的共性与区别

29. 知识产权公共服务政策体系

30. 知识产权公共服务体制机制

31. 《巴黎公约》

32. 专利国际条约

33. 商标国际条约

34. 著作权国际条约

35. 《与贸易有关的知识产权协定》

(三) 理解 * *

36. 知识产权运用内涵

37. 知识产权运用外延

(四) 了解 *

38. 知识产权管理体系内部完善

39. 知识产权管理体系外部认证

40. 知识产权公共服务内涵

41. 知识产权公共服务外延

42. 国民待遇原则

43. 最低保护标准原则

44. 公共利益原则

三、知识点解析

知识点一　知识产权的概念

■ **大纲要求：掌握** ＊＊＊＊

概　念	知识产权（intellectual property）是人们对于自己的智力活动创造的成果和经营管理活动中的标记、商誉依法享有的权利
三个要点	知识产权是区别于传统所有权的另类权利，是产生于精神领域的非物质性的财产权
	知识产权是基于创造性智力成果和工商业标记所产生的权利
	知识产权是法定之权，其产生一般须由法律所认可
1986年《民法通则》颁布后，开始正式通行"知识产权"的称谓	

知识点二　知识产权的范围

■ **大纲要求：掌握** ＊＊＊＊

广　义（列举法）	包括专利权、著作权及其邻接权、商标权、商号权、商业秘密权、地理标志权、集成电路布图设计权等各种权利	
	国际法	1967年《成立世界知识产权组织公约》明确了知识产权的范围
		1994年《与贸易有关的知识产权协定》（《TRIPs协定》）明确了知识产权的范围
	国内法	1986年《民法通则》规定，知识产权包括著作权、专利权、商标权、发现权、发明权以及其他科技成果权
		2017年《民法总则》第123条规定知识产权客体包括作品；发明、实用新型、外观设计；商标；地理标志；商业秘密；集成电路布图设计；植物新品种以及法律规定的其他客体
狭　义	文学产权	包括著作权及其与著作权有关的邻接权，是关于文学、艺术、科学作品的创作者和传播者所享有的权利
	工业产权	包括专利权、商标权，是指工业、商业、农业、林业和其他产业中具有实用经济意义的一种无形财产权

知识点三　知识产权的性质

■ 大纲要求：熟悉＊＊＊

1. 知识产权是一种民事权利

1）知识产权是一种新型的民事权利，是一种法定权利，其类型、内容均由法律设定，不能通过合同约定，是一种有别于财产所有权的无形财产权。

2）知识产权的产生、行使和保护，适用民法的基本原则和基本制度。知识产权具有民事权利或私人财产权利的基本属性。《TRIPs协定》在其序言中强调知识产权是一项"私权"。

2. 知识产权客体具有非物质性

权利客体的非物质性是知识产权区别于民法物权的本质特性，是知识产权与相关权利的本质区别。

不发生有形控制的占有	人们对它的占有不是一种实在而具体的占据，而是表现为对某种知识、经验的认识与感受。知识产品虽具有非物质性特征，但它总要通过一定的客观形式表现出来，作为其表现形式的物化载体所对应的是物权而不是知识产权
不发生有形损耗的使用	知识产品的公开性是知识产权产生的前提条件。由于知识产品必须向社会公示、公布，人们从中得到有关知识即可使用，而且在一定时空条件下，可以被若干主体共同使用。上述使用不会像有形物使用那样发生损耗
不发生消灭知识产品的事实处分与有形交付的法律处分	知识产品不可能有实物形态消费而导致其本身消灭之情形，它的存在仅会因期间（即法定保护期）届满产生专有财产与社会公共财富的区别。同时，有形交付与法律处分并无联系。国家赋予知识产品的创造者以知识产权，并对这种权利实行有别于传统财产权制度的法律保护

知识点四　知识产权的特征

■ 大纲要求：熟悉＊＊＊

1. 专有性（排他性和绝对性）

1）知识产权专有性的表现：

①知识产权为权利人所独占，没有法律规定或未经权利人许可，任何人不得使用权利人的知识产品。

②对同一项知识产品，不允许有两个或两个以上同一属性的知识产权并存。

2）与所有权专有性的区别：

①所有权的排他性表现为所有人排斥非所有人对其所有物进行不法侵占、妨害或毁损，而知识产权的排他性则主要是排斥非专有人对知识产品进行不法仿制、假冒或剽窃。

②所有权的独占性是绝对的，即所有人行使对物的权利，既不允许他人干涉，也不需要他人积极协助，在所有物为所有人控制的情况下，且无地域和时间的限制。知识产权的独占性则是相对的，这种垄断性权利往往要受到权能方面的限制，且其独占性只有在一定空间地域和有效期限内才发生效力。

2. 地域性

1）知识产权的地域性。

知识产权受到地域的限制，其效力只限于本国境内。这一特点有别于有形财产权。

2）知识产品的国际性需求与知识产权的地域性限制的矛盾。

为了解决这一矛盾，各国先后签订了一系列保护知识产权的国际公约，成立了一些全球性或区域性的国际组织，在世界范围内形成了一套国际知识产权保护制度。

3）知识产权的严格地域性受到挑战，主要表现在：①跨国知识产权的出现；②涉外知识产权管辖权与法律适用的发展。

3. 时间性

1）知识产权仅在法律规定的期限内受到保护，一旦超过法律规定的有效期限，这一权利就自行消灭，相关知识产品即成为整个社会的共同财富，为全人类所共同使用。

2）时间性特点是知识产权与所有权的主要区别之一。

建立知识产权的目的在于采取特别的法律手段调整因知识产品创造或使用而产生的社会关系，这一制度既要促进文化知识的广泛传播，又要注重保护知识产品创造者的合法利益，协调知识产权专有性与知识产品社会性之间的矛盾。

知识产权的上述特征，是与其他民事权利，特别是所有权相比较而言的，是具有相对意义的概括和描述。这并不意味着各类知识产权都具备以上全部特征。从本质上说，只有客体的非物质性才是知识产权所属权利的共同法律特征。

知识点五　知识产权政策

■ 大纲要求：熟悉＊＊＊

要点：

1）知识产权政策是根据国家的经济、科技、文化的发展水平并且考虑未来的社会发展需要所作出的一种制度安排和政策选择。知识产权是一种社会政策工具。

2）政策的表现形式包括法律、条例、规章、规划、计划、措施和项目。知识产权在促进创新、推进经济发展这方面的作用并不是由法律孤立来发挥的，需配合其他的公共政策联动才能实现国家经济与社会进步。

3）西方国家以知识产权制度作为国家发展的制度支撑，其共同经验是把知识产权作为一种富国、强国的制度工具。

4）2008年4月9日，我国通过了《国家知识产权战略实施纲要》（以下简称《纲要》），6月初，国务院印发了《纲要》，这标志着中国知识产权战略正式启动实施，对我国运用知识产权制度促进经济社会全面发展，具有特别深远的意义。

知识点六　知识产权制度体系

■ 大纲要求：熟悉＊＊＊

知识产权法的立法框架

1	知识产权的主体制度	知识产权的主体，是知识形态商品生产者和交换者在法律上的资格反映。什么人可以参加知识产权法律关系，享有何种权利或承担何种义务，是由国家法律直接规定的
2	知识产权的客体制度	知识产权的保护对象即知识产品是一种有别于动产、不动产的精神财富或无形财产，什么样的知识产品能够成为权利客体而受到保护，通常需要有法律上直接而具体的规定
3	知识产权的权项制度	知识产权是知识财产法律化、权利化的表观。由于知识产品的类型不同，其权利的内容范围也有所区别。除少数知识产权类型具有人身与财产的双重权能内容外，大多数知识产权即是知识财产权
4	知识产权的利用制度	知识形态商品关系的横向联系，即知识产品的交换和流通在法律上表现为知识产权的转让及使用许可等。法律承认文化交流、图书贸易、技术转让等各种流转形式，保护知识产品的创造者、受让者、使用者等各方的合法权益

续表

5	知识产权的保护制度	知识产权的侵权与救济是知识产权保护制度的核心内容。知识产权法明文规定权利的效力范围，制裁各类直接侵权行为和间接侵权行为，并提供民事、行政及刑事的多种法律救济手段
6	知识产权的管理制度	知识产权的取得、转让及消灭，必须遵照法律的规定，并接受主管机关的管理。法律一般规定有相关管理机关的职责，并赋予其对有关知识产权问题进行行政调解、管理和处罚的权力

我国现行知识产权立法包括的法律制度

1	著作权法律制度	以保护创作者和传播者的专有权利为宗旨，其客体范围除一般意义上的作品外，还应包括民间文学艺术和计算机软件
2	专利权法律制度	以工业技术领域的发明创造成果为保护对象，其专有权利包括发明专利权、实用新型专利权、外观设计专利权
3	工业版权法律制度	兼有著作权、专利权双重因素的新型知识产权，表现为集成电路布图设计专有权等
4	商标权法律制度	一种主要的工业产权法律制度，其保护对象包括商品商标和服务商标
5	商号权法律制度	对工商企业名称或字号的专用权进行保护的法律制度，其立法形式可采取单行法规形式，也可采取与商标权合并立法形式
6	地理标志权法律制度	以地理标志权为保护对象，禁止使用虚假地理标志的法律制度，其立法形式一般规定在反不正当竞争法中，也可制定单行法规
7	商业秘密权法律制度	以未公开的信息包括经营秘密和技术秘密为保护对象的法律制度，可以制定单行法规，亦可列入反不正当竞争法中
8	反不正当竞争法律制度	制止生产经营活动中不正当损害他人知识产权行为的专门法规，适用于各项知识产权制度无特别规定或不完备时需要给予法律制裁的侵害事实

知识点七　知识产权的原始取得

■ **大纲要求：掌握** ＊＊＊＊

权利产生的法律事实包括两个方面	创造者的创造性行为
	国家机关的授权性行为
知识产权主体制度的身份原则具有两个特点	创造者的身份一般属于从事创造性智力劳动的自然人，但在有的情况下也可能归属于组织、主持创造活动并体现其意志或承担相应责任的法人
	创造者的身份既是智力创造性活动这一事实行为的结果，又是行为人取得知识产权的前提。在有关权益纠纷中，创造者身份的确认对判定权源、划分权属有着重要的意义

此外，在某些知识产权的原始取得中，如专利、商标，国家机关的授权行为是权利主体资格最终得以确认的必经程序。

知识点八　知识产权的继受取得

■ **大纲要求：掌握** ＊＊＊＊

要点：
①继受取得的原因分为两类：合同转让和继承。继承包括：法定继承和遗嘱继承。
②知识产权权利价值的实现过程：创造——传播——使用。
③知识产权继受取得区别于所有权相关制度的社会意义：知识产权所有人往往要借助他人的意思和行为来实现自己的利益。

知识点九　知识产权的保护模式

■ **大纲要求：熟悉** ＊＊＊

我国知识产权保护模式采取"双轨制"：知识产权侵权纠纷发生后，权利人既可请求有关行政主管机关处理，也可直接向有管辖权的人民法院起诉。

知识产权行政保护的特点：及时性、灵活性，是打击侵权的必要环节。在私权理念下，对权利人的补救强调"损害填补"，权利人所受损害应得到及时、有效、全面的赔偿。

司法保护是主要的保护方式，其法律基础是一国司法的权威性和社会公信力。

知识点十　知识产权的保护范围

■ **大纲要求：熟悉** ＊＊＊

知识产权的保护范围：客体是无形财产，其保护范围要求法律给予特别规定。
1）在保护范围内，权利人对自己的知识产品可以行使各种权利。
2）超出这个范围，权利人的权利失去效力，不得排斥他人对知识产品的使用。

知识点十一　侵犯知识产权的行为

■ **大纲要求：熟悉** ＊＊＊

侵犯知识产权的行为主要包括以下几个方面：
1）未经授权，在生产、经营、广告、宣传、表演和其他活动中使用相同或者近似的商标、特殊标志、专利、作品和其他创作成果；

2）伪造、擅自制造相同或者近似的商标标识、特殊标志或者销售伪造、擅自制造的商标标识、特殊标志；

3）变相利用相同或者近似的商标、特殊标志、专利、作品和其他创作成果；

4）未经授权，在企业、社会团体、事业单位、民办非企业单位登记注册和网站、域名、地名、建筑物、构筑物、场所等名称中使用相同或者近似的商标、特殊标志、专利、作品和其他创作成果；

5）为侵权行为提供场所、仓储、运输、邮寄、隐匿等便利条件；

6）违反国家有关法律、法规规定的其他侵权行为；等等。

知识点十二 侵犯知识产权行为的法律救济

■ 大纲要求：熟悉＊＊＊

知识产权的保护形式包括民事、行政、刑事三种类型的救济措施。

1. 民事救济措施

民事救济措施具有维护权利状态或对权利人所受损害给予补偿之作用			
民事救济采取的主要方法	请求停止侵害	由于知识产品的特性所致，停止侵害是排除对权利人行使专有权利之"妨碍"，而不可能是制止对权利客体即知识产品之"侵害"	
	请求赔偿损失	按侵权人在侵权期间因侵权行为所得之利润计算	如权利人的实际损失和侵权人的非法所得不能确定的，则可以适用法定赔偿的有关规定，即由法官根据侵权行为的社会影响、侵权手段和情节、侵权时间和范围以及侵权人的主观过错程度，判决给予一定数额金钱的赔偿
		按权利人在被侵权期间因被侵权所受到的损失计算	

2. 行政救济措施

《TRIPs 协定》规定了海关中止放行制度	当受害人发现有侵权复制品经由海关进口或出口，则可向有关行政或司法机关提供书面申请和担保，由海关扣押侵权复制品，中止该类商品的放行	如海关查实被扣商品系侵权复制品，则予以没收
		如扣押错误，则申请人应赔偿被申请人的合理损失

我国知识产权立法对知识产权保护采取了行政保护与司法保护的双轨制。

3. 刑事救济措施

《TRIPs 协定》对各缔约方作了最低要求的规定，其适用条件包括	侵权使用达到一定的商业规模
	非法使用人主观上出于故意

续表

我国《刑法》规定	侵犯商标权罪、侵犯专利权罪、侵犯商业秘密罪等各种犯罪行为
	有期徒刑、拘役、管制、罚金等各种刑事处罚

知识点十三　知识产权管理的概念

■ **大纲要求：掌握 * * * ***

知识产权管理，是指国家有关部门为保证知识产权法律制度的贯彻实施，维护知识产权权利人的合法权益而进行的行政及司法活动，以及知识产权权利人和市场主体为使其智力成果发挥最大的经济效益和社会效益而制定各种规章制度、采取相应措施和策略的经营活动。

知识点十四　知识产权管理的分类

■ **大纲要求：掌握 * * * ***

根据管理主体	知识产权管理可以分为知识产权行政管理、行业知识产权管理、企业知识产权管理、事业单位知识产权管理等
根据管理客体	知识产权管理可以分为专利管理、商标管理、版权管理、集成电路布图设计管理、地理标志管理、植物新品种管理、商业秘密管理等
根据管理内容	知识产权管理可以分为知识产权创造管理、知识产权运用管理、知识产权保护管理、知识产权服务管理、知识产权文化管理等

知识点十五　知识产权管理标准概述

■ **大纲要求：熟悉 * * ***

1. 知识产权管理标准化工作概述

知识产权管理标准化工作，是知识产权行政管理部门以标准化工作为手段，推动知识产权创造、运用、保护、服务全流程管理与标准体系建设相结合，根据我国不同类别市场主体的现实需要和特点，研制发布相应知识产权管理标准并加以推动实施的统称。

我国于2014年12月成立了全国知识管理标准技术委员会（SAC/TC 554），由国家知识产权局归口管理，负责制修订知识产权、传统知识、组织知识等领域的国家标准，以及负责国际知识管理标准化对口工作。

2. 我国目前主要知识产权管理标准

序号	名称	标准号	发布和实施时间
1	《企业知识产权管理规范》	GB/T 29490—2013	2013年2月7日公开发布 2013年3月1日起正式实施
2	《科研组织知识产权管理规范》	GB/T 33250—2016	2016年12月13日公开发布 2017年1月1日起正式实施
3	《高等学校知识产权管理规范》	GB/T 33251—2016	2016年12月13日公开发布 2017年1月1日起正式实施

知识点十六　企业知识产权管理规范

■ **大纲要求：熟悉＊＊＊**

1. 应用范围

《企业知识产权管理规范》规定了企业策划、实施、检查、改进知识产权管理体系的要求。

适用范围：

1）建立知识产权管理体系。

2）运行并持续改进知识产权管理体系。

3）寻求外部组织对其知识产权管理体系的评价。

其他如事业单位、社会团体等非营利性组织，可参照该标准相关要求执行。

2. 框架内容

1	范围	明确了标准适用的组织
2	规范性引用文件	说明了标准引用其他标准的相关内容
3	术语和定义	界定了标准中提及的知识产权、过程、产品、体系、管理体系、知识产权方针、知识产权手册的定义
4	知识产权管理体系	规定了企业知识产权管理体系的主要内容
5	管理职责	规定了管理者及管理部门的职责权限
6	资源管理	规定了企业知识产权资源管理的要求
7	基础管理	规定了知识产权生命周期过程的管理要求
8	实施和运行	规定了企业生产经营环节的知识产权管理要求
9	审核和改进	规定了知识产权管理的检查和改进要求

知识点十七　科研组织知识产权管理规范

■ 大纲要求：熟悉＊＊＊

1. 应用范围

《科研组织知识产权管理规范》规定了科研组织策划、实施和运用、检查、改进知识产权管理体系的要求。

适用范围：中央或地方政府建立或出资设立的科研组织的知识产权管理。其他性质科研组织可参照执行。

2. 框架内容

1	范围	明确了标准适用的组织
2	规范性引用文件	说明了标准引用其他标准的相关内容
3	术语和定义	界定了标准中提及的科研组织、知识产权、知识产权方针、知识产权手册、员工、知识产权记录文件、科研项目、项目组、专利导航、知识产权专员的定义
4	总体要求	规定了建立、实施、运行知识产权管理体系的总体要求
5	管理职责	规定了管理者及管理部门的职责权限
6	基础管理	规定了科研组织知识产权基础管理的内容，包括人力资源、科研设施管理、合同管理、信息管理四个方面的管理要求
7	科研项目管理	规定了科研组织针对科研项目的知识产权管理要求
8	知识产权运用	规定了科研组织在知识产权运用环节的管理要求
9	知识产权保护	规定了科研组织为防止被侵权和知识产权流失应开展的工作
10	资源保障	规定了科研组织知识产权管理的基本保障要求
11	检查和改进	规定了科研组织知识产权管理体系持续改进的要求

知识点十八　高等学校知识产权管理规范

■ 大纲要求：熟悉＊＊＊

1. 应用范围

适用范围：我国各类高等学校的知识产权管理。其他教育组织可参照执行。

高等学校根据自身发展需求、创新方向及特点等，在实施过程中可对该标准内容进行适应性调整，建立符合实际的知识产权管理体系，实现全过程知识产权管理，提高科技创新能力,促进科技创新成果的价值实现。

2. 框架内容

1	范围	明确了标准适用的组织
2	规范性引用文件	说明了标准引用其他标准的相关内容
3	术语和定义	界定了标准中提及的知识产权、教职员工、科研项目、项目组、知识产权专员、专利导航的定义
4	文件管理	规定了高等学校知识产权文件的管理要求
5	组织管理	规定了管理者及管理部门的职责权限
6	基础管理	规定了高等学校知识产权基础管理的内容
7	知识产权获取	规定了高等学校在知识产权获取环节的管理要求
8	知识产权运用	规定了高等学校在知识产权运用环节的管理要求
9	知识产权保护	规定了高等学校在知识产权保护环节的管理要求
10	检查和改进	规定了高等学校知识产权管理体系持续改进的要求

知识点十九　现行知识产权管理标准的共性与区别

■ **大纲要求：熟悉 * * ***

1. 共性

1)目的性。共同目的是为市场主体组织建立、运行并持续改进其知识产权管理体系提供标准化指引。

2)科学性。均借鉴了 PDCA 循环的科学管理理念,提出基于过程方法的知识产权管理模型。

3)系统性。均提出了全业务、全流程的知识产权管理要求。

4)可操作性。综合考虑了不同主体的现实状况和实际需求,兼顾了同现有体系的融合性,明晰了组织结构中不同层级的职责与定位,明确了有关机构和项目全过程管理的内容与要求,确保标准实施任务清晰、操作可行。

5)前瞻性。标准内容既考虑了我国市场主体和创新主体的实际情况,同时还提出了适度超前的知识产权管理要求。

2. 区别

1)标准化对象不同。

2)管理目标不同。

3）管理架构不同。
4）内容侧重不同。

知识点二十　知识产权管理体系概述

企事业单位知识产权管理体系是以企事业单位经营发展为目标，确定知识产权方针和目标，以及实现该目标的过程以及相互关联或相互作用的要素集合，是企事业单位诸多管理体系的重要组成部分。

知识点二十一　知识产权管理体系建立

■ 大纲要求：掌握 * * * *

体系构建的步骤

序号	步骤	内容	
1	贯标筹备	确定贯标前	应了解国家、地区知识产权政策环境，并结合自身发展目标和实际状况，明确贯标策略
		确定贯标后	建立贯标工作机制，确保最高管理者参与
			成立贯标工作小组，包括最高管理者、管理者代表、相关部门负责人、知识产权工作和体系工作人员等
			组织召开贯标工作启动会，召集相关人员，宣传贯标意义，下达贯标任务
2	调查诊断	贯标工作小组要学习掌握标准内容，并结合实际制订调查诊断工作计划	
		按照工作计划，根据标准要求组织调查诊断人员深入相关部门，就知识产权管理架构现状、相关部门工作以及涉及知识产权工作的现状进行调查，并通过书面记录、录音、拍照等方式进行保存	
		对照标准要求梳理分析调查发现的问题和不足，找出知识产权工作重点，制订符合标准要求的贯标方案	
3	框架构建	在调查诊断并发现问题的基础上，建立知识产权管理体系框架，其重点是形成知识产权工作管理架构、方针、目标及其他体系文件等方面的规划，并在领导层和工作层上达成共识	
4	文件编写	文件编写需结合调查诊断结果，对照标准要求，按照知识产权管理体系框架以及文件撰写方案，编制形成若干体系文件，用以规范各项知识产权工作	
5	教育培训	组织各相关部门对编制完成的体系文件进行培训学习，确保相关人员能够了解并遵守新颁布的关于知识产权工作的新要求	

续表

序号	步骤	内容
6	实施运行	应当设定适当的体系实施运行周期，使得知识产权相关的各岗位和环节能够进入知识产权管理体系设定的流程规范，开展各项知识产权活动
7	评价改进	评价改进是保障和提升知识产权管理体系有效性的重要环节。应当设定适当的周期，对知识产权管理体系及其运行控制过程进行检查，明确检查的内容，将实际情况与规范所设定的目标进行对比，及时纠正知识产权管理体系制定和实施过程中存在的问题与不足

知识点二十二　知识产权管理体系内部完善

■ **大纲要求：了解** *

1. 内部审核

（1）目的

通过对检查过程中收集的资料和信息进行分析，发现问题与不足，自我完善与改进，为第三方外部审核做准备。

（2）内部审核的实施环节

1）内部审核策划。

2）制订内部审核计划。

3）编制内部审核检查表。

4）开展审核活动。

5）形成审核发现。

6）撰写内部审核报告。

2. 管理评审

（1）目的

通过评审确保组织知识产权管理体系持续适宜、充分、有效，制定新的目标或修改现有目标，并考虑是否需要改变管理体系的有关要求以及知识产权工作开展的资源是否能提供充分保障等。

（2）管理评审的实施

一般采取召开管理评审会议的方式，内容或环节包括：

1）宣布管理评审工作的目的和内容。

2）介绍组织当前发展目标策略及业务规划，以及本行业技术、标准发展趋势。

3）汇报知识产权基本情况及风险评估信息，以及知识产权方针、目标的考核记录及执行情况。

4）汇报组织前次内部审核结果及纠正效果。

5）研究决定方针、目标的适宜性和下一步的改进。

6）修改不合理的程序文件，配置相应的资源。

7）形成管理评审报告。

知识点二十三　知识产权管理体系外部认证

■ 大纲要求：了解＊

1. 知识产权管理体系认证的概念

知识产权管理体系认证，是指由认证机构证明法人或者其他组织的内部知识产权管理体系符合相关国家标准或者技术规范要求的合格评定活动。

2. 知识产权管理体系认证目录

1）企业知识产权管理体系认证：依据《企业知识产权管理规范》（GB/T 29490—2013）。

2）高等学校知识产权管理体系认证：依据《高等学校知识产权管理规范》（GB/T 33251—2016）。

3）科研组织知识产权管理体系认证：依据《科研组织知识产权管理规范》（GB/T 33250—2016）。

3. 知识产权管理体系认证程序

对法人或者其他组织经营过程中涉及知识产权创造、运用、保护和管理等文件和活动的初次认证审核，获证后的监督审核，以及再认证审核。

4. 知识产权管理体系的认证机构及人员

认证机构：应符合有关资质要求，并经国家认监委批准后，方可从事批准范围内的认证活动。

认证人员：具备相应资质、在中国认证认可协会（CCAA）注册、受聘于认证机构、专职从事认证审核工作的人员。

知识点二十四　知识产权运用内涵

■ 大纲要求：理解＊＊

1. 概念

知识产权运用，是指行为主体基于知识产权制度和其他相关法律法规和公共政策，利用市场机制对专利权、商标权、著作权等一种或者多种知识产权加以利用，进行研发生产、商业活动以及其他任何形式谋取利益的行为。

2. 基本定位

知识产权运用是知识产权工作链条的关键环节和最终目的。

1) 高质量的知识产权创造是基础。
2) 高标准的知识产权保护是手段。
3) 高水平的知识产权管理是方法。
4) 高效率的知识产权服务是保障。
5) 高效益的知识产权运用是最终目的。

3. 总体目标

实现知识产权在法律、商业、市场、技术、信息等多个方面的综合价值，是发挥知识产权制度供给和资源供给双重作用，促进知识产权转化为现实生产力或竞争力，进而实现知识产权制度激励创新的基本保障作用。

知识点二十五　知识产权运用外延

■ 大纲要求：理解＊＊

运用的类型	主体	知识产权权利人自行使用，权利人委托专业机构运用
		权利人许可他人使用
	形式	知识产权转让、许可、质押融资、保险、证券化
发展历程	使用实施	强调权利人基于法律属性本身的自行的、基础的使用或实施行为
	综合运用	强调由权利人自行实施转向对外扩散使用的外部性和综合性
	价值运营	强调通过构建集平台、机构、资本、产业、人才于一体的知识产权运营体系，充分激发市场活力，有效运用知识产权制度、经营知识产权权利，实现知识产权价值的最大化

知识点二十六　知识产权转让

■ 大纲要求：掌握＊＊＊＊

概念：知识产权转让，是知识产权作为一种产权，进行流转交易的重要运用形式。基于市场机制的知识产权高效顺畅转让可以将知识产权流入使用价值或运用水平更高的持有人手中，从而实现创新资源的高效流转和优化配置。

知识点二十七　知识产权许可

■ 大纲要求：掌握＊＊＊＊

1. 概念

知识产权许可，是指以订立知识产权许可合同的方式许可被许可人在一定期限、一定地区以一定方式使用或实施其知识产权，并支付许可费的一种许可贸易。

2. 类型和方式

普通许可	通过签订普通许可合同的方式，在允许被许可人使用或实施其知识产权的同时，许可人仍然保留在该地域内使用或实施其知识产权的权利
	许可人也可以在未经被许可人同意的情况下将知识产权的使用权再授予被许可人之外的第三人
独占许可	通过签订知识产权独占许可合同的方式，许可人许可被许可人在一定条件下并且在合同约定的时间和地域范围内独占使用或实施其知识产权
	许可人不得将其知识产权的使用权再授予被许可人之外的第三人
	许可人本人也不得自行使用或实施其知识产权
排他许可	通过签订知识产权排他许可合同的方式，许可人许可被许可人在一定条件下并且在合同约定的时间和地域范围内排他使用或实施其知识产权
	许可人不得将其知识产权的使用权再授予被许可人之外的第三人
	许可人本人可以自行使用或实施其知识产权

知识点二十八　知识产权运营的内涵

要点：

1）知识产权运营就是运用知识产权制度、经营知识产权权利，涵盖知识产权布局培育、转移转化、价值评估、投融资及作为竞争工具等各个方面，通过有效运营，实现知识产权价值最大化。

2）知识产权运营要牢牢把握知识产权制度的核心，即一方面保护创新成果，另一方面公开创新成果。

3）知识产权运营的前提是有效运用知识产权制度。

知识点二十九　知识产权运营的方式

知识产权有以下四种运营方式：

1）产业化。

2）商品化。

3）资本化。

4）战略化。

知识点三十　知识产权运营服务体系的构建

主要经历了两个发展阶段：

2014—2016年，主要是打基础、搞试点。先后在有关省市开展了平台建设、机构培育、运营基金和风险补偿基金等一系列知识产权运营服务试点，提出了"平台+机构+资本+产业"四位一体的体系架构。

2017—2019年，主要是搞集成、建生态。分三批支持26个重点城市，向节点集中，将链条延伸，系统推进知识产权运营服务体系建设，打造知识产权运营高地。

知识点三十一　知识产权公共服务内涵

■ **大纲要求：了解** *

要点：

1）知识产权公共服务是由政府主导，保障创新主体和市场主体生存和发展对于知识产权创造、运用、保护、管理和服务的基本需要和直接需求，与社会创新和发展水平相适应的公共服务。

2）知识产权公共服务主要包括知识产权基础设施建设、知识产权基础信息供给、知识产权信息传播利用、知识产权保护环境营造、知识产权市场监管实施、知识产权文化生态构建、知识产权人才培育七个方面。

3）知识产权公共服务有狭义和广义之分。

知识点三十二　知识产权公共服务外延

■ 大纲要求：了解*

要点：

1）知识产权公共服务包括服务主体、服务对象、服务方式以及服务过程。

2）知识产权公共服务主要解决的是市场失灵所引发的政府服务问题，也涉及政府、社会与市场三方一体的关系。

3）提供知识产权公共服务的主体：
①政府部门（如国家知识产权局、各地方知识产权局等）。
②以政府部门为依托的事业单位（如专利检索咨询中心、专利信息中心等）。
③行业协会。
④部分私营企业。

4）政府在知识产权公共服务提供上的"主体地位"决定了政府职能的角色、地位和作用。政府部门发挥公共服务职能表现在配置公共资源、提供公共产品、营造政策环境、实施有效监管四个方面。

知识点三十三　知识产权公共服务政策体系

■ 大纲要求：熟悉***

要点：

1）习近平总书记明确指出，要"打通知识产权创造、运用、保护、管理、服务全链条""构建便民利民的知识产权公共服务体系"。将知识产权公共服务工作提升到了前所未有的高度，赋予了新的时代内涵和功能定位，为知识产权公共服务工作提供了根本遵循和行动指南。

2）《"十三五"国家知识产权保护和运用规划》等国务院文件也明确要求要加强知识产权公共服务体系建设。

3）2019年国家知识产权局出台《关于新形势下加快建设知识产权信息公共服务体系的若干意见》，为努力织好知识产权公共服务网、夯实知识产权信息公共服务基础提供了翔实的路线图和施工方案。

知识点三十四　知识产权公共服务体制机制

■ **大纲要求：熟悉** * * *

要点：

1）新一轮政府机构改革时，中央批准在重新组建的国家知识产权局中新设立公共服务司，为进一步加强知识产权公共服务工作，奠定了坚实的组织基础和职能保障。

2）出台《新形势下加快建设知识产权信息公共服务体系的若干意见》，明确了知识产权公共服务体系建设的方向与建设路径。

3）形成包括国家专利数据中心、区域专利信息服务中心和地方专利信息服务中心在内的三级专利知识产权公共服务体系框架。

4）完成知识产权系统内数百个以及系统外的上千个公共服务资源平台的整合、优化、升级。

知识点三十五　知识产权公共服务平台建设

■ **大纲要求：掌握** * * * *

要点：

1）全国性知识产权公共服务平台初步建成。

2）依托专业机构创建一批布局合理、开放协同、市场化运作的产业知识产权信息公共服务平台，在中心城市、自由贸易试验区、国家自主创新示范区、国家级高新区、国家级经济技术开发区等提供知识产权服务。

3）按照《"十三五"国家政务信息化工程建设规划》要求，国家知识产权大数据中心和公共服务平台作为市场监管信息化工程重要内容统一推进。

4）部署25家具有区域特色的地方公共服务平台，完成国家知识产权大数据中心与公共服务平台框架设计，建立知识产权信息公共服务体系的统筹协调机制，实现知识产权信息公共服务效能最大化。

知识点三十六　知识产权公共服务平台资源

■ **大纲要求：掌握** * * * *

要点：

1）加快完善知识产权公共服务政策体系和公共服务平台建设。

2）加强知识产权公共服务体系和服务能力建设。

3）创新工作方式，织好服务网，积极推进知识产权强国建设，促进经济高质量发展。

4）积极对标国际先进公共服务水平。

知识点三十七　知识产权公共服务产品资源

■ 大纲要求：掌握＊＊＊＊

要点：

1）优化公共服务流程，提供基础性服务产品。

2）引导知识产权服务机构顺应创新创业主体市场化、个性化需求，提供知识产权数据深加工和分析评议等高端服务。

3）公共服务更全面，区域服务有特色，市场服务有深度，形成知识产权服务合力。

知识点三十八　知识产权公共服务信息资源

■ 大纲要求：掌握＊＊＊＊

要点：

1）在统一数据采集加工标准、基础数据资源开放、提供均等化服务等方面下功夫。

2）由政府提供基础的、必要的、均等化的知识产权信息服务，满足企业和创新创业主体的基本需求，推动知识产权创造运用质量的提升，促进经济高质量发展。

知识点三十九　知识产权公共服务人才资源

■ 大纲要求：掌握＊＊＊＊

要点：

1）优化知识产权公共服务人才梯队，建立一支覆盖经济、科技、文化等领域的专业化、高层次知识产权公共服务人才队伍。

2）建立健全知识产权服务人才发现和评价机制，完善知识产权服务人才水平评价制度，制定知识产权服务人员能力素质标准。

第一章 知识产权基础

知识点四十　知识产权国际保护制度的成因

知识产权国际保护制度的建立有两个原因：

1) 国际经济贸易的发展与知识产权地域性限制的克服。
2) 知识产权保护的国际协调与国内法单独体系的改变。

知识点四十一　国民待遇原则

■ **大纲要求：了解***

要点：

1) 国民待遇原则是众多知识产权公约所确认的首要原则，其基本含义是指在知识产权保护方面，各缔约方（成员）之间相互给予平等待遇，使缔约方国民与本国国民享受同等待遇。

2) 国民待遇包含两方面内容：
①各缔约方依本国法已经或今后可能给予其本国国民的待遇。
②各该条约所规定的特别权利，即各该条约规定的最低保护标准。

3) 最惠国待遇原则是《TRIPs 协定》独有而其他相关国际公约未予涉及的一项原则，其基本含义是任何一个国家（不限于缔约方成员）的国民在一个成员所享受到的而在其他国家享受不到的待遇（包括任何利益、优惠、特权或豁免），都应当立即和无条件地给予其他成员的国民。

4) 国民待遇原则与最惠国待遇原则的区别：
①国民待遇原则意在给予外国人与本国人以同等待遇，解决的是"内外有别"的不平等待遇问题。
②最惠国待遇原则意在给予其他外国人与特定外国人以同等待遇，解决的是"外外有别"的歧视性待遇问题。

知识点四十二　最低保护标准原则

■ **大纲要求：了解***

要点：

1) 最低保护标准原则，是指各缔约方依据本国法对某条约缔约方国民的知识产权保护不能低于该条约规定的最低标准，这些标准包括权利保护对象、权利取得方式、权利内容及限制、权利保护期间等。

该项原则在《保护文学和艺术作品伯尔尼公约》（以下简称《伯尔尼公约》）第5条、第19条，《TRIPs协定》第1条等条款中均有体现。

2）最低保护标准原则是对国民待遇原则的重要补充。

①国民待遇原则基于各国经济、科技、文化发展不平衡的现状，承认各国知识产权制度的差异，从而保证了知识产权制度国际协调的广泛性和普遍性。

②为避免因制度差异而给国际协调带来的不利影响，国际公约遂规定了最低保护标准原则。

③最低保护标准原则旨在促使缔约方在知识产权保护水平方面统一标准。学者们将上述状况称为知识产权立法的"一体化"或"国际化"。

知识点四十三 公共利益原则

■ 大纲要求：了解 *

要点：

1）公共利益原则，是指知识产权的保护和权利行使，不得违反社会公共利益，应保持公共利益和权利人利益之间的平衡。

2）公共利益原则既是一国知识产权制度的价值目标，也是知识产权国际保护制度的基本准则。

3）在传统的知识产权国际公约中，公共利益原则多通过知识产权限制的有关制度来体现。

知识产权限制的有关制度

《保护工业产权巴黎公约》（以下简称《巴黎公约》）第5条规定	强制许可制度
《伯尔尼公约》第10条规定	著作权合理使用制度
《世界知识产权组织版权条约》《世界知识产权组织表演和录音制品条约》（概称为"互联网条约"）均在序言中规定	有必要保持作者的权利与广大公众的利益尤其是教育、研究和获得信息的利益之间的平衡
《TRIPs协定》在序言中明确知识产权保护制度所奉行的公共利益目标	（1）保护公共健康和营养； （2）促进对其社会经济和技术发展至关重要的部门的公共利益

知识点四十四　《巴黎公约》

■ **大纲要求：熟悉** * * *

国际知识产权条约分类

提供实质性知识产权保护的条约	《巴黎公约》《伯尔尼公约》《保护录音制品制作者防止未经许可复制其录音制品公约》（以下简称《录音制品公约》或《唱片公约》）
便于在多国获得知识产权保护的条约	《专利合作条约》《商标国际注册马德里协定》（以下简称《马德里协定》）、《国际承认用于专利程序的微生物保存布达佩斯条约》（以下简称《布达佩斯条约》）
建立相关国际分类的条约	《商标注册用商品与服务分类尼斯协定》（以下简称《尼斯协定》）、《建立商标图形要素国际分类维也纳协定》（以下简称《维也纳协定》）

要点：

1）《巴黎公约》是知识产权领域第一个世界性的多边条约。

2）保护范围：发明、实用新型、外观设计、商标、服务标记、厂商名称、货源标记或原产地名称以及制止不正当竞争。

3）基本原则：

①国民待遇原则。

②优先权原则。

③共同遵守的规定。

知识点四十五　专利国际条约

■ **大纲要求：熟悉** * * *

要点：

1. 《专利合作条约》

（1）宗旨

通过简化国际专利申请的手续和程序，加快技术信息的传递和利用，强化对发明创造的法律保护，促进各缔约方的科技进步和经济发展。

（2）规定的手续和程序

①统一申请。

②两个阶段：国际阶段和国内阶段。

2. 《工业品外观设计国际保存海牙协定》（以下简称《海牙协定》）

（1）宗旨

规定一件工业品外观设计在数个国家受到保护的必要手续，避免各国专利局保存和登记注册程序的重复，同时可以减轻申请人费用开支的负担。

（2）规定的有关内容

申请人如果要在成员方国内获得工业品外观设计的保护，只需在世界知识产权组织国际局进行一次保存即可。

知识点四十六　商标国际条约

■ **大纲要求：熟悉＊＊＊**

要点：

1. 《马德里协定》

1）《马德里协定》只对《巴黎公约》的成员方开放。我国于1989年10月正式成为该协定的成员方。《马德里协定》是对《巴黎公约》关于商标国际保护的补充。

2）主旨：解决商标的国际注册问题。

3）主要内容：凡成员方的国民，须在本国注册商标后，才可以向设在日内瓦的世界知识产权组织国际局申请国际注册。

2. 《商标法条约》

1）主要目标：在于使各国商标注册制度更加简化和协调。

2）主要内容：主要规定了由三个阶段组成的商标注册程序。

①注册申请阶段。

②商标注册后的改变。

③注册的有效期。

3. 《尼斯协定》

1）主旨：解决商标注册用的商品和服务统一的分类问题。

2）该协定按照商品或服务的用途、原料等，将商标注册用商品或服务项目分为若干个类别，目前，国际分类共包括45类，其中商品分为34类，服务项目分为11类。

知识点四十七 著作权国际条约

■ 大纲要求：熟悉＊＊＊

著作权国际条约主要包括《伯尔尼公约》《世界版权公约》《保护表演者、录音制品制作者和广播组织公约》（以下简称《罗马公约》）、《录音制品公约》或《唱片公约》《发送卫星传输节目信号布鲁塞尔公约》（以下简称《布鲁塞尔公约》或《卫星公约》）。

1. 《伯尔尼公约》

（1）该公约是世界上第一个著作权国际公约，我国于1992年10月参加该公约。

（2）主要内容：

1）基本原则：①国民待遇原则；②自动保护原则；③独立保护原则。

2）最低限度的保护规定：①受保护作品；②保护的权利内容；③保护期限。

3）对发展中国家的特殊规定。

2. 《世界版权公约》

1）该公约是与《伯尔尼公约》相并列的著作权公约。我国于1992年10月加入该公约。

2）主要内容：被《伯尔尼公约》所覆盖，且保护水平略低于后者。《世界版权公约》并未像《伯尔尼公约》那样详细列出受保护作品的种类，其客体范围的规定较为笼统，也未明确规定作者的人身权利，是否保护人身权利由各国立法决定；对财产权利也未详细列举，仅强调了复制权、表演权、广播权、翻译权等。

3. 《罗马公约》

1）该公约是世界上第一个保护邻接权的国际公约，也是最早对表演者权利进行保护的国际公约，只对《伯尔尼公约》和《世界版权公约》的成员方开放，目前我国尚未加入《罗马公约》。

2）主要内容：该公约是关于邻接权保护的国际公约，该公约给予的邻接权保护将不改变也不影响文学、艺术作品的著作权保护。依据著作权法使用作品而需要取得作者许可时，这种许可不因《罗马公约》而受影响。

3）2014年世界知识产权组织《视听表演北京条约》的通过，弥补了原有公约对表演者保护权项的不足，从而与《罗马公约》《世界知识产权组织表演和录音制品条约》（以下简称 WPPT）一起构筑了表演者权利的国际保护体系。

知识点四十八 《TRIPs 协定》

■ **大纲要求：熟悉** * * *

要点：

1）地位：该公约是《巴黎公约》建立知识产权国际协调机制以来，覆盖面最广且最具约束力的综合性知识产权条约。

2）特点：

①《TRIPs 协定》涵盖了几乎所有知识产权的相关主题。

②《TRIPs 协定》规范和扩展了缔约方的国际义务。

③《TRIPs 协定》强化了知识产权的执行机制与争端解决机制。

3）以《TRIPs 协定》生效为标志，知识产权制度进入了一个高水平保护、高效率推行的新阶段。

知识点四十九 对外贸易中的知识产权保护

■ **大纲要求：掌握** * * * *

1）政府要营造有利于技术创新的良好的知识产权宏观政策和法律环境。

①健全知识产权政策体系，完善知识产权制度的激励机制。

②加强知识产权保护制度建设，实施企业知识产权保护战略。

③加大对知识产权保护及相关法律知识的宣传与普及。

2）要充分发挥行业协会作用。在企业国际化进程中，行业协会的作用不容忽视。

3）国内企业应加强合作，积极应对知识产权的挑战。

①转变观念，提高知识产权意识。

②重视技术研发，提高企业自主创新能力。

③加强合作，实现共赢。

④掌握知识产权活动规则。

4）加快知识产权人才培养。

5）运用 WTO 规则解决知识产权争端。

第二章 CHAPTER 2

专利申请

一、基本内容框架

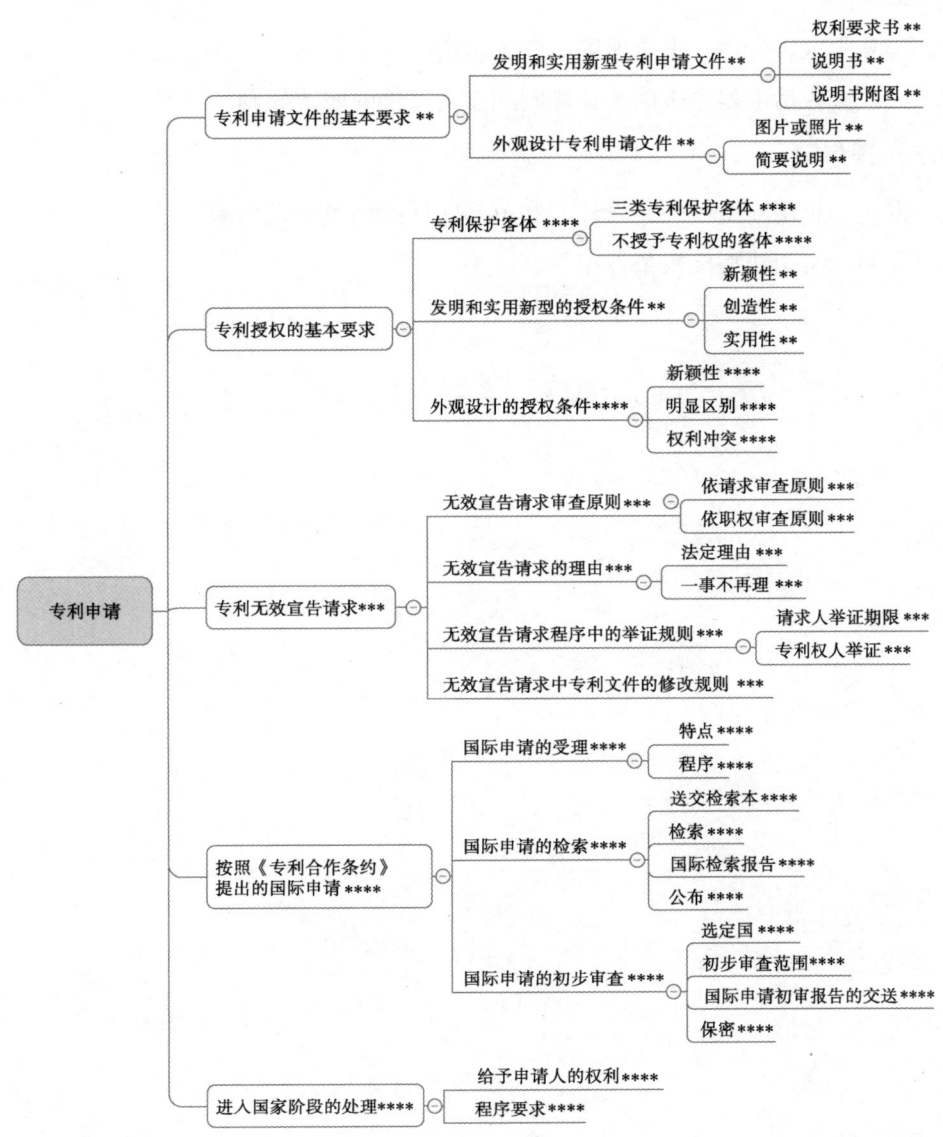

二、主要知识点

（一）掌握＊＊＊＊

1. 不授予专利权的客体以及专利保护客体内容

2. 外观设计专利授权条件

3. 按照《专利合作条约》提出的国际申请的受理、检索、初步审查和进入国家阶段的处理

（二）熟悉＊＊＊

4. 专利无效宣告请求审查原则、法定理由

5. 无效宣告请求程序中的举证规则和专利文件的修改规则

（三）理解＊＊

6. 发明、实用新型、外观设计专利申请文件的构成以及具体要求

7. 发明、实用新型授权条件

三、知识点解析

知识点一 不授予专利权的客体以及专利保护客体内容

■ 大纲要求：掌握＊＊＊＊

专利保护客体

发明专利保护客体	权利要求必须是技术方案
	解析：技术方案是对要解决的技术问题所采取的利用了自然规律的技术手段的集合。利用自然规律解决问题是技术方案与非技术方案的分界点
实用新型专利保护客体	含义：对产品的形状、构造或者其结合所提出的适于实用的新的技术方案
	关于产品的形状解析：无确定形状的物质，例如气态、液态、粉末状、颗粒状的物质或材料虽然本身不能构成形状特征，但如果作为一个具有形状、构造的产品的组成部分且受该产品结构特征的限制，并不必然导致该产品不属于实用新型保护客体。例如，对温度计的形状构造所提出的技术方案中允许写入无确定形状的酒精
	关于产品的构造解析：产品的构造是指产品的各个组成部分的安排、组织和相互关系。产品的构造可以是机械构造，也可以是线路构造。机械构造是指构成产品的零部件的相对位置关系、连接关系和必要的机械配合关系等；线路构造是指构成产品的元器件之间的确定的连接关系。 构造的含义不包括微观构造。因此，物质的分子结构、组分、金相结构等不属于实用新型专利给予保护的产品的构造。 复合层可以认为是产品的构造，产品的渗碳层、氧化层等属于复合层结构
外观设计专利保护客体	含义：对产品的形状、图案或者其结合以及色彩与形状、图案的结合所作出的富有美感并适于工业应用的新设计
	解析：仅仅改变形状可以作为外观设计专利保护客体，仅仅改变色彩则不能构成外观设计专利保护客体。 "适于工业应用"的产品是指具有确定的、肉眼可见的形状且具有可重复性的人工产品。例如，依山而建的建筑物取决于特定地理条件、不能重复再现

不授予专利权的客体

科学发现	含义：自然界已经存在的某种现象、某种特性或某种物质的发现
	解析：基于科学发现而制造的人工产品不属于科学发现，而是科学发现的应用。例如，发现卤化银在光照下有感光特性，这种发现不能被授予专利权，但是根据这种发现制造出的感光胶片以及此感光胶片的制造方法则可以被授予专利权

续表

智力活动规则和方法	包括两种类型：一种是抽象的思维方法；另一种是问题解决方案与要解决的问题之间的因果关系（效果）不取决于自然规律，而是因人而异
	解析：智力活动规则和方法本身不能保护，但如果权利要求中还包含了一些技术特征，则不属于智力活动规则和方法
其他	疾病的诊断和治疗方法、动物和植物品种以及原子核变换
外观设计相关类型	对平面印刷品的图案、色彩或者二者的结合作出的主要起标识作用的设计
	解析："主要起标识作用"是判断的关键，其要旨在于将外观设计区别于平面商标，以减少外观设计专利权与商标权的冲突

知识点二　外观设计专利授权条件

■ **大纲要求：掌握****

1）主要法条：《专利法》第23条。

2）判断方式：单独对比。

3）主要类型：①外观设计属于现有设计；②外观设计与某在先申请的外观设计构成抵触申请。

4）解析：

①比较对象是图片或照片显示的、作为确定保护范围基础的产品外观设计，在某些情形下需要参考简要说明。比如，照片中显示了产品的色彩，但是否保护色彩，需要参考简要说明中的有关声明。

②相同性比较包括实质相同。比如，若其区别仅在于一般不易察觉的局部的细微差异，差别仅在于百叶窗叶片数不同或电视机底部多了一个凹槽等，仍然属于相同的外观设计。

③外观设计实质相同的判断仅限于相同或者相近种类的产品外观设计。对于产品种类不相同也不相近的外观设计，可以直接断定不构成实质相同，例如，毛巾和地毯的外观设计。

知识点三　按照《专利合作条约》提出的国际申请的受理、检索、初步审查和进入国家阶段的处理

■ 大纲要求：掌握＊＊＊＊

国际申请的受理、检索、初步审查和进入国家阶段的处理

受理	特点：一个受理局、一种语言、一份申请文件、一笔申请费、一个国际申请日
	解析：国际专利申请最重要的特点是，通过向一个受理局提交申请而获得在所有指定国有效的国际申请日。该申请日等效于在这些指定国实际提交申请的申请日
	程序：申请人向国际受理局或国际局提交符合规定格式的申请文件及相关文件并按照规定缴纳申请费；受理局进行形式审查；受理通过后，将形成三份国际申请文本，一份为"受理本"由受理局保存，一份为"登记本"提交国际局，另一份为"检索本"送交国际检索局
检索	国际检索是国际申请必经的程序
	国际检索单位针对国际申请的权利要求书并适当考虑说明书和附图，检索有关的现有技术
	国际检索单位根据检索结果制作国际检索报告并同时对国际申请是否看起来具有新颖性、创造性和实用性等问题给出书面意见
	有检索报告的，公布国际检索报告
初步审查	初步审查不是国际申请必经程序，须经申请人请求方能启动初步审查程序
	初步审查范围为国际申请是否具备新颖性、创造性和实用性
	国际申请的初步审查报告连同规定的附件，一份送交申请人，另一份送交国际局
	国际局和国际初步审查单位具有保密责任，即不允许任何人或单位在任何时候接触初步审查的档案
进入国家阶段的处理	按照《专利合作条约》已确定国际申请日并指定中国的国际申请，视为向国务院专利行政部门提出的专利申请
	程序要求：1. 以中文提交进入中国国家阶段的书面声明，写明国际申请号和要求获得的专利权类型； 2. 缴纳《专利法实施细则》第 93 条第 1 款规定的申请费、公布印刷费，必要时缴纳本细则第 103 条规定的宽限费； 3. 国际申请以外文提出的，提交摘要的中文译文，有附图和摘要附图的，提交附图副本和摘要附图副本，附图中有文字的，将其替换为对应的中文文字；国际申请以中文提出的，提交国际公布文件中的摘要和摘要附图副本

知识点四　专利无效宣告请求审查原则、法定理由

■ **大纲要求：熟悉＊＊＊**

1. 审查原则

一是请求原则；二是依职权审查原则。

解析：请求原则体现应请求启动无效宣告请求程序，国家知识产权局通常仅针对当事人提出的无效宣告请求的范围、理由和提交的证据进行审查。

依职权审查原则是指可以根据职权所需进行审查，而不受当事人请求的范围和提出的理由、证据的限制，主要包括如下情形：难以履行审查职责的情形；请求范围、请求理由或证据隐含的情形。

2. 法定理由

《专利法实施细则》第 65 条第 2 款规定可以作为无效宣告请求的理由，包括：

1)《专利法》第 2、5、25 条：专利保护客体相关。

2)《专利法》第 22、23 条：授权条件相关。

3)《专利法》第 26 条第 3、4 款，第 27 条第 2 款，《专利法实施细则》第 20 条第 2 款：专利文件撰写实质性缺陷相关。

4)《专利法》第 33 条、《专利法实施细则》第 43 条第 1 款：申请文件修改相关。

5)《专利法》第 9 条：重复授权相关。

6)《专利法》第 20 条第 1 款：保密专利申请相关。

解析：与授权程序中驳回理由的最大差别是，无效宣告请求理由不包括与单一性相关的法条。

3. 一事不再理

对已作出审查决定的无效宣告案件涉及的专利权，以同样的理由和证据再次提出无效宣告请求的，不予受理和审理。

知识点五　无效宣告请求程序中的举证规则和专利文件的修改规则

■ **大纲要求：熟悉＊＊＊**

1) 举证规则：请求人在提出无效宣告请求时，应当明确无效请求的范围（即权利

要求)、提出无效请求依据的理由和证据。提出请求后一个月内还可以补充理由或证据。逾期提交的证据,国家知识产权局可以不予审查。

2)修改规则:发明或者实用新型专利文件的修改仅限于权利要求书,外观设计专利的专利权人不得修改其专利文件;权利要求的修改不得改变原权利要求的主题名称、不得扩大原专利的保护范围、一般不得增加未包含在授权的权利要求书中的技术特征、不得超出原说明书和权利要求书记载的范围。

知识点六　发明、实用新型、外观设计专利申请文件的构成以及具体要求

■ 大纲要求:理解＊＊

发明及实用新型专利申请文件的构成及具体要求

说明书	清楚、完整:所属领域普通技术人员是否能够实现权利要求所限定的发明或者实用新型
权利要求书	类型:分为产品权利要求与方法权利要求,不同类型权利要求与其撰写方式应当一致
	独立权利要求和从属权利要求:独立权利要求限定保护范围仅包括其自身包含的所有特征;从属权利要求限定的保护范围则包括了两个部分特征,一是所引用的权利要求的所有特征,二是该从属权利要求进一步限定的所有特征
	权利要求清楚:权利要求应当能够清楚地界定保护范围,不清楚的类型主要有类型不清楚、术语不清楚、从属关系不清楚
	以说明书为依据:权利要求保护范围必须与说明书所公开的发明相匹配;功能性限定的含义是包含了所有能够实现该功能的技术手段;独立权利要求缺少必要技术特征是权利要求未得到说明书支持的一种特定情形

外观设计专利申请文件的构成及具体要求

图片或照片	保护范围以表示在图片或者照片中的该产品的外观设计为准,图片或照片需要显示出整个产品的外貌
简要说明	用于解释图片或者照片所表示的该产品的外观设计

知识点七　发明、实用新型授权条件

■ 大纲要求:理解＊＊

新颖性	定义：指该发明或者实用新型不属于现有技术；也没有任何单位或者个人就同样的发明或者实用新型在申请日以前向国家知识产权局提出过申请，并记载在申请日以后（含申请日）公布的专利申请文件或者公告的专利文件中
	现有技术：指申请日前在国内外为公众所知的技术
	解析：1. 现有技术的时间界限是申请日前；2. 地域范围包括国内外；3. 公开的方式没有限定，既可以通过公开出版物也可以通过使用公开或其他方式公开，关键在于"为公众所知"，即现有技术应当在申请日以前处于能够为公众获得的状态，并包含能够使公众从中得知实质性技术知识的内容
	在先申请：也称为"抵触申请"，不属于现有技术，但会影响新颖性
优先权	优先权的"优先"之意在于将申请日前移
	将某中国专利申请的申请日视为之前在外国申请专利的申请日，属于享受外国优先权；将某中国专利申请的申请日视为之前在中国申请的另一专利申请的申请日，属于享受本国优先权
	视为申请日，与实际申请日效力并不完全相同
	优先权日的主要作用体现在新颖性、创造性判断
不丧失新颖性的宽限期	含义：为公众所知的技术属于现有技术。但是，若以下三种情形发生在某专利申请日以前6个月内，其公开的现有技术不影响专利的新颖性：1. 在中国政府主办或者承认的国际展览会上首次展出的；2. 在规定的学术会议或者技术会议上首次发表的；3. 他人未经申请人同意而泄露其内容的
	解析：该宽限期并不意味着申请日被视为提前了6个月，只是对该期间特定情形下公开的现有技术作了特殊规定，以调节促进信息交流之需以及专利权人合理补偿之需与新颖性要求之间的平衡
抵触申请	一份在先申请对在后申请构成抵触申请需满足四个条件： 1. 申请日早于在后申请的申请日； 2. 于在后申请的申请日之后或当日公开； 3. 记载了与在后申请要求保护的权利要求相同的技术方案，而两份申请的说明书内容或权利要求并不一定完全相同； 4. 申请须为向国家知识产权局提交，在外国的申请，即使申请在先也不会构成对在后中国申请的抵触申请
创造性	定义：发明的创造性，是指与现有技术相比，该发明有突出的实质性特点和显著的进步；实用新型的创造性，是指与现有技术相比，该实用新型具有实质性特点和进步
	现有技术：抵触申请不属于现有技术
	（突出的）实质性特点：判断主体为所属领域技术人员。该技术人员的特点定义为，知晓申请日或者优先权日之前发明所属技术领域所有的普通技术知识，能够获知该领域中所有的现有技术，并且具有应用该日期之前常规实验手段的能力，但他不具有创造能力

续表

创造性	(显著的)进步特点:显著的进步或进步虽然是发明或实用新型具备创造性需要满足的另一个条件,但该条件相对比较宽松,不应仅以不具备显著的进步而判定其不具备创造性
	判断方法:三步法,第一步确定最接近的现有技术,第二步确定发明的区别特征和发明实际解决的技术问题,第三步判断要求保护的发明对本领域的技术人员来说是否显而易见
	解析:在确定最接近的现有技术时,第一步是考虑技术领域相同或相近的现有技术,第二步是将权利要求与最接近的对比文件比较后,针对区别特征对要解决的问题进行修正,即重新确定实际解决的问题是什么,第三步是根据重新确定的技术问题进一步了解现有技术中对于重新确定的技术问题是否给出了相关启示
实用性	典型不具备实用性的情形是违背自然规律,例如永动机,或不可再现的产品,例如利用独一无二的自然条件的产品

第三章 专利保护
CHAPTER 3

一、基本内容框架

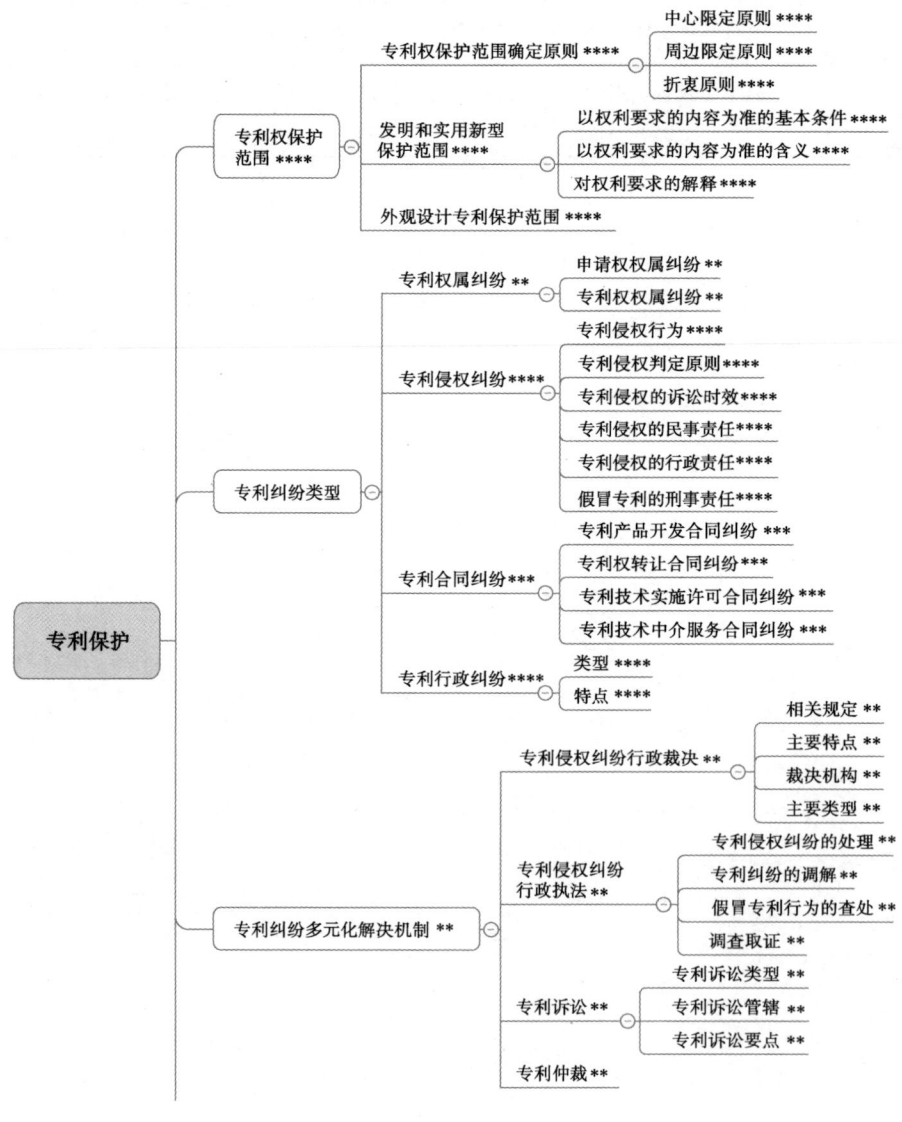

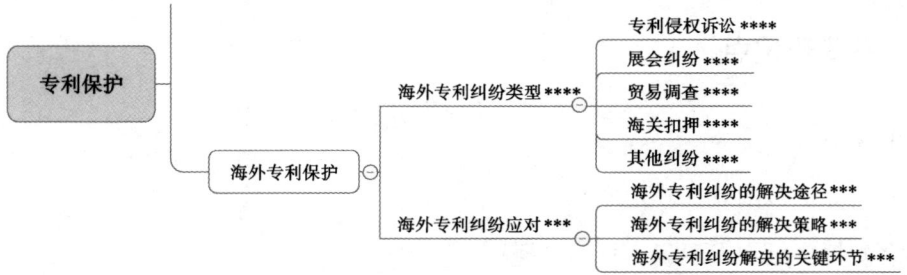

二、主要知识点

（一）掌握＊＊＊＊

1. 专利保护范围及其确定原则
2. 专利侵权行为类型与侵权判定原则
3. 专利侵权的诉讼时效和侵权责任
4. 专利行政纠纷的类型和特点
5. 海外专利纠纷的类型

（二）熟悉＊＊＊

6. 专利合同纠纷的类型
7. 海外专利纠纷解决策略

（三）辨析/运用/理解＊＊

8. 专利申请权权属纠纷与专利权权属纠纷的异同
9. 专利行政裁决、诉讼、仲裁、调解的异同

三、知识点解析

知识点一　专利保护范围确定原则

■ 大纲要求：掌握＊＊＊＊

确定专利权的保护范围方面形成了三种代表性的原则，分别是中心限定原则、周边限定原则和折衷原则。不同的原则区别在于专利权人的私人利益与社会公众利益平衡方面的差别。

原则名称	原则	优点	缺点
中心限定	不拘泥于权利要求书中的文字记载	对专利权人极为有利	增大保护范围不确定性，对社会公众来说会有些不公平，阻碍科技创新
周边限定	严格以权利要求书的文字记载为唯一依据	对社会公众较为有利	对专利撰写提出了极高的要求
折衷	既以权利要求书为依据，同时根据说明书及附图等因素合理确定专利权的保护范围	平衡专利权人和社会公众之间的利益	

1. 中心限定原则

中心限定原则是指确定专利权的保护范围时，不拘泥于权利要求书中的文字记载，而是将权利要求书作为保护范围的中心，全面考虑发明的目的、性质以及说明书和附图，把中心周围一定范围内的技术特征或技术方案都纳入专利权的保护范围。

中心限定原则对专利权人极为有利，提供尽可能大的保护，降低了对专利申请文件的撰写要求。

中心限定原则的弊端是会导致专利权的保护范围比较模糊，增大了不确定性，且过度扩大解释对社会公众不公平，也会阻碍科技创新发展。

2. 周边限定原则

周边限定是指确定专利权的保护范围时，严格以权利要求书的文字记载为唯一依据，不允许对权利要求作任何其他扩展解释。

周边限定原则对社会公众较为有利，一方面限制了专利权保护范围的人为扩大，另一方面能够向社会公众清晰地呈现专利权的保护范围，降低了不确定性。

周边限定原则的缺点是会对专利权保护不力，因此对专利撰写提出了极高的要求。否则一项好的发明创造可能会由于专利撰写的纰漏而导致得不到有效的专利保护。

3. 折衷原则

折衷原则是指确定专利权的保护范围时，既以权利要求书为依据，同时根据说明书及附图、现有技术、专利对现有技术所做的贡献等因素合理确定专利权的保护范围。

折衷原则既不局限于机械地拘泥于权利要求的文字记载，又在一定程度上避免了不合理地扩大专利权保护范围的不公，在专利权人和社会公众之间较好地找到了利益平衡点。全球主要国家包括我国都采用折衷原则确定专利权的保护范围。

知识点二　发明和实用新型保护范围

■ 大纲要求：掌握＊＊＊＊

1. 以权利要求的内容为准的基本条件

发明或者实用新型专利权的保护范围以其权利要求的内容为准。权利要求书应当以说明书为依据，清楚、简要地限定要求专利保护的范围。其中，以说明书为依据、清楚、简要即是以权利要求内容为准的基本条件。

（1）以说明书为依据

以说明书为依据是指权利要求应当得到说明书的支持。权利要求书中的每一项权利要求所要求保护的技术方案应当是所属技术领域的技术人员能够从说明书充分公开的内容中得到或概括得出的技术方案，并且不得超出说明书公开的范围。

为了获得较大的专利保护范围，权利要求通常由说明书记载的一个或者多个具体实施方式或实施例概括而成。常见的概括方式包括上位概念式概括和并列选择式概括。无论是上位概念式概括，还是并列选择式概括，都不得超出说明书公开的范围，否则将导致权利要求得不到说明书的支持。

在判断权利要求是否得到说明书的支持时，应当考虑说明书的全部内容，而不仅限于具体实施方式部分的内容。如果说明书的其他部分记载的内容，能说明权利要求的概括是适当的，则应当认为权利要求得到了说明书的支持。

（2）清楚

权利要求书应当清楚，一是指每一项权利要求应当清楚，二是指构成权利要求书的所有权利要求作为一个整体也应当清楚。

每一项权利要求应当清楚，一是要求每项权利要求的类型应当清楚，权利要求的主题名称应当能够清楚地表明该权利要求的类型是产品权利要求还是方法权利要求；二是要求每项权利要求所确定的保护范围应当清楚。为此权利要求的用语不得使用

"厚""薄""强""弱"等含义不确定的用语，不得使用"例如""最好是""尤其是""必要时""接近""等""或类似物"等导致保护范围不清楚的类似用语。

构成权利要求书的所有权利要求作为一个整体应当清楚，主要是指权利要求之间的引用关系应当清楚。

（3）简要

权利要求书应当简要，一是指每一项权利要求应当简要，二是指构成权利要求书的所有权利要求作为一个整体也应当简要。

权利要求的表述应当简要，除记载技术特征外，不得对原因或者理由做不必要的描述，也不得使用商业性宣传用语。一件专利申请中不得出现两项或两项以上保护范围实质相同的同类权利要求。

2. 以权利要求的内容为准的含义

1）确定发明或者实用新型专利权的保护范围时，以最终有效的文本为准。

2）发明或者实用新型专利权的保护范围应当根据权利要求的内容来确定。既不能将专利权的保护范围严格限定为权利要求的字面含义，也不能认为权利要求只是确定了一个总的发明构思，而将专利权的保护范围扩展到所属领域的技术人员通过阅读说明书及附图所能理解的更大范围。

3）仅在说明书或者附图中描述而未被概括到权利要求中的技术方案，视为专利权人放弃了对该技术方案的保护。

4）保护范围既包括权利要求记载的技术特征所确定的内容，也包括与权利要求所记载的技术特征相等同的技术特征所确定的内容。

5）如果权利要求与专利说明书出现不一致或者相互矛盾，应当以权利要求的字面含义所确定的保护范围为准。但是本领域普通技术人员通过阅读权利要求书和说明书及附图，能够对实现要求保护的技术方案得出具体、确定、唯一的解释的，应当根据该解释来澄清或者修正权利要求中的错误表述，从而确定专利权的保护范围。

3. 对权利要求的解释

（1）权利要求解释的基本原则

公平原则。不仅要充分考虑专利对现有技术所做的贡献，合理界定专利权利要求限定的保护范围，保护权利人的利益，还要兼顾社会公众的信赖利益，不能把不应纳入保护的内容解释到权利要求的范围当中。

折衷原则。既以权利要求书为依据，同时根据说明书及附图、现有技术、专利对现有技术所做的贡献等因素合理确定专利权的保护范围。

整体原则。将权利要求中记载的全部技术特征所表达的技术内容作为一个整体加以考虑。记载在前序部分或引用部分的技术特征与记载在特征部分的技术特征同等重要。权利要求包含两个以上的并列技术方案的，应当将每个并列技术方案分别确定为一个整体技术方案。

（2）权利要求解释的方法

对权利要求的解释，包括但不限于澄清、弥补和特定情况下的修正三种形式，即当权利要求中的技术特征所表达的技术内容不清楚时，澄清该技术特征的含义；当权利要求中的技术特征存在瑕疵时，弥补该技术特征的不足；当权利要求中的技术特征之间存在矛盾等特定情况时，修正该技术特征的含义。

解释权利要求，可以使用专利说明书及附图、权利要求书中的相关权利要求、与涉案专利存在分案申请关系的其他专利以及上述专利的专利审查档案、生效的专利授权确权裁判文书所记载的内容。如仍不能明确权利要求含义的，可结合工具书、教科书等公知文献及本领域普通技术人员的通常理解进行解释。

对于权利要求中以功能或者效果表述的功能性特征，应当结合说明书及附图描述的该功能或者效果的具体实施方式及其等同的实施方式，确定该技术特征的内容，并限定为说明书及附图中所对应的为实现所述功能、效果不可缺少的结构、步骤特征。

方法专利权利要求对步骤顺序有明确限定的，步骤本身以及步骤之间的顺序均应对专利权的保护范围起到限定作用；方法专利权利要求对步骤顺序没有明确限定的，不应以此为由，不考虑步骤顺序对权利要求的限定作用，而应当结合说明书及附图、权利要求记载的整体技术方案、各个步骤之间的逻辑关系以及专利审查档案，从本领域普通技术人员的角度出发，确定各步骤是否应当按照特定的顺序实施。

只有本领域普通技术人员在阅读权利要求及说明书后，能够从附图中直接地、毫无疑义地确定的技术内容才能用于解释权利要求中技术特征的含义。由附图中推测的内容，或者无文字说明、仅仅是从附图中测量得出的尺寸及其关系，不应当作为相关技术特征的内容。

知识点三　外观设计专利保护范围

■ **大纲要求：掌握** ****

外观设计专利权的保护范围以表示在图片或者照片中的该产品的外观设计为准，简要说明可以用于解释图片或者照片所表示的该产品的外观设计。简要说明对外观设计保护范围的解释，不能超出图片或照片表示的内容。简要说明所记载的内容与图片或者照片不一致时，应以图片或者照片为准。需要注意的是，外观设计专利权所保护的范围应当限定在同类产品。外观设计产品种类根据简要说明中记载的产品名称和产品用途确定。

在确定外观设计保护范围时，应当综合考虑授权公告中表示该外观设计的图片或者照片所显示的形状、图案、色彩等全部设计要素所构成的完整的设计内容，不能仅考虑部分设计特征而忽略其他设计特征。外观设计专利请求保护色彩的，应当将请求保护的色彩作为确定外观设计专利权保护范围的设计特征之一。

设计特征是指具有相对独立的视觉效果，具有完整性和可识别性的产品的形状、图案及其结合，以及色彩与形状、图案的结合，即产品的某一部分的设计。

对整体视觉效果不产生影响的产品的大小、材料、内部结构，应当排除在外观设计专利权的保护范围之外。

相似外观设计专利的保护范围由各个独立的外观设计分别确定。基本设计与其他各项相似设计均可以作为确定各自外观设计专利保护范围的依据。

成套产品的整体外观设计与组成该成套产品的每一件外观设计均已显示在该外观设计专利文件的图片或者照片中的，其权利保护范围由组成该成套产品的每一件产品的外观设计分别确定。

图形用户界面外观设计的保护范围应结合设计要点由产品外观设计视图确定。动态图形用户界面外观设计的保护范围需结合简要说明对动态变化过程的描述，由能确定动态变化过程的产品外观设计视图共同确定。

知识点四　申请权权属纠纷

■ **大纲要求：辨析** * *

专利申请权权属纠纷，是指一项发明创造在申请专利之前或者申请专利后授予专利权之前，当事人之间就谁应当享有申请专利的权利发生的争执。专利申请权权属纠纷主要包括：

1）一项发明成果是否属于职务发明创造的纠纷。
2）发明创造的发明人或设计人主体确认的纠纷。
3）合作完成或者接受委托完成的发明创造中，确认有权申请专利主体的纠纷。

当事人在解决专利申请权权属纠纷时，通常可以选择自行协商解决、请求管理专利工作的部门调解或者向人民法院起诉这三种途径。

知识点五　职务发明与非职务发明

■ 大纲要求：辨析＊＊

专利权权属纠纷主要集中在是否属于职务发明创造、是否是真正的发明人、合作或委托开发中谁拥有专利权等方面。

职务发明，是指企业、事业单位、社会团体、国家机关等的工作人员执行本单位的任务或者主要是利用本单位的物质条件所完成的职务发明创造。

执行本单位的任务所完成的职务发明创造，包括三种情形：①在本职工作中作出的发明创造；②履行本单位交付的本职工作之外的任务所作出的发明创造；③退休、调离原单位后或者劳动、人事关系终止后1年内作出的，与其在原单位承担的本职工作或者原单位分配的任务有关的发明创造。

本单位的物质技术条件，是指本单位的资金、设备、零部件、原材料或者不对外公开的技术资料等；本单位也包括临时工作单位。例外情况：利用了本单位的物质技术条件但约定返还资金或者交纳使用费的，或者在发明创造完成后只是利用本单位的物质技术条件对技术方案进行验证、测试的。

原则上，职务发明的专利申请权和专利权归属于其单位。两种特殊情形：①利用本单位的物质技术条件所完成的职务发明，单位与发明人或者设计人可以通过签订合同对专利申请权和专利权的归属作出约定；②执行本单位的任务所完成的职务发明，其专利申请权和专利权只能归单位所有，单位与发明人或者设计人之间无权自行约定。

法律保护完成职务发明的发明人或设计人的署名权。发明人或设计人，是指对该发明创造的实质性特点作出创造性贡献的人。

知识点六　委托发明与合作发明

■ 大纲要求：辨析＊＊

委托发明，是指一个单位或者个人接受其他单位或者个人委托所完成的发明创造。
合作发明，是指两个以上单位或者个人合作完成的发明创造。
委托发明和合作发明，其发明成果的专利申请权和专利权归属规定是一致的：各方对委托发明成果的专利申请权和专利权归属有约定的，遵从约定；无约定或约定不明确的,统一采用"谁发明谁拥有"的规则,即专利申请权和专利权归完成或者共同完成该发明成果的单位或者个人所有,而不是归出资的委托方所有。但委托方可以免费实施该专利;受托方转让专利申请权或专利权的,委托方享有以同等条件优先受让的权利。

共有专利申请权和共有专利权的行使有约定的,按照其约定执行;无约定或约定不明确的,共有人可以单独自己实施或者以普通许可方式许可他人实施该专利,收取的使用费应当在共有人之间分配。除此之外的其他情形,行使共有的专利申请权或者专利权应当取得全体共有人的同意。

当事人一方声明放弃其共有的专利申请权的,可以由另一方单独申请或者由其他各方共同申请。申请人取得专利权的,放弃专利申请权的一方可以免费实施该专利。当事人一方不同意申请专利的,另一方或者其他各方不得申请专利。

当事人一方转让其共有的专利申请权或专利权的,其他各方享有以同等条件优先受让的权利。

知识点七 专利侵权行为

■ **大纲要求:掌握****

专利侵权行为,是指未经专利权人许可又无法律依据,为生产经营目的实施其专利或假冒其专利的行为。

专利侵权行为的特征包括:①侵害的对象是侵权行为发生时有效的专利权;②有侵害行为,行为人在客观上实施了侵害他人专利的行为;③以生产经营为目的;④违反法律的规定,即行为人实施专利的行为未经专利权人的许可,又无法律依据。

专利侵权行为可以分为直接侵权行为和间接侵权行为两类。

直接侵权行为,是指直接由行为人实施的侵犯他人专利权的行为,其表现形式包括:①制造发明、实用新型、外观设计专利产品的行为;②使用发明、实用新型、外观设计专利产品的行为;③许诺销售发明、实用新型、外观设计专利产品的行为;④销售发明、实用新型或外观设计专利产品的行为;⑤进口发明、实用新型、外观设计专利产品的行为;⑥使用专利方法以及使用、许诺销售、销售、进口依照该专利方法直接获得的产品的行为;⑦假冒他人专利的行为。特殊情形:不知道是未经专利权人许可而制造并售出的专利产品或者依照专利方法直接获得的产品,能证明其产品合法来源的,仍属于侵犯专利权的行为,需要停止侵权行为,但不需要承担赔偿责任。

间接侵权行为，是指行为人实施的行为并不构成直接侵犯他人专利权的行为，但却诱导、怂恿、教唆、帮助别人实施他人专利，发生直接的侵权行为。行为人在主观上有诱导或唆使别人侵犯他人专利权的故意，客观上为别人直接侵权行为的发生提供了必要的条件。专利间接侵权行为人与直接侵权行为人构成共同侵权人，承担连带侵权责任。

知识点八　不构成专利侵权行为的情形

■ 大纲要求：掌握＊＊＊＊

情形	规定
指定许可	国有企业事业单位的发明专利，对国家利益或者公共利益具有重大意义的，国务院有关主管部门和省、自治区、直辖市人民政府报经国务院批准，决定在批准的范围内推广应用而指定单位实施的
强制许可	国务院专利行政部门对于发明或者实用新型专利给予相关单位或个人专利实施强制许可的
专利权用尽	专利权人制造或者经专利权人许可制造的专利产品售出后，使用或者销售该产品的
先用权	在专利申请日前已经制造相同产品、使用相同方法或者已经作好制造、使用的必要准备，并且仅在原有范围内继续制造、使用的
在过境的外国工具上使用	临时通过中国领陆、领水、领空的外国运输工具，依照其所属国同中国签订的协议或者共同参加的国际条约，或者依照互惠原则，为运输工具自身需要而在其装置和设备中使用有关专利的
科学研究和实验	专为科学研究和实验而使用有关专利的不视为专利侵权行为
使用或销售不知道侵权的专利产品	使用或者销售不知道是未经专利权人许可而制造并售出的专利产品的

知识点九　专利侵权判定全面覆盖原则

■ 大纲要求：掌握＊＊＊＊

我国的专利侵权判定原则，主要包括全面覆盖原则、捐献原则和禁止反悔原则。

全面覆盖原则，是指在判定被控侵权技术方案是否落入专利权的保护范围时，应当审查权利人主张的权利要求所记载的全部技术特征，并以权利要求中记载的全部技术特征与被控侵权技术方案所对应的全部技术特征逐一进行比较。被控侵权技术方案包含与权利要求记载的全部技术特征相同或者等同的技术特征的，应认定其落入专利权的保护范围。一般分为相同侵权和等同侵权两种情况。通常，先判断是否构成相同侵权，如否，再判断是否构成等同侵权。

1. 相同侵权

相同侵权，即字面侵权，是指被控侵权技术方案包含了与专利权利要求限定的一项完整技术方案记载的全部技术特征相同的对应技术特征。"相同"包括表述上完全相同，或者表述上虽不完全相同，但表达的实质含义相同，或者被控侵权技术方案的技术特征属于专利权利要求相应技术特征的下位概念，或者被控侵权技术方案在包含了权利要求中的全部技术特征的基础上，又增加了新的技术特征的，且该技术特征没有被专利文件明确排除。

对于包含功能性特征的权利要求，被控侵权技术方案的相应结构、步骤特征是以相同的手段，实现了相同的功能，产生了相同的效果，或者虽有区别，但是以基本相同的手段，实现了相同的功能，达到相同的效果，而且本领域的普通技术人员在专利申请日时无须经过创造性劳动就能够联想到的，应当认定该相应结构、步骤特征与该功能性特征相同。

相同侵权的各种情形

序号	被控侵权技术方案的技术特征	专利权利要求的技术特征	说明
1	A+B+C	A+B+C	技术特征完全相同
2	a+B+C	A+B+C	技术特征 a 是技术特征 A 的下位概念，或者技术特征 A 是功能性特征，技术特征 a 是以相同或基本相同手段、实现相同功能、产生相同效果的相应结构、步骤特征
3	A+B+C+D	A+B+C	技术特征 D 没有被专利文件明确排除（被控侵权技术方案可能具备创造性）

2. 等同侵权

等同侵权，是指被控侵权技术方案有一个或者一个以上技术特征与权利要求中的相应技术特征从字面上看不相同，但是属于等同特征，即与权利要求所记载的技术特征以基本相同的手段，实现基本相同的功能，达到基本相同的效果，并且本领域普通技术人员无须经过创造性劳动就能够想到的技术特征。手段、功能、效果以及是否需要创造性劳动四个要素依次进行判断，四个要素同时满足时，才能认定构成等同侵权。判断技术特征是否构成等同的时间点为被控侵权行为发生日。

在具体判断等同侵权时可考虑以下因素：①两技术特征是否属于同一或相近的技术类别；②两技术特征所利用的工作原理是否相同；③两技术特征之间是否存在简单

的直接替换关系。

等同特征的常见形式包括：已知的常用技术要素的简单替换、产品部件位置的简单移动、技术特征的分解或者合并、方法步骤顺序的简单变化等。

等同侵权将专利权的保护范围延伸到与专利权利要求中相应技术特征等同的部分，弥补了专利权利要求的语言局限性。

等同原则的适用既要保护专利权人的利益，也不能忽视公众的利益，实践中形成了捐献原则和禁止反悔原则以制约等同侵权认定的过度适用。捐献原则，是指如果被控侵权技术方案在涉案专利的说明书中公开，但并没有落入权利要求限定的范围，则认为专利权人已将该技术方案捐献给了社会公众，不能再通过主张构成等同侵权而获得保护。

知识点十　专利侵权判定禁止反悔原则

■ **大纲要求：掌握**＊＊＊＊

禁止反悔原则，是指在专利授权或者无效程序中，专利申请人或专利权人通过对权利要求、说明书的限缩性修改或者意见陈述的方式放弃的保护范围，在侵犯专利权诉讼中确定是否构成等同侵权时，禁止权利人将已放弃的内容重新纳入专利权的保护范围。

适用禁止反悔原则最常见情形包括：①专利申请人或专利权人在专利授权、确权程序中对权利要求进行修改，对于因修改而导致权利要求保护范围缩小的情形，不论修改的具体原因和动机如何，均可能导致禁止反悔原则的适用；②专利申请人或专利权人在专利授权、确权程序中关于权利要求的解释对其保护范围产生了限缩性影响，则可能导致禁止反悔原则的适用；③被控侵权技术方案属于说明书中明确排除的技术方案，或者属于背景技术中的技术方案，权利人主张构成等同侵权的，也可能导致禁止反悔原则的适用。

专利申请人或专利权人对权利要求保护范围所作的限缩性修改或者陈述必须是明示的，而且已经被记录在书面陈述、专利审查档案、生效的法律文书中。

知识点十一　专利侵权的诉讼时效

■ **大纲要求：掌握**＊＊＊＊

侵犯专利权的诉讼时效为2年，自专利权人或者利害关系人得知或者应当得知侵权行为之日起计算。

权利人超过2年起诉的，如果侵权行为在起诉时仍在继续，在该项专利权有效期内，人民法院应当判决被告停止侵权行为，侵权损害赔偿数额应当自权利人向人民法院起诉之日起向前推算2年计算。

发明专利申请公布后至专利权授予前使用该发明未支付适当使用费的，专利权人要求支付使用费的诉讼时效为2年，自专利权人得知或者应当得知他人使用其发明之日起计算。但是，专利权人于专利权授予之日前即已得知或者应当得知的，自专利权授予之日起计算。

知识点十二 专利侵权的民事责任

■ **大纲要求：掌握******

专利侵权的民事责任包括禁令和赔偿损失。禁令又包括临时禁令和永久禁令。

临时禁令是指在诉讼前或诉讼过程中，人民法院应权利人的请求而作出的关于停止侵权的禁令；永久禁令是指有关侵权的判决或决定中作出的停止侵权的禁令。

申请人提出临时禁令申请应当提供担保。人民法院应当自接受临时禁令申请之时起48小时内作出是否批准的裁定；有特殊情况需要延长的，可以延长48小时。自临时禁令发布之日起15日内不起诉的，人民法院将解除该临时禁令。临时禁令申请有错误的，申请人应当赔偿被申请人因停止有关行为所遭受的损失。

赔偿损失是专利侵权最常见的民事责任。我国《专利法》规定了四种计算损害赔偿金额的方法，按照优先适用顺序分别为权利人实际损失、侵权人获利、许可费合理倍数以及法定赔偿。权利人实际损失是指按照权利人因被侵权所受到的实际损失确定赔偿数额；侵权人获利是指按照侵权人因侵权所获得的利益确定赔偿数额；许可费合理倍数是指参照该专利许可使用费的倍数合理确定赔偿数额；法定赔偿是指人民法院可以根据专利权的类型、侵权行为的性质和情节等因素，在一定范围内确定赔偿数额。赔偿数额还应当包括权利人为制止侵权行为所支付的合理开支。

为了加大专利保护力度，提高违法成本，《专利法》第4次修改拟将法定赔偿范围大幅提高到10万元以上500万元以下，并拟建立惩罚性赔偿制度。

知识点十三　专利侵权的行政责任

■ **大纲要求：掌握 * * * ***

假冒专利由省、自治区、直辖市人民政府以及设区的市人民政府设立的管理专利工作的部门负责查处。假冒专利的行政责任方式是没收违法所得和罚款这两种行政处罚。

没收违法所得：管理专利工作的部门认定假冒专利成立时，将没收行为人的违法所得。销售假冒专利的产品的，以产品销售价格乘以所销售产品的数量作为其违法所得；订立假冒专利的合同的，以收取的费用作为其违法所得。需注意的是，这里的违法所得即收入，不扣除行为人直接用于经营活动的合理成本支出。

罚款可以单独适用，也可以与没收违法所得并行适用。根据现行《专利法》的规定，管理专利工作的部门认定假冒专利成立时，可以处以违法所得4倍以下的罚款；没有违法所得的，可以处20万元以下的罚款。销售不知道是假冒专利的产品，并且能够证明该产品合法来源的，应当停止销售，但免除罚款的处罚。

《专利法》第4次修改拟适当提高对假冒专利行为的罚款处罚力度：非法经营额5万元以上的，可以处非法经营额1倍以上5倍以下的罚款；没有非法经营额或者非法经营额5万元以下的，可以处25万元以下的罚款。

知识点十四　假冒专利的刑事责任

■ **大纲要求：掌握 * * * ***

假冒他人专利的侵权行为，情节严重构成犯罪的，应负刑事责任。假冒专利罪的刑事处罚包括罚金、拘役和有期徒刑。

罚金是既可以附加于主刑适用又可以独立适用的附加刑。对于犯假冒专利罪的，人民法院将综合考虑犯罪的违法所得、非法经营数额、给权利人造成的损失、社会危害性等情节，依法判处罚金。罚金数额一般在违法所得的1倍以上5倍以下，或者按照非法经营数额的50%以上1倍以下确定。

拘役是司法机关依法判令短期剥夺犯罪行为人的人身自由，就近拘禁并强制劳动的刑罚方法。拘役的期限为1个月以上6个月以下，数罪并罚时最高不能超过1年。

有期徒刑是司法机关依法判令一定期限内剥夺犯罪行为人的人身自由，并监禁于一定场所的刑罚方法。犯假冒专利罪的，人民法院将综合考虑犯罪手段恶劣程度、给权利人造成的损失大小、社会危害性及影响等情节，依法酌情判处合理期限的有期徒刑，最长不超过 3 年。

知识点十五　专利合同纠纷

■ 大纲要求：熟悉＊＊＊

专利合同纠纷，是指当事人之间围绕与专利有关的合同所发生的争执，主要包括专利产品开发合同纠纷、专利权转让合同纠纷、专利技术实施许可合同纠纷、专利技术中介服务合同纠纷等。

1. 专利产品开发合同纠纷

专利产品开发合同，是指当事人之间就新技术、新产品或者新材料及其系统的研究开发以形成专利产品为目的所订立的书面形式的协议，包括委托开发合同和合作开发合同。

在专利产品开发合同的履行过程中，因不可抗力导致合同无法履行的，风险责任由当事人约定。没有约定或者约定不明确的，由当事人合理分担。

专利产品开发合同的当事人，对各方的权利义务、合同标的及开发成果的权利归属等有争议的，可以选择自行协商、提交仲裁或者向人民法院提起诉讼等方式解决。涉及专利申请权归属争议的，还可以请求管理专利工作的部门调解。

2. 专利权转让合同纠纷

专利权转让合同，是指合法拥有专利技术的权利人，将其专利权的所有权让与他人，受让方按约支付转让费所订立的协议。当事人以专利权入股方式订立联营合同，但专利入股人不参与联营体的经营管理，并且以保底条款形式约定联营体或者联营对方支付其专利价款或者使用费的，视为专利权转让合同。

专利权转让合同纠纷的主要原因包括：①专利权属存在争议；②专利权事先已经失效，或者事后被宣告无效；③转让人没有取得共有专利权人的同意；④转让人隐瞒专利许可实施状况；⑤受让人对专利权人的技术支持、专利的技术效果不满意等。专利权转让合同纠纷发生后，当事人可以选择自行协商、提交仲裁或者向人民法院提起诉讼等方式解决。

3. 专利技术实施许可合同纠纷

专利技术实施许可合同，是指合法拥有专利技术的权利人，将其专利技术许可给他人实施，被许可方按约支付许可使用费所订立的协议。

专利技术实施许可合同纠纷的主要原因包括：①专利权属存在争议；②专利权事先已经失效，或者事后被宣告无效；③许可方没有取得共有专利权人的同意；④当事各方对许可实施方式等的理解有分歧；⑤被许可方对许可方的技术支持、专利的技术效果不满意等。专利权转让合同纠纷发生后，当事人可以选择自行协商、提交仲裁或者向人民法院提起诉讼等方式解决。

4. 专利技术中介服务合同纠纷

专利技术中介服务合同，是指当事人一方以知识、技术、经验和信息为委托方与第三人订立专利合同进行联系、介绍以及对合同履行提供专门服务所订立的协议。

当事人对中介人的服务内容、服务质量、服务报酬等有争议的，可以选择自行协商、提交仲裁或者向人民法院提起诉讼等方式解决。

知识点十六　专利行政纠纷的类型

■ **大纲要求：掌握** ＊＊＊＊

根据引起纠纷事由的不同，专利行政纠纷可以分为对专利行政处理决定不服、对专利行政处罚决定不服和对专利行政复议决定不服三大类。

1. 不服专利行政处理决定

不服事项	复审/复议	起诉
维持驳回申请复审决定	3个月内先请求复审	3个月内向人民法院起诉
专利权无效宣告请求决定	—	3个月内向人民法院起诉
实施强制许可决定	—	3个月内向人民法院起诉
强制许可使用费裁决	—	3个月内向人民法院起诉
专利侵权纠纷处理决定	—	15日内向人民法院起诉
其他行政处理决定	申请行政复议	向人民法院起诉

1）不服国务院专利行政部门作出的维持驳回申请复审决定。对驳回申请的决定不服的，可以自收到通知之日起3个月内，请求复审。对复审决定不服的，可以自收到通知之日起3个月内向人民法院起诉。

2）不服国务院专利行政部门作出的专利权无效宣告请求决定。对宣告专利权无效或者维持专利权的决定不服的，可以自收到通知之日起3个月内向人民法院起诉。

3）不服作出的实施强制许可决定。对关于实施强制许可的决定不服的，可以自收到通知之日起 3 个月内向人民法院起诉。

4）不服作出的强制许可使用费裁决。对关于实施强制许可的使用费的裁决不服的，可以自收到通知之日起 3 个月内向人民法院起诉。

5）不服管理专利工作的部门作出的专利侵权纠纷处理决定。当事人不服的，可以自收到通知之日起 15 日内向人民法院起诉。

6）不服管理专利工作的部门作出的其他行政处理决定。对其他行政处理决定，如对不予受理、对申请日的确定，对申请被视为撤回不服的，对视为放弃取得专利权等不服的，可以依法申请行政复议或向人民法院起诉。

2. 不服专利行政处罚决定

包括：

1）当事人对管理专利工作的部门查处假冒专利行为时作出罚款、没收违法所得等行政处罚不服的，可以自收到通知书之日起 15 日内向有管辖权的人民法院提起行政诉讼。

2）专利代理机构或者专利代理师对专利代理惩戒委员作出的惩戒决定不服的，可以在收到惩戒决定书之日起的 2 个月内依法申请复议，也可以直接向人民法院提起行政诉讼。

3. 不服专利行政复议决定

当事人认为管理专利工作的部门所作出的具体行政行为侵犯其合法权益的，可以依法申请专利行政复议。包括：

1）对管理专利工作的部门查处假冒专利行为时作出的责令改正，以及罚款、没收违法所得等行政处罚不服的。

2）对管理专利工作的部门查处假冒专利行为时作出的财产的查封、扣押等强制措施不服的。

3）认为管理专利工作的部门在专利执法过程中侵犯法律、法规规定的经营自主权的。

4）申请管理专利工作的部门履行专利执法法定职责，管理专利工作的部门没有依法履行的。

5）认为管理专利工作的部门在执法信息公开中的具体行政行为侵犯其合法权益的，或者申请执法信息公开，管理专利工作的部门依法应公开而不公开或逾期不答复的。

6）认为管理专利工作的部门的其他具体行政行为侵犯其合法权益的。

复议申请人或者第三人对行政复议决定不服的，可以依法提起行政诉讼。

知识点十七　专利行政纠纷的特点

■ 大纲要求：掌握＊＊＊＊

专利行政纠纷的特殊性体现在以下几点：

1）纠纷当事人之间具有特定的行政管理法律关系。管理专利工作的部门只能作为被告，行政相对方的公民、法人或者其他组织一定是原告。双方之间不是平等的民事法律关系。

2）纠纷的争议事由源于特定的具体行政行为。专利行政纠纷的争议事由必定产生于管理专利工作的部门的行政管理行为，而且必须是特定的具体行政行为。

3）纠纷的解决途径法定。专利行政纠纷的解决途径通常只有申请行政复议和提起行政诉讼这两种，不适用自行协商。

知识点十八　专利侵权纠纷行政裁决

■ 大纲要求：分析＊＊

1. 相关规定

专利侵权纠纷行政裁决的相关规定包括《中华人民共和国专利法》《中华人民共和国专利法实施细则》《专利行政执法办法》和有关法律、法规，国家知识产权局制定的《专利侵权纠纷行政裁决办案指南》细化完善了专利侵权纠纷行政裁决的办案程序和实体标准，规范行政裁决办案工作，更好地保护当事人权益。

2. 主要特点

1）效率高。处理专利侵权纠纷，应当自立案之日起 3 个月内结案。特别复杂需要延长期限的，由管理专利工作的部门负责人批准可最多延长不超过 1 个月。

2）程序简便。经形式审查合格符合受理条件即可受理，经过管理专利工作的部门向纠纷双方转送文书、择期进行口头审理等程序后，即作出侵权与否的行政裁决决定。

3）成本低。被侵权的专利权人到行政机关寻求救济并不用缴纳受理费。

4）专业性强。行政裁决与其他解决途径相比专业性更强，更适于解决专利民事纠纷。

3. 裁决机构

全国范围内的专利管理工作由国务院专利行政部门负责，地方各省、自治区、直辖市范围的专利工作由政府设置的管理专利工作的部门负责。

4. 主要类型

1）损害赔偿裁决：对平等主体之间发生的、因涉及与行政管理相关的合法权益受到侵害而引起的赔偿争议所作的裁决，主要为强制许可费用纠纷。关于强制许可的费用数额，先由专利权人和取得实施强制许可的单位或个人进行平等协商，如果双方协商未果，则可以申请国务院的专利行政管理部门进行裁决。

2）专利权属纠纷裁决：对平等主体之间，因涉及专利权归属发生争议所作出的裁决。

3）侵权纠纷裁决：对于没有经过专利权人许可而实施其专利，或用其他方式侵犯其专利权而引起的纠纷，双方可以通过平等协商的方式来自行解决；如果双方不愿意协商或者协商不成，那么专利权人或者其他利害关系人可以提起诉讼，但也可以请求管理专利工作的部门进行处理。

5. 裁决救济

当事人不服行政机关对专利侵权纠纷作出的裁决，可以以行政裁决机关为被告向人民法院提起行政诉讼，而损害赔偿争议若调解不成则要向人民法院再提起民事诉讼。

知识点十九　专利侵权纠纷行政执法

■ 大纲要求：分析＊＊

《专利法》《专利法实施细则》《专利行政执法办法》赋予管理专利工作的部门处理专利侵权纠纷、调解专利纠纷、查处假冒专利职能。此外管理专利工作的部门也可以应当事人请求就纠纷过程进行调查取证。机构改革后，专利管理职能归入市场监督管理机构。

1. 专利侵权纠纷的处理

请求管理专利工作的部门处理专利侵权纠纷的条件：①请求人是专利权人或者利害关系人；②有明确的被请求人；③有明确的请求事项和具体事实、理由；④属于受案管理专利工作的部门的受案和管辖范围；⑤当事人没有就该专利侵权纠纷向人民法院起诉。

利害关系人包括专利实施许可合同的被许可人、专利权人的合法继承人。其中，独占实施许可合同的被许可人可以单独提出请求；排他实施许可合同的被许可人在专利权人不请求的情况下，可以单独提出请求；除合同另有约定外，普通实施许可合同的被许可人不能单独提出请求。

请求管理专利工作的部门处理专利侵权纠纷的，应当提交请求书及证明材料。证明材料包括主体资格证明与专利权有效的证明，即专利登记簿副本，或者专利证书和当年缴纳专利年费的收据。专利侵权纠纷涉及实用新型或者外观设计专利的，管理专利工作的部门可以要求请求人出具由国家知识产权局作出的专利权评价报告。除达成调解协议或者请求人撤回请求之外，管理专利工作的部门处理专利侵权纠纷应当制作处理决定书。

2. 专利纠纷的调解

调解专利纠纷是指管理专利工作的部门应当事人的请求，对相关专利纠纷进行居中调解的活动。调解的范围是除专利权是否成立外的所有专利纠纷。调解必须遵循双方当事人的意思，行政机关不能强制调解，也不能强制双方当事人遵从调解决定。

当事人经调解达成协议的，由管理专利工作的部门制作调解协议书，加盖其公章，并由双方当事人签名或者盖章；未能达成协议的，管理专利工作的部门以撤销案件的方式结案，并通知双方当事人。调解结果在效果上不具强制性。

3. 假冒专利行为的查处

管理专利工作的部门发现或者接受举报、投诉发现涉嫌假冒专利行为的，应当自发现之日起 5 个工作日内或者收到举报、投诉之日起 10 个工作日内立案，并指定两名或者两名以上执法人员进行调查。根据案件情况分别作如下处理：①假冒专利行为成立应当予以处罚的，依法给予行政处罚；②假冒专利行为轻微并已及时改正的，免予处罚；③假冒专利行为不成立的，依法撤销案件；④涉嫌犯罪的，依法移送公安机关。

4. 调查取证

在专利侵权纠纷处理过程中，当事人因客观原因不能自行收集部分证据的，可以书面请求管理专利工作的部门调查取证。管理专利工作的部门根据情况决定是否调查收集有关证据。管理专利工作的部门调查收集证据可以查阅、复制与案件有关的合同、账册等有关文件；询问当事人和证人；采用测量、拍照、摄像等方式进行现场勘验。涉嫌侵犯制造方法专利权的，管理专利工作的部门可以要求被调查人进行现场演示。管理专利工作的部门处理涉及进出口货物的专利案件的，可以请求海关提供协助。

知识点二十　专利诉讼类型

■ **大纲要求：分析** ＊＊

专利行政诉讼的严格含义是专利行政行为的司法审查诉讼案件，包括当事人不服维持驳回申请复审决定、专利权无效宣告请求决定、实施强制许可决定、强制许可使用费裁决、专利侵权纠纷处理决定以及其他具体行政行为（包括行政复议决定）而提起的行政诉讼。

专利侵权诉讼是指专利权人因专利权受非法侵害而引发的诉讼，包括侵犯发明专利、实用新型专利和外观设计等专利权的案件。

专利权属诉讼是以专利权或专利申请权归属发生争议当事人双方作为原、被告的案件，包括专利申请权纠纷案件和专利权属纠纷案件。

专利合同诉讼是指因为不履行或部分履行专利实施许可合同或专利转让合同而引发的诉讼。专利实施许可合同或转让合同是判断和解决这类诉讼的重要依据。

其他有关专利诉讼包括因发明人或设计人资格而引发的诉讼，实施强制许可使用费纠纷，专利申请公布后专利权授予前使用发明、实用新型、外观设计的费用的纠纷诉讼，职务发明创造实施并取得经济效益后单位不依照法律规定给予发明人或设计人一定报酬或奖励而引发的诉讼等。

此外，中国法院还依法受理假冒他人专利犯罪等刑事案件，构成假冒他人专利罪的，依法受到 3 年以下有期徒刑或者拘役，并处或者单处罚金的处罚。

知识点二十一　专利诉讼管辖

■ **大纲要求：分析** ＊＊

1. 级别管辖

对于专利行政案件即关于应否授予发明专利权、宣告发明专利权无效或维持发明专利权纠纷案件，其他专利纠纷案件中实施强制许可及强制许可使用费的纠纷，由于可能作为被告的国家知识产权局在北京市，且为执法统一，因而，由北京市第一中级人民法院作为一审法院，北京市高级人民法院作为第二审法院。

其余各类专利纠纷案件由各省、自治区、直辖市人民政府所在地的中级人民法院、各经济特区中级人民法院和最高人民法院指定的中级人民法院作为第一审法院，相应的各高级人民法院为基层法院。

2. 地域管辖

中国人民法院对涉及专利权纠纷案件除前述专属管辖外，对收案最多的专利侵权案件等还要适用民事诉讼法规定的一般地域管辖原则。即由被告所在地或者侵权行为地（包括侵权结果地）的有受理权的人民法院作为一审法院。

知识点二十二　专利诉讼要点

■ 大纲要求：分析＊＊

专利诉讼过程中必要的技巧：

1. 研透专利技术

研究分析并吃透专利技术及相关的技术非常重要，特别是在认定某一技术是否构成侵权、是否属于公知技术、是否属于显而易见的技术方面。

2. 收集证据

对于原告专利权人一方的律师，最重要的是要收集侵权的证据。产品证据收集优选到生产厂家购买涉嫌侵权的产品，必要时可以采取公证取证，或者通过工商行政管理部门或技术监督部门行使其他职责时，顺便获取侵权证据。根据诉讼情况，可以请求人民法院采取证据保全措施。

对于被告一方来说，关键是收集一切可以将原告专利无效掉的证据，或是找到证明自己在先使用的有效证据或使用的是自由公知技术的证据，也能在诉讼中占据主动。

3. 法律程序

对于被告而言，最常用的是反诉对方专利无效，从而争取时间寻求其他抗辩方法。而对于原告，在诉讼之前，最好先行对自己的专利启动无效程序或者进行专利检索评价，使专利经过一次"实审"的考验，然后再诉他人侵权。

专利诉讼一审程序：

1）原告起诉。

2）人民法院受理后将起诉书副本送达被告。

3）被告在15日内提交答辩状，人民法院在5日内将答辩状副本送达原告，如果被告不提交答辩状，不影响审理。

4）决定开庭审理的案件，人民法院在3日前通知当事人并公告。

5)法庭调查阶段包括：当事人陈述；告知证人的权利义务，证人作证，宣读未到庭的证人证言；出示书证、物证和视听资料；宣读鉴定结论；宣读勘验笔录。

6)法庭辩论包括：原告及其诉讼代理人发言；被告及其诉讼代理人答辩；第三人及其诉讼代理人发言或者答辩；互相辩论。法庭辩论终结，由审判长按照原告、被告、第三人的先后顺序征询各方最后意见。

7)法庭辩论终结，应当依法作出判决。判决前能够调解的，还可以进行调解，调解不成的，应当及时判决。

8)判决宣告。

二审程序：

1)当事人不服地方人民法院第一审判决的，有权在判决书送达之日起 15 日内向上一级人民法院提起上诉。当事人不服地方人民法院第一审裁定的，有权在裁定书送达之日起 10 日内向上一级人民法院提起上诉。上诉状应当通过原审人民法院提出，并按照对方当事人或者代表人的人数提出副本。当事人直接向第二审人民法院上诉的，第二审人民法院应当在 5 日内将上诉状移交原审人民法院。

2)人民法院受理。

3)审理程序大体与一审一样，不同处主要在审查范围和内容上。

知识点二十三 专利仲裁

■ 大纲要求：分析＊＊

1994 年，全国人大常委会通过《仲裁法》，以单行法的形式统一了各种仲裁制度，适用范围几乎涵盖了一切民事权益纠纷。

仲裁特指发生纠纷的当事人在自愿基础上达成协议，将纠纷提交第三方仲裁机构审理，由其作出对双方均有约束力的裁决，以解决纠纷的一种非诉讼方式。仲裁是一种主要的社会救济途径，是民事纠纷解决途径多元化发展的一个重要方向。

选择仲裁途径解决纠纷，需要以当事人之间签署仲裁协议为前提。仲裁协议有两种形式：一种是在纠纷发生之前订立的，通常以合同中的仲裁条款出现；另一种是在纠纷发生之后订立的，以便把已经发生的纠纷提交仲裁。

仲裁途径较多地适用于专利合同纠纷，也有专利侵权纠纷选择仲裁途径的，但不适用于专利行政纠纷。选择仲裁途径解决纠纷，具有成本低、效率高、灵活性强等优点。仲裁程序一般在成立仲裁庭后 9 个月内就能结案，简易程序可以在 3 个月内结案，而且仲裁实行一裁终局。

知识点二十四 海外专利纠纷类型

■ 大纲要求：掌握 ＊＊＊＊

从我国企业遇到的海外专利风险类型来看，主要包括以下几种：专利侵权诉讼；海外展会专利纠纷；贸易调查，代表性的如美国的"337调查"；海关扣押。

1. 专利侵权诉讼

以引发诉讼主体的类型来分，海外专利诉讼可以分为竞争对手型诉讼、NPE 型诉讼和合作方（客户、采购方）诉讼；以诉讼目的不同，可以分为市场障碍型诉讼和许可收益型诉讼。目前，中国企业在海外面临的专利诉讼主要来自竞争对手，以市场障碍型诉讼为主。

市场障碍型诉讼一般由行业竞争对手发起，主要目的是提升行业壁垒，提高其他企业的成本，阻止新进入市场的企业。

许可收益型诉讼一般由行业的技术主导者或者 NPE 发起，主要目的是通过诉讼获取许可收益。

2. 展会纠纷

海外展会的参展产品一般会融合先进的研发成果，因其外形、结构、原理引发的专利侵权纠纷在展会中发生比例较高。专利权人可以通过向当地法院申请或者通过大会组织者对涉嫌侵权的产品进行扣押、没收等。大部分的展会查抄都因专利而起，并且已经由简单的外观设计、实用新型侵权纠纷发展成为复杂的、不易判断的发明专利侵权纠纷。

3. 贸易调查

贸易调查主要是指各国贸易管理部门针对贸易活动中的知识产权问题开展的准司法调查，代表性的如美国的"337调查"。

"337调查"是根据美国《1930年关税法》第337节及相关修正案对一切不公平竞争行为或向美国出口产品中的任何不公平贸易行为开展的调查。该项调查由美国国际贸易委员会负责。

实践中，涉及侵犯美国知识产权的"337调查"大部分都是针对专利或商标侵权行为，少数调查还涉及版权、工业设计以及集成电路布图设计侵权行为等。

美国国际贸易委员会（USITC，简称 ITC）有权采取以下措施：①有限排除令，即禁止列名被告企业的侵权产品进入美国市场；②普遍排除令，即不分来源地禁止所有同类侵权产品进入美国市场；③禁止令，即禁止侵权企业从事与侵权行为有关的行为；④扣押和没收令，美国海关可以根据 USITC 发布的扣押和没收令，扣押并没收所有试图出口到美国市场的侵权产品。

4. 海关扣押

知识产权权利人（包括专利、商标、版权的权利人等）发现侵权货物即将进出口的，可以向货物进出境地海关提出扣留侵权嫌疑货物的申请。被扣留的侵权嫌疑货物，经海关调查后认定侵犯知识产权的，由海关予以没收。

知识点二十五　海外专利纠纷的解决策略

■ **大纲要求：熟悉 * * ***

海外诉讼专利周期长，成本高，过程管理非常重要。海外展会纠纷重在展会现场的权益维护，若后续进入诉讼程序就可按侵权诉讼管理。贸易调查相较于侵权诉讼周期短，成本高，需要特别关注程序的时间节点。海关执法一般由侵权诉讼、展会纠纷、贸易调查等纠纷引起，其解决的根源也在于这些纠纷的应对处理。

1. 应对海外专利诉讼策略

1）组建诉讼应对团队。组建由企业内部人员和企业外部专业人员共同组成的专利侵权应诉团队。企业内部人员负责整体把控方向、协调内外、提出合理要求等；外部专业人员负责诉讼策略制定、具体谈判和应诉事务等。

2）开展诉讼案情分析。针对专利侵权诉讼起诉书和证据材料中提出的实质性内容进行分析。

3）制定应诉策略：①针对诉讼程序提出异议；②进行不构成侵权的抗辩；③缩小专利权保护范围；④现有技术抗辩；⑤提出专利权无效请求；⑥提起反制性质的诉讼。

2. 应对海外展会纠纷

1）遭遇警告应对。核实警告信的发出人是否为权利人或者其代理人，并判断自身产品是否构成侵权。如果认为内容属实且标的值合理，可以与该企业进行沟通协调，尽量选择和解。如果认为不构成侵权，可拒绝签署警告信，同时可以提出反警告。

2）遭遇执法应对。如遇相关执法人员根据临时禁令前来扣押或没收展品时，应配合执法人员处理，并积极寻找一切维权途径，尽力降低企业损失。企业可依照当地法律向相关部门提出异议、申诉、上诉等，并提交证明未侵权的相关证据。

3. 应对贸易调查（"337调查"）

1）综合考虑尽早决定是否应诉。主要考量美国市场对企业的重要程度，分析是否存在侵权的可能性，考虑诉讼费用的承受能力和应诉能力，衡量不应诉的后果。

2）合理构建高效的应诉团队。组建应诉团队，包括：①领导人员；②技术人员；③市场人员；④行政人员；⑤专业律师。

3）针对性制定应对策略。一般可从涉案产品不侵权、对方专利无效、专利不可实施三方面抗辩，同时也可以通过规避设计和反诉原告等措施尽力争取有利结果。

4. 应对海关扣押

1）核对扣押产品，对不当扣押可以提出异议。

2）在民事诉讼中进行抗辩。依民事诉讼程序，可以依产品不侵权、权利人知识产权无效、扣押不符合法律规定等理由进行抗辩。

3）与权利人进行和解。如确实构成侵权，可以尝试与权利人进行沟通，争取获得知识产权许可。

知识点二十六　海外专利纠纷解决的关键环节

■ **大纲要求：熟悉*＊＊**

1）加强海外专利布局。提前开展专利申请和布局，对关键技术加强核心专利布局，同时注重外围专利的数量积累。

2）提前储备海外服务机构。在涉及或可能涉及知识产权海外纠纷的重点国家/地区提前与相关机构建立合作关系和联络机制。

3）加强案件主导权控制。组建以知识产权（法律）管理部门为主导，行政、技术和市场人员参与的诉讼应对团队，负责与外部律师团队沟通。

4）成本管理控制。委托国内知识产权服务机构开展专利检索，本地化处理证据调查收集工作，最大限度节约相关费用。此外，可以联合应诉，按照出口业务额或有关比例合理分担费用。

5）展会纠纷应对预案。了解参展地的展会规则，研判风险。查询与参展产品关联较大的知识产权是否已在过境海关进行备案；另一方面也在海关备案自身在参展地获得的知识产权。准备知识产权权利相关材料，包括证书、许可合同等。

第四章 专利运用

一、基本内容框架

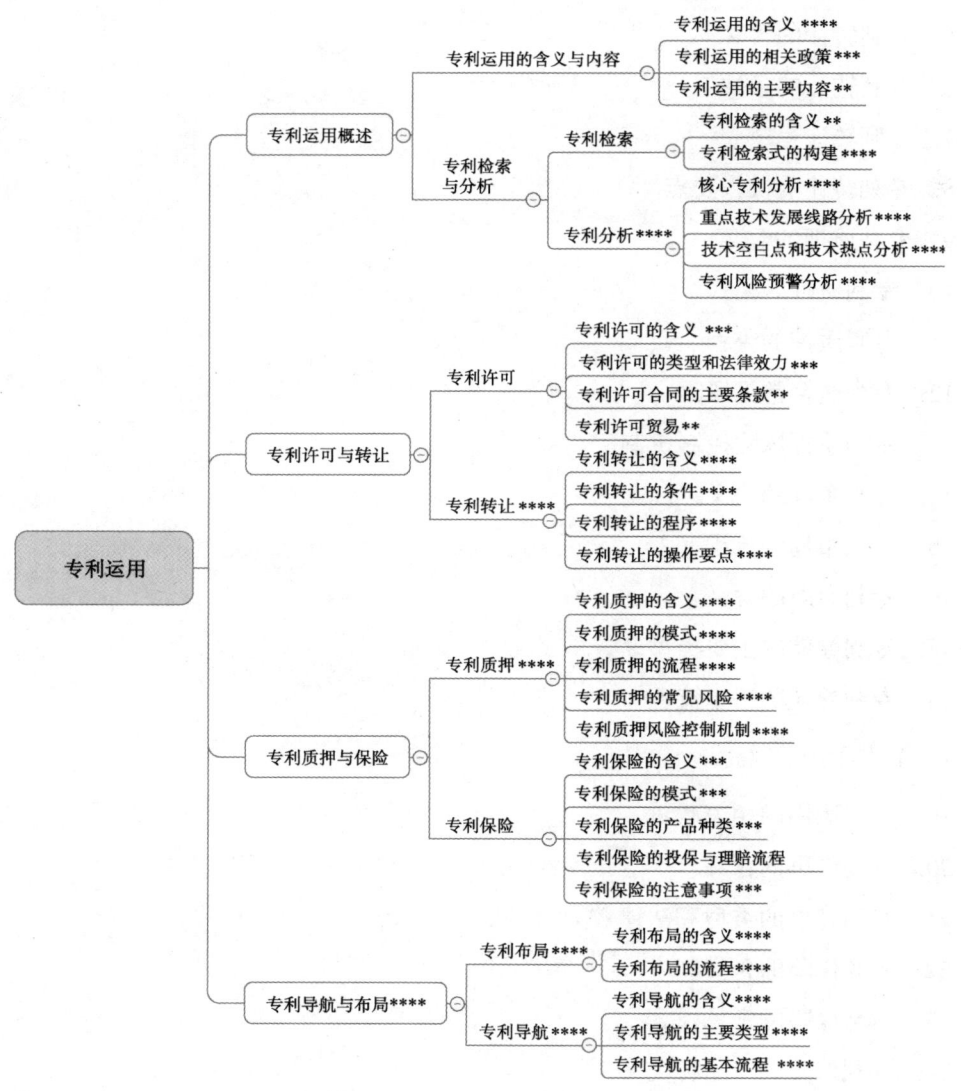

二、主要知识点

（一）掌握＊＊＊＊

1. 专利运用的含义
2. 专利检索式的构建
3. 专利分析方法和技能
4. 专利风险预警的分析方法
5. 专利转让的含义
6. 专利转让的条件
7. 专利转让程序
8. 专利转让的操作要点
9. 专利质押的含义
10. 专利质押的模式
11. 专利质押的流程
12. 专利质押常见风险
13. 专利质押风险控制机制
14. 专利布局的含义
15. 专利布局的流程
16. 专利导航的含义
17. 专利导航的主要类型
18. 专利导航的基本流程

（二）熟悉＊＊＊

19. 专利运用的相关政策
20. 专利许可的含义
21. 专利许可的类型和法律效力
22. 专利保险的含义
23. 专利保险的常见模式
24. 专利保险的产品种类
25. 专利保险的注意事项

(三) 运用/理解/辨析＊＊

26. 专利运用的主要内容
27. 专利检索的含义
28. 专利许可合同的主要条款
29. 专利许可贸易的相关技能

三、知识点解析

知识点一　专利运用的含义

■ **大纲要求：掌握** ＊＊＊＊

含义	行为主体获取直接或间接收益的各类专利活动的总称
五个要点	行为主体，包括市场主体、创新主体和社会公众
	行为对象：对专利或专利情报的利用
	专利：专利申请、专利权或专利制度
	专利情报：基于专利大数据提炼出的支撑各类决策的信息
	收益方式：直接或间接收益
两种分类	狭义：行为主体实现直接收益的专利活动
	广义：行为主体实现直接收益和间接收益的专利活动

知识点二　专利运用的相关政策

■ **大纲要求：熟悉** ＊＊＊

1. 国家层面

知识产权运用的纲领性文件和知识产权运用进入治国理政视野的重要依据。

2016年，国务院发布《"十三五"国家知识产权保护和运用规划》，对知识产权运用进行了顶层部署，其在知识产权运用方面的目标是，运用能力得到大幅提升，运用效益充分显现。

2019年，《关于强化知识产权保护的意见》是首次以中央办公厅、国务院办公厅名义出台的知识产权保护纲领性文件，明确了当前和"十四五"时期做好知识产权工作的指导思想、基本原则和总体目标。

2. 部委层面

部委层面的专利运用政策

三种类别	专利基础性法律制度的研究和修订
	国务院文件出台相应实施机制
	精准施策规范专利运用行为

知识点三　专利运用的内容

■ **大纲要求：辨析 * ***

1. 专利产业化

专利产业化是指将专利技术方案应用于产业实际，转化为现实形态生产力的行为。它既包括专利的自实施，也包括许可、交易、转让后的他人实施。无论哪种方式都属于直接收益。

2. 专利商品化

专利商品化是指将专利申请、专利权等作为可以买卖流通或交换的标的在市场上进行交易的行为。其表现形式包括专利许可、专利交易、专利转让等。无论哪种方式都属于直接收益。

3. 专利金融化

专利金融化是指利用各类金融工具将专利申请、专利权等作为投融资标的在金融市场上进行投资、融资和避险的行为。其表现形式包括专利质押融资、专利保险、专利股权化、专利证券化等。无论哪种方式都属于间接收益。

4. 专利竞争性利用

专利竞争性利用是行为主体为弥补市场竞争劣势、强化市场优势、扩大市场份额、提升市场竞争地位等所开展的专利活动。其表现形式包括专利布局、专利诉讼、专利无效、专利联盟、专利标准化等。无论哪种方式都属于间接收益。

5. 专利情报利用

专利情报利用是指基于专利大数据信息的采集、加工、整理、分析和归纳，为行为主体提供针对性解决方案和情报支撑的行为。其表现形式包括专利导航、评议、预警等方式。无论哪种方式都属于间接收益。

知识点四　专利检索的含义

■ **大纲要求：理解** * *

含义	从专利信息源中找出符合需要专利信息或文献线索的方法和过程
四个基本要求	全：没有遗漏
	准：有针对性
	快：用时短
	灵：灵活使用各类检索要素和检索策略
检索过程	提出问题—分析问题—选择检索工具—确定检索途径—选择检索方法
效果评价	查全率：衡量检索系统与检索者检出相关信息的能力
	查准率：衡量检索系统和检索者拒绝非相关信息的能力

知识点五　专利检索式构建

■ **大纲要求：掌握** * * * *

专利检索式的构建一般需要考虑检索要素的扩展、检索要素的组合和检索要素的补充和排除三个方面。

1. 检索要素的扩展

专利检索要素常用的扩展方向有横向扩展和纵向扩展。

要素类型	检索要素的横向扩展	检索要素的纵向扩展
关键词	从检索要素词义的角度进行扩展，一般需要考虑相应检索要素的各种别称、俗称、缩略语、同义词、近义词甚至是反义词，甚至还要考虑可能的别字	一个检索要素向上或向下扩展，延伸到上下位概念
分类号	不同类别分类号的相近范围的分类号	将其延伸至下位或上位分类号，以使检索更全或更准
人名	考虑简称、全称以及中英文的不同表述方式	考虑母公司与子公司以及由于并购所产生的公司关系变化
号码、日期和国别地区	同一件专利不同类型的号码、相似或相近日期、加入同一国际组织的不同国别地区	存在前向或后向引文关系的专利号码、优先权日、申请日及授权公告日之间的相互扩展以及在知识产权领域或其他领域存在紧密联系的国别地区

2. 检索要素的组合

目标：在"检准"和"检全"之间达到平衡，"检准"通常采用全要素组合检索，"检全"的关键在于部分要素组合检索。

专利检索要素的组合类型和思路

类型	思 路
全要素组合检索	使用相对较准确的检索要素表达，适当增加一些非基本检索要素，在没有获得合适结果时，需要进一步扩充检索范围
部分要素组合检索	在检索要素表达上做"加法"，尽可能扩充检索要素的表达，而在检索要素数量上做"减法"，尽可能剔除非基本检索要素

3. 检索要素的补充和排除

目的：一是发现并及时补充新的检索要素；二是发现并及时排除检索噪声。

修正方向：一是正确、准确、全面完善基本检索要素及所构造的基本检索要素表达；二是完善优化检索要素组合。

4. 专利检索常用策略

检索策略是根据被检索对象特点和检索目的制定的检索基本原则和方法。常见的专利检索策略主要包括块检索、渐进式检索、检索降噪策略和特定对象的检索策略四种基本方式。

（1）块检索

1）一种"检全"思路的检索策略。

2）检索思路：将检索主题分为几个技术上有意义的检索概念组，针对每个检索概念组创建一个独立的块，之后将各个块进行组合。

3）块内关系："或"，即"关键词 OR 分类号 OR 其他表达方式"。

4）块与块的关系："与"的关系。

5）适用情境：检索要素多、检索要素间关系复杂。

（2）渐进式检索

1）基于"检准"思路的检索策略。

2）检索思路：层层限制，逐步缩小检索范围。

3）反向渐进式检索思路：层次扩展，逐步扩大检索范围。

4）好处：策略构建更加灵活、运算速度更快且不容易溢出。

5）适用情境：检索要素少、检索要素间关系简单。

(3) 检索降噪策略

1) 字段降噪策略：依据专利文献分层次公开的特点，通过判定所检索的关键词可能出现的位置，有针对性地选择特定的字段进行检索，可以有效去除检索噪声，提高检索效率。

2) 基于频率算符的降噪策略。通过对技术方案中存在但对于检索帮助不大的特征词的出现频率进行限定，从而缩小检索结果的范围，达到降低检索噪声的效果。

3) 基于"与非"算法的降噪策略。在检索过程中利用"与非"算符与表达这些技术手段关键词的联合使用，排除出现上述技术手段用词出现的文献，从而缩小检索结果的范围，达到降低检索噪声的效果。

(4) 特定对象的检索策略

1) 信息追踪检索。以现有信息为基础，利用有效线索进行层层抓取，进而连环突破。检索者可以将检索对象提供的信息作为追踪线索，也可以将检索过程中发现的相关文献信息作为追踪线索。按照关系种类，常用的追踪信息有发明人和申请人信息、文献信息、技术信息和产品信息等。

2) 数值检索。常用的有直接数值检索和间接数值检索两大策略。其中直接数值检索策略是指利用截词符和邻近算符进行直接表达实现对单个数值和数值范围的检索。间接数值检索是借助数值单位、定义以及与数值紧密相关的部件进行限定，以此去除附图标记等数字的干扰。

3) 图形检索。图形检索主要适用于机械产品结构类或计算机图形界面类发明的检索，检索对象主要包括图片、照片、说明书附图、外观设计等专利。

4) 马库什通式化合物。该策略适用于有机化学领域的发明专利申请。对于这类案件，检索的重点通常在于通式化合物本身。常用的检索策略有直接检索结构式、利用环系代码、利用分类号和关键词三种。

知识点六　专利分析

■ **大纲要求：掌握******

1. 核心专利分析

(1) 含义

对相关数据进行加工、处理和分析归纳，综合研判筛选出相关技术领域的基础专利，并对其所蕴含的技术方案、法律内容等进行详细解析的过程。

（2）常用方法

核心专利分析常用方法

方法名	含义和要点
专利引文分析	方法：利用各种数学和统计学的方法以及比较、归纳、抽象、概括等逻辑方法
	对象：专利文献的引用或被引用现象
	目的：揭示专利文献之间、专利文献与科学论文之间相互关联的数量特征和内在规律的一种文献计量研究方法
	应用场景：预测竞争者的主要新产品、寻找技术空白点、挖掘技术开发人员、评价开发新技术和信息产品平台的成本和收益、为创新或市场主体发展提供战略定位等领域
同族专利规模分析	方法：统计和排序
	对象：同族中每件专利涉及的国家数量
	目的：研判重点专利
技术关联与聚类	方法：相关分析、聚类分析
	对象：在同一个事件中出现的不同数据项
	目的：找出分析样本中隐藏的关联网
布拉德福文献离散定律	方法：文献分布中的高度集中与分散的现象同样存在于专利文献中
	目的：更快更准地寻找出技术领域中的核心技术

2. 重点技术发展线路分析

（1）含义

分析样本中，通过专利引证率分析或技术内容变化研究，在此基础上绘制专利引证树或技术发展时间序列图等，来研判相关技术领域重点技术发展线路。

（2）常用方法

重点技术发展线路分析常用方法

方法名	含义和要点
专利引证树线路图	第1步：通过专利引文分析（专利引证或被引证次数、专利引证率等）确定各阶段重点专利
	第2步：对重点专利构建专利引证树
	第3步：引证树中的重要节点反映了专利技术发展线路

续表

技术发展实践序列图	第1步：通过专利引证分析（专利引证或被引证次数、专利引证率等）确定各阶段重点专利
	第2步：对重点专利构建技术发展时间序列图（雷达图、树形图等），来反映专利技术发展线路

3. 技术空白点和热点分析

（1）技术空白点分析

1）含义：对分析样本中的专利数据进行专利技术功效矩阵分析，即对专利反映的主题技术内容和技术方案的主要技术功能、效果、材料、结构等因素之间的特征进行研究，揭示它们之间的相互关系，寻找技术空白点。

2）展现方式：功效矩阵图表。

3）要素考量：材料（Material）、特性（Personality）、动力（Energy）、结构（Structure）、时间（Time）等技术方案的要素。

（2）技术热点分析

判断技术领域或竞争对手随时间推移技术重点发生变化的情况。

4. 专利风险预警分析

（1）含义

专利风险是指在市场主体或创新主体所进行的任何与专利有关的行为中，因管理疏忽或处置不当等风险行为而可能带来侵犯他人专利权或者被侵犯专利权从而造成损失的可能性。

（2）目的

降低或消除风险发生的可能性以及在风险不可避免时尽量减小给创新主体或市场主体带来的损失。

（3）重点

对风险行为进行研判和控制。

（4）主要步骤及要点

专利风险预警分析主要步骤

步骤	要点
专利技术内涵分析	确定所分析对象的技术边界和技术内容
	提炼出相关技术的技术要点和关键技术特征
专利技术竞争格局分析	摸清相关领域的专利技术发展趋势、专利地域分布、技术分布状况和权利及申请主体分布
	摸清整个技术领域不同技术发展路线的专利分布现状,以及不同创新或市场主体的专利竞争力状况
专利风险筛查识别	发现和研判可能会威胁项目预期方案的风险专利
	进行对比确认
专利风险等级判定	阅读对比必要技术特征
	利用归纳、推理等定性分析方法判定专项所采用的技术是否存在专利侵权风险的因素
	一般可将风险等级分为高风险、中度风险、低风险和无风险四个等级
风险应对	风险避免
	风险降低
	风险接受

专利侵权分析判断表

研究对象的产品或方法	相关专利	比较过程	全面覆盖	等同原则	侵权判断	风险等级
A+B+C	A+B+C	技术特征完全相同	是	×	侵权	高
A+B+C+D	A+B+C	产品或方法比相关专利增加一项或一项以上的技术特征	是	×	侵权	高
A+B+D	A+B+C	C 和 D 可能具有非实质性区别	否	可能	可能侵权	中
A+B	A+B+C	产品或方法比相关专利减少一项或一项以上的技术特征	否	否	不侵权	低
A+B+E	A+B+C	C 和 E 确定具有实质性区别	否	否	不侵权	无
D+E+F	A+B+C	技术特征完全不同	否	否	不侵权	无

注:专利侵权判断需以整体技术方案为对象进行比对。

知识点七　专利许可的含义

■ **大纲要求：熟悉＊＊＊**

含义	在专利有效期内，专利权人许可他人在约定的地域、期限和方式的范围内实施其专利技术，并可以向被许可人收取一定使用费的行为
三个要点	行为范围：约定的地域、期限和方式
	行为方式：实施专利技术
	要点：专利所有权并不发生转移，仅转移使用权

知识点八　专利许可的类型和法律效力

■ **大纲要求：熟悉＊＊＊**

依照许可范围的大小，可以将专利许可分为独占许可、排他许可、普通许可、分许可和交叉许可五类。

1. 独占许可

1）特点：专利权人既不得另外再向第三方许可实施专利技术，也不得自行再实施该专利技术。

2）应用场景：专利权人往往没有规模化实施相关专利技术的能力或条件。

2. 排他许可

1）特点：专利权人也可自行实施该专利技术，但不得再另外许可第三方实施该专利技术。

2）应用场景：专利权人虽然自身具备一定的实施专利技术的能力，但因规模相对较小，并不能充分实施其专利技术。

3. 普通许可

1）特点：专利权人不仅可以自行实施该专利技术，同时仍有权继续许可第三方实施该专利技术。

2）应用场景：该专利技术有庞大的市场需求，有大量市场主体需要实施相关专利，专利权人可以采取广泛普通许可的方式充分获得收益。

4. 分许可

1）特点：实际上是从普通许可中分出来的一种许可类型，允许被许可人在一定的条件下再许可第三人使用该技术。

2）注意事项：

①在专利使用许可协议中需明确授权被许可人可进行分许可。

②分许可必须是普通许可。

③在分许可中，专利权人许可他人实施的许可属于基本许可或主许可，相对基本许可，分许可处于从属地位。a. 其有效期不得超过主许可的有效期限；b. 其地域范围不得超过主许可有效地域范围；c. 其使用方式不得超过主许可证所约定的使用方式，超过的行为则构成专利侵权。

5. 交叉许可

1）特点：协议双方采用相互许可专利使用权的方式来代替相互支付专利使用费。

2）好处：能够清除相互阻斥地位、避免昂贵的侵权诉讼、将相互性技术组合起来和减少交易成本。

知识点九　专利许可合同的主要条款

■ 大纲要求：理解＊＊

起草或者审核一份权利义务明确、合同条款设计周全的专利许可合同，是专利许可谈判中最为重要的一项工作。实施者与专利权人订立实施专利的书面许可合同是获得专利权人许可的通常方式，也是认定是否获得专利权人许可的基本依据。专利许可合同常见的主要条款见图4-1。

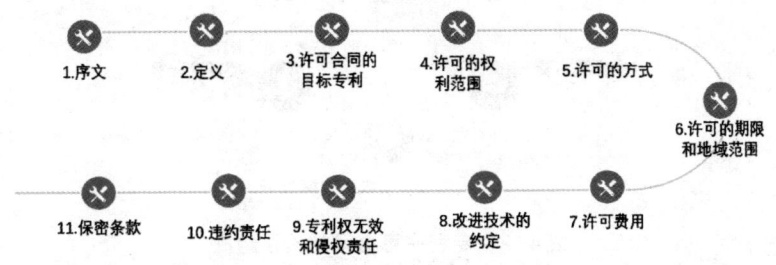

图4-1　专利许可合同的主要条款

知识点十 专利许可贸易

■ 大纲要求：运用＊＊

1. 专利许可贸易的含义

一种以专利使用权为标的物的贸易形式，通常由专利权人与被许可方签订专利实施许可合同，允许被许可方在合同约定的条件和范围内实施其专利技术。

2. 专利许可贸易的前期工作

1）专利技术信息沟通。

2）贸易对象的选择。

3）贸易可行性调研。

3. 专利许可贸易合同计价

（1）计价影响因素

计价影响因素包括经济效益；社会效益；专利实施的难易程度；当事人的权利与承担的风险；付款方式；买方的支付能力和投产规模；技术的市场寿命周期；市场供求关系；等等。

（2）价格组成（见图4-2）

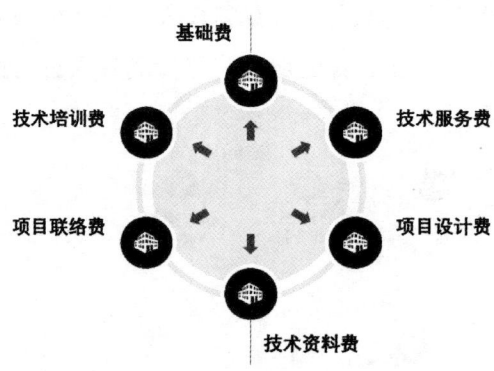

图4-2 专利许可合同的价格组成

4. 常见禁止性条款（见图4-3）

01 ▶ **搭售条款**：即要求被许可方接受与专利产品或者专利方法无关的附带条件

02 ▶ **不竞争条款**：要求被许可方不得购买或使用与被许可使用的专利技术相竞争的技术或技术产品

03 ▶ **不得反控条款**：要求被许可方不得对被许可使用的专利的有效性提出异议或控告

04 ▶ **对购买渠道的不合理限制**：限制被许可方对被许可使用的专利技术以外的产品设备及原材料等的自由购买权。

05 ▶ **对改良许可专利技术的限制**：直接限制改进、规定了受让方的"回授"义务

图4-3 专利许可合同常见的禁止性条款

知识点十一　专利转让的含义

■ **大纲要求：掌握** ＊＊＊＊

含义	专利权人按照约定将其专利申请权以及专利权移转给受让方的法律行为
两个要点	两种类型：专利申请权转让和专利权转让
	两种形式：合同转让和继承转让

专利申请权转让和专利权转让存在显著区别：

一是合同标的不同，专利申请权转让合同的标的是专利申请权，而专利权转让中订立合同的标的是专利权。

二是专利申请权转让发生在专利授权之前，转让人为专利申请人，而专利权转让发生在专利授权之后，转让人为专利权人。两种转让形式中，对于受让人而言风险最大的显然是专利申请权的转让。

知识点十二　专利转让的条件

■ **大纲要求：掌握** ＊＊＊＊

实体条件	专利申请权和专利权合法有效
	专利权转让的转让人和受让人是符合民法所规定的具有权利能力和行为能力的民事主体
形式条件	签订书面形式的专利转让合同

知识点十三　专利转让的程序

■ 大纲要求：掌握＊＊＊＊

无论是专利权还是专利申请权，转让的程序均大抵包括明确需要转让的专利和买卖双方、买卖双方进行出售谈判和价格磋商、专利转让合同条款谈判和签订、提交国务院专利行政部门审核备案四步。

流程	要点
明确需要转让的专利和买卖双方	转让方：需高度关注转让专利的技术方案、受让者的身份和类型，需要确定受让方的身份及动机
	受让方：根据自己的需求，如寻求技术突破、弥补技术短板、获得市场准入等选择合适的专利
买卖双方进行出售谈判和价格磋商	程序：通常是由转让方进行报价，受让方进行市场预测，双方经过价格磋商
	专利出售费用：在谈判专利出售合同及执行合同时的实际花费；转让费支付和税金
专利转让合同条款谈判和签订	目标：专利申请权转让、专利权转让和专利实施许可
	注意点：明确相互权利义务关系的协议
提交国务院专利行政部门审核备案	国务院专利行政部门一般会在2~6个月内发专利转让合格通知书，并且可以在国务院专利行政部门的数据库中查询到相关的变更结果

办理专利权转让手续前应当先签署专利权转让合同。向外转让专利申请权和专利权应当办理的手续需要依照《技术进出口管理条例》及有关规章执行。

知识点十四　专利转让的操作要点

■ 大纲要求：掌握＊＊＊＊

1. 专利转让的相关法律法规

1）通用条款：《专利法》第10条第2款。

2）向境外主体转让专利申请权和专利权应依据：

①《技术进出口管理条例》。

②《禁止出口限制出口技术管理办法》。

③《技术进出口合同登记管理办法》。

④国务院办公厅关于印发《知识产权对外转让有关工作办法（试行）》的通知

（国办发〔2018〕19号）。

2. 专利买入的基本流程（见图4-4）

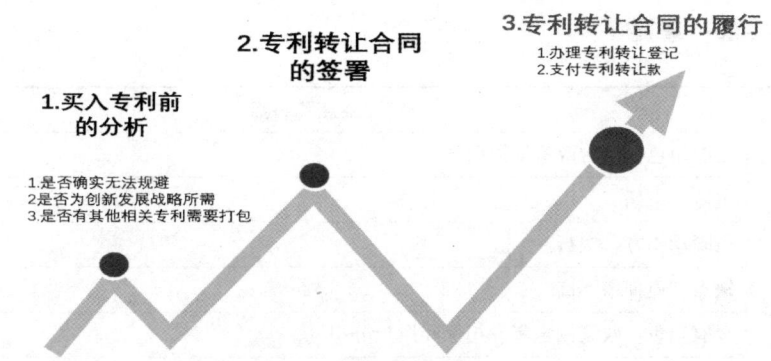

图4-4　专利买入的基本流程

3. 专利卖出的基本流程（见图4-5）

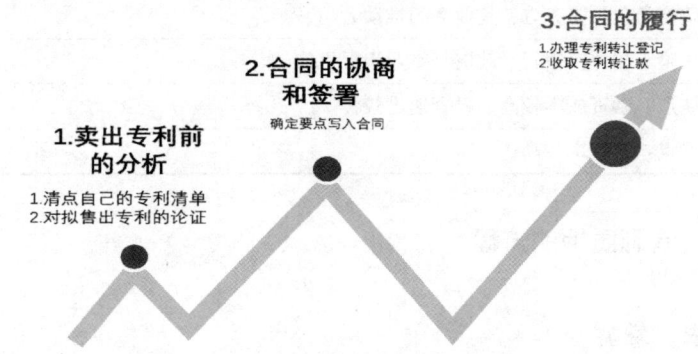

图4-5　专利卖出的基本流程

知识点十五　专利质押的含义

■ **大纲要求：掌握****

含义	债务人或者第三方担保人依法以其合法拥有的专利权的财产权利出质并担保，当不履行债务时，以该财产权优先受偿
四个要点	质押物：专利
	质押方：专利所有权合法拥有人实施专利技术
	资金来源：银行
	本质：信贷产品

知识点十六 专利质押的模式

■ 大纲要求：掌握＊＊＊＊

模式名称	要点和特点	
自由型专利质押	政府角色：出台政策加以引导	
	主体：市场	
	风险承担方：银行	
	缺点：质押率不高	
政府主导型专利质押	政府角色：政策制定者、担保和风险分担	
	风险承担方：政府、银行	
	缺点：存在一定行政干预	
	优点：质押率较高	
政府服务型专利质押	政府角色：服务方，是业务的推动者	
	风险承担方：银行、政府、专业担保机构	
	缺点：融资成本较高、融资速度较慢	
	优点：质押率较高	

知识点十七 专利质押的流程

■ 大纲要求：掌握＊＊＊＊

专利质押的流程见图 4-6。

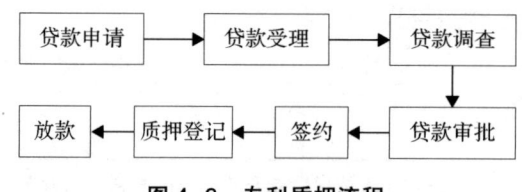

图 4-6 专利质押流程

1. 专利质押贷款申请

各个银行对专利质押贷款申请材料的要求不同，但企业一般需要提交以下资料：

1）专利证书。

2）专利质押承诺书。

3）营业执照。

4）公司章程与验资报告。

5）中国人民银行核发的企业贷款卡。

6）贷款用途证明材料。

此外，如有以下材料也需一并提供：高新技术企业证书、专利获奖证明。

2. 专利质押贷款调查

贷款调查主要考察借款人的还款能力和资信状况，审查专利权的有效性及市场价值等；一般包括银行贷前调查和合作机构出具意见。

知识点十八　专利质押常见风险

■ **大纲要求：掌握 ****

专利质押的风险见图图 4-7。

图 4-7　专利质押的风险

知识点十九　专利质押风险控制机制

■ **大纲要求：掌握 ****

机制名称	含义	要点
保证资产收购价格机制	信用担保机构或专利质押担保机构作出承诺：保证专利质押到期时，由该机构用预定的价格予以收购	效果： (1) 企业：专利信用得到加强 (2) 融资机构：分担专利处置的市场风险 局限：对用于质押的专利质量要求苛刻，限制了业务开展面

续表

机制名称	含义	要点
专利质押联合担保机制	资产评估机构、律师事务所和质押人三方联合担保制度	资产评估机构：对其针对具体的专利作出的评估价值予以担保
		律师事务所：对其针对具体的专利的法律状态予以担保
专利质押反担保机制	对信用担保贷款的一种反担保，即当企业在向金融机构提出贷款请求时，由信用担保机构给予信用担保。主要是基于对于企业信用的评估，而不仅仅是基于对专利的考量	前提：企业要用其所拥有的专利作为信用担保的反担保
		信用机构权利：可以获得作为反担保的企业专利处置的优先受偿权
		信用机构义务：当企业到期不能偿债时，由信用担保机构承担补偿担保责任，分担了金融机构在专利质押中可能承受的风险
专利质押风险补偿机制	指设立一个专项基金，当金融机构发放专利质押贷款到期后企业未能还款，通过处置质押品不能完全实现其债权时，由专项基金给予未实现债权的款项补偿	设立方式一：由很多的中小企业联合设立，实行会员制
		设立方式二：由政府与企业共同出资设立
		局限性：受专项基金总额、基金成员数量约束

知识点二十　专利保险的含义

■ 大纲要求：熟悉＊＊＊

含义	指投保人以授权专利和专利侵权赔偿责任为标的的保险，主要解决由于专利的侵权行为而造成的民事责任赔偿和财产损失，是一种风险分散的金融手段
三个要点	能够显著降低专利维权成本
	能够提高企业专利维权能力
	能够提升企业专利变现能力

知识点二十一　专利保险的模式

■ 大纲要求：熟悉＊＊＊

国家知识产权局按照"政府引导、商业对接、专业运作"的总体工作模式，形成了政府统保、政银保和政融保三种典型模式。

模式名称	含义	优点
政府统保	保险公司根据政府需求设计针对性产品方案，由政府通过购买服务等多种方式为企业购买的专利保险买单	简化了投保手续，提高了工作效率

	通过建立风险补偿机制和贴息贴费优惠拉动合作银行贷款投放量，并共同承担项目风险的模式	
政银保	政府：提供保费补贴、贴息补贴和风险补偿支持	发挥了保证保险的融资增信作用；融资成本更低
	银行：提供贷款	
	保险公司：为贷款主体提供保证保险	
政融保	通过保险资金投放和拉动其他金融机构资金投放的方式帮助拥有优质专利的企业进行融资的模式	充分利用保险产品的增信作用，解决科技企业信用不足的问题，以及"融资难""融资贵"的问题；采用股债结合的方式，直接贷款给企业，成为企业新的融资渠道，进一步满足企业融资需求
	政府：提供政策支持、补贴和专项风险资金增信	
	保险公司：为融资主体提供风险补偿保险和直接融资支持	
	融资机构：提供融资	

知识点二十二　专利保险的产品种类

■ **大纲要求：熟悉 * * ***

专利保险的主要产品包括专利执行保险、专利侵权责任保险、专利质押融资保险等40多个专利保险产品，内容涉及专利代理、专利申请、专利无效、专利侵权、专利许可、专利资产评估、专利质押融资等多个方面。

常见专利保险的产品种类

产品名称	理赔对象	适用情境	承保范围
专利执行保险	专利权利主体	1. 专利诉讼案件中专利权人为除去其执行专利权所受到的阻碍及可能的损失所投保的险种 2. 因财力不足、无法实施自身专利权的个人或企业	包含： 主张被告侵权的所有专利诉讼费用，包括，律师费、和解费、出庭费、专家作证费等开支 不包含： 1. 主张被告侵权的专利诉讼败诉的损害赔偿费用 2. 投保前已经存在的侵权行为 3. 被保险人必须承担的损害赔偿 4. 在提起专利侵权诉讼前被保险人已遭受的损失 5. 被授权人违反许可实施协议或以专利无效为由停止履行协议

续表

产品名称	理赔对象	适用情境	承保范围
专利侵权责任保险	专利潜在侵权人	1. 被保险人对第三人所负的赔偿责任 2. 保险期间内被保险人因制造、使用、进口、经销、广告、要约销售或销售被保险产品造成的无过错侵权行为	1. 可能遭受专利权人追讨的权利以及损失利益 2. 为对抗专利侵权诉讼所支出的费用，其主要包含辩护费用、和解费用和损害赔偿费用，其中辩护费用又可分律师费、专家作证费及申请禁止令费用等
专利质押融资保险	接受专利质押的金融机构	专利质押融资项目的处置责任风险	在保险期间内，投保人未能按照与被保险人签订的《借款合同》的约定履行还款义务时
	投保人：企业（借款人）		专利质押贷款未能按约到期清偿的本金余额、利息余额和相应的罚息
	被保险人：银行/金融机构（放款人）		前提：当企业拖欠还款超过了赔款等待期的期限后，保险公司才开始承担赔款责任

知识点二十三 专利保险的投保与理赔流程

专利保险的投保流程主要有六个步骤：

1）在地方知识产权主管部门和专利保险代理服务机构的协调下，客户向保险公司进行投保咨询。

2）由保险公司上门进行风险评估，设计相关承保方案。

3）在达成投保意向后，客户按照要求填写相关投保单。

4）由保险公司对投保单进行内部审核。

5）内部审核通过后，缴纳相应保险费。

6）保险公司在收到保险费后，出具保险单。

知识点二十四 专利保险的注意事项

■ **大纲要求：熟悉*** * *

专利保险费的计算：

$$保险费 = 基准保险费 \times 投保专利件数 \times 费率调整系数$$

实践中，在基准系数的基础上，还需根据投保产品所属行业、投保专利的数量、投保专利的稳定性、投保专利的历史经验、专利对比、检索报告等进行调整。

知识点二十五 专利布局的含义

■ **大纲要求：掌握 * * * ***

含义	为获得某种竞争性优势的战略目标，在技术领域、专利申请地域、申请时间、申请类型和申请数量等方面进行有针对性、策略性和前瞻性的专利创造和部署行为
目标	依托专利储备的建立和强化，增强在特定领域的专利控制力，培育、维护和提升专利技术竞争优势
三个基本问题	专利布局内容——布什么
	专利布局地点——何处布
	专利布局时机——何时布

1. 专利布局的内容——布什么

1）需要通过申请专利加以重点保护的主要技术方向和技术重点。

2）采用何种类型的专利予以保护。

3）专利布局的主要投入方向和重点。

2. 专利布局的地点——何处布

1）目标：明确最必要布局专利的若干国家和地区。

2）选择因素：综合考虑创新主体当前及潜在关注的主要销售市场、生产地以及产品的消费市场等。

3. 专利布局的时机——何时布

1）技术萌芽期：主要针对底层技术、基础技术。

2）技术发展期：主要针对实现有关功能的应用技术。

3）技术成熟期：主要针对相关技术的改进完善和标准化。

4）技术衰退期：主要针对克服技术瓶颈的突破性技术或下一代技术。

知识点二十六 专利布局的流程

■ **大纲要求：掌握 * * * ***

1. 专利布局环境分析

（1）目标

明确创新主体或市场主体专利布局所面临的状况，包括：

1）技术领域的技术路线分布；

2）技术演进趋势；

3）所在行业发展动态；

4）竞合关系以及政策；

5）资源约束；等等。

（2）范围

1）产业环境；

2）技术环境；

3）政策环境；

4）资源环境。

2. 专利布局定位分析

基础	所在主体目前及未来产品、技术和专利竞争局面
重点	明确布局主体专利技术的对标对象、目标和方向
三类方式	保护式：用来防御，重点在于保护核心产品和关键技术，专利的创造和部署需要和产品与关键技术紧密结合
	对抗式：用于应对市场竞争的需求，更需要注重挖掘和部署一定数量的具备高价值核心专利
	储备式：着眼于未来，需要注重挖掘和部署一定数量的具备行业控制力的专利，更强调前瞻性申请和储备性申请

3. 专利布局规划部署

含义		根据定位需求从总体规模、合理结构、时间节点等方面制定较为详细的发展路径和相关方案建议
目标		做好技术点和专利申请的规划，围绕特定的技术、产品，形成由具备一定内在联系，能够互相补充、有机结合、整体发挥作用的多个专利集合而成的专利组合
专利布局的时间规划	短期规划	任务：为即将上市的产品提供专利保护，同时配合创新主体或市场主体制订中期或中长期发展规划
		着力点：关注下一代产品的专利部署、启动基本的专利保护点的铺设工作
	中期规划	任务：完成阶段性的布局目标，形成一定数量规模的专利组合
		着力点：结合创新主体或市场主体中期产品规划和商业发展情况，以及竞争对手的专利申请状况
	长期规划	任务：同创新主体或市场主体的长期商业发展战略、产品规划路线和专利定位相呼应，支撑其未来的市场发展

4. 专利布局操作策略制定

重点	具体策略
具体技术	根据不同产品及产品不同技术点选取不同布局策略，可使得创新主体的专利申请和布局更有效、更系统、更具针对性
具体时机	需要考虑业界研发状况、技术发育程度、研发项目进度三个方面的因素
具体地域	根据创新主体与产业技术全球竞争的需要，在全球范围内分析确定需要进行专利保护的主要区域和具体国家，统筹部署专利申请和布局

5. 专利布局实施与调整

根据竞争环境的变化、技术更迭、产业政策调整以及商业目标需求的变化来适时调整和优化专利布局。

知识点二十七　专利导航的含义

■ **大纲要求：掌握＊＊＊＊**

1. 专利导航的概念

含义	运用产业、技术、市场、专利等多维度大数据对特定研究对象在相关领域所面临的产业、专利、技术竞争进行结构化分析，为其实现创新发展和核心竞争力提升提供决策支撑和发展路径指引的研究范式
特定研究对象	特定区域可以是行政区，也可以是产业园区，还可以是松散的产业集聚区等
	特定产业主要是指工业，尤其是制造业中的技术、专利密集型产业、战略性新兴产业等
	特定创新主体包括企业和从事创新活动的高校、科研院所等
相关领域	某一具体的技术领域
	某一特定产品
目标	明晰自身在产业链、技术链、创新链中所处的发展定位和优劣势
	前瞻性研判可能的发展风险及挑战
	明确未来发展方向和可能的发展路径
	提供专利视角下的策略举措支持
应用场景	制定发展规划
	支撑创新决策
	引领技术研发
	优化成果保护
	获取竞争优势

2. 专利导航的研究方法

1）方法：专利大数据分析、综合性情报研究和挖掘分析的方法。

2）手段：综合运用专利情报分析、产业竞争分析、市场价值分析手段，结合产业、技术、市场以及龙头企业知识产权战略等进行多维度情报研究分析。

3）基本思路：全景分析—方向识别—定位研究—风险预判—路线图绘制。

3. 专利导航的研究内容

1）发展全景分析：分析特定区域、特定产业、特定创新主体在相关领域面临的国际国内专利技术发展形势和竞争全景。

2）发展方向分析：分析特定产业技术领域的发展趋势和方向以及可能的发展路径等。

3）发展定位分析：分析特定区域、特定产业、特定创新主体在相关领域的专利和技术储备、优劣势以及实力定位等。

4）发展风险分析：筛查、识别、研判和权衡各种发展路径的专利技术壁垒和风险。

5）发展路线图分析：重点进行特定区域、特定产业、特定创新主体在相关领域可能的发展方向研判及配套策略、举措、路线图的设计等。

知识点二十八　专利导航的主要类型

■ **大纲要求：掌握 ＊＊＊＊**

1. 区域规划类专利导航

含义	为制定区域产业发展规划决策提供专利视角导航指引的分析范式
目标	对区域宏观层面的规划决策提供决策支撑和研究支持
	为区域内产业转型升级、技术创新发展、战略布局规划等提供方向指引
三个要点	服务对象：各级地方行政区域、产业园区、产业集聚区等经济区域内的有关部门
	针对问题：特定区域内产业转型升级、布局规划等创新发展的重大问题，是针对区域内技术创新相关要素资源禀赋、产业转型升级、技术创新能力和发展趋势的全景摸查和指引
	分析对象：针对区域内的产业技术创新状况及面临的竞争形势进行全面分析，明确区域产业发展方向，重点聚焦相应的产业布局、技术创新布局、创新资源优化配置、知识产权培育储备与布局等规划建议的研究

2. 产业规划类专利导航

含义	为制定产业技术创新发展规划提供专利视角导航指引的分析范式
目标	对产业宏观层面的规划决策和创新资源配置决策提供研究支持
	为产业转型升级、创新生态构建、技术创新布局、竞争态势改善等提供方向指引
三个要点	服务对象：产业主管部门或行业机构
	针对问题：特定产业的创新发展布局、产业转型升级等重大问题，产业技术创新状况及面临的竞争形势
	分析对象：帮助产业主管部门或行业机构找准产业发展方向、明晰产业定位，优化产业创新资源配置、促进产业技术创新整体质量和效益显著提升的最优路径和最佳解决方案

3. 创新主体类专利导航

含义	为创新主体的决策和管理提供专利视角导航指引的分析范式
目标	面向企业和科研院所等各类创新主体的微观经营、研发活动
	成果主要用于支持创新主体的战略合作、市场经营、项目决策、投资融资、技术研发、并购交易、风险防控、成果转移转化等活动
三个要点	服务对象：企业和科研院所等创新主体
	针对问题：企业和科研院所生产经营、创新活动等过程中产生的具体诉求或问题
	分析对象：对企业和科研院所具体诉求和问题的响应和解决，诸如技术研发项目攻关导航、专利技术壁垒与风险防控导航、企业并购导航、技术并购导航、技术人才引进导航等

知识点二十九　专利导航的基本流程

■ **大纲要求：掌握 * * * ***

1. 专利导航基本流程

第一步，研究对象基本状况摸查，旨在全面了解研究对象与技术创新及竞争相关的基本现状，这是开展专利导航分析的基本逻辑起点。

第二步，相关产业技术竞争形势分析，旨在对研究对象所涉及的产业技术领域进行专利技术竞争形势的全景梳理和分析，是开展专利导航分析的重要基础和参照系。

第三步，研究对象技术创新状况及定位分析，旨在客观、准确地确定研究对象所拥有的专利技术的现状和定位，发现和识别研究对象在该产业技术领域的创新发展上存在的问题和不足。

第四步，研究对象创新发展目标及关键要素分析，旨在分析确定研究对象的发展目标以及响应相关发展诉求的关键要素。

第五步，研究对象创新发展路径及方案分析，旨在为研究对象的创新发展提供发展路径和策略的导航支持。重点在于梳理研究对象的创新发展可能的路径、评估潜在的风险、权衡可能的方案。

2. 区域规划类专利导航流程要点

步骤	重点
研究对象基本情况	梳理区域内重点产业、重点企业、重要创新主体等基本情况
	收集区域产业技术相关政策、规划和战略，以及了解区域产业发展关键问题等基本情况
产业技术竞争形势分析	国际国内相关产业技术发展态势和趋势
	龙头企业分布格局
	专利技术竞争格局以及相关区域产业技术发展动向的分析
研究对象技术创新状况及定位分析	做好区域产业链结构、技术链结构、专利链结构、创新链结构
	前述结构与产业技术趋势、区域整体战略之间匹配度的分析
研究对象创新发展目标及关键要素分析	从明确区域产业技术结构调整升级的未来发展方向和目标出发，梳理破解相关瓶颈和短板的关键要素
研究对象创新发展路径及方案分析	从促进区域产业转型升级、提升区域技术创新能力、构建区域内集群优势等视角研究梳理相关路径和方案建议

3. 产业规划类专利导航流程要点

步骤	重点
研究对象基本情况	梳理产业涉及的技术领域、主要市场区域、重点企业、重要创新主体等基本情况
	收集产业相关政策、规划和战略，以及了解产业发展关键问题等基本情况
产业技术竞争形势分析	各主要市场区域产业技术生态和竞争格局
	关键技术发展趋势
	企业分布格局及动向
	布局竞争重点热点
	替代性产业技术路径发展动向的分析
研究对象技术创新状况及定位分析	做好产业链结构、技术链结构、专利链结构、创新链结构
	前述结构与产业技术趋势、产业政策之间匹配度的分析
研究对象创新发展目标及关键要素分析	明确产业技术未来发展方向和目标
	梳理前瞻性技术机遇、破解技术瓶颈和技术短板的关键要素
研究对象创新发展路径及方案分析	从促进产业转型升级、提升产业技术创新能力、构建产业集群优势、提升产业自主可控边界等视角研究梳理可选路径和优选路径方案建议

4. 创新主体类专利导航流程要点

步骤	重点
研究对象基本情况	梳理创新主体涉及的技术领域、主要市场区域、主要竞争对手、主要合作伙伴,收集相关主体的发展规划和战略,以及运营发展面临的关键问题等基本情况
产业技术竞争形势分析	创新主体关注的主要市场区域的产业技术生态和竞争格局
	创新主体关注的主要市场区域的产业关键技术发展趋势
	创新主体关注的竞争对手及合作伙伴专利技术动向
	创新主体关注的主要市场区域的专利布局竞争重点热点
研究对象技术创新状况及定位分析	全方位解析研究对象专利技术竞争实力、专利申请布局策略、专利风险以及未来发展的专利诉求
	客观研判其所处产业位置以及产业技术发展定位,发现、识别其面临的问题、风险和不足
研究对象创新发展目标及关键要素分析	明确创新主体的未来发展方向和目标
	前瞻性把握技术机遇、破解技术瓶颈和技术短板的关键要素
研究对象创新发展路径及方案分析	从促进创新能力提升和市场竞争能力提升来考虑创新主体核心竞争力的提升
	从技术前景、潜在风险、创新储备、人才储备等方面综合权衡创新主体可选的技术发展路径
	注重对创新主体研发攻关、许可并购、风险防控、联盟合作等重点经济技术活动的专题性路径导航支持
	有效支持创新主体在市场、技术、产品等方面的战略规划和推进实施

第五章 商标基础

一、基本内容框架

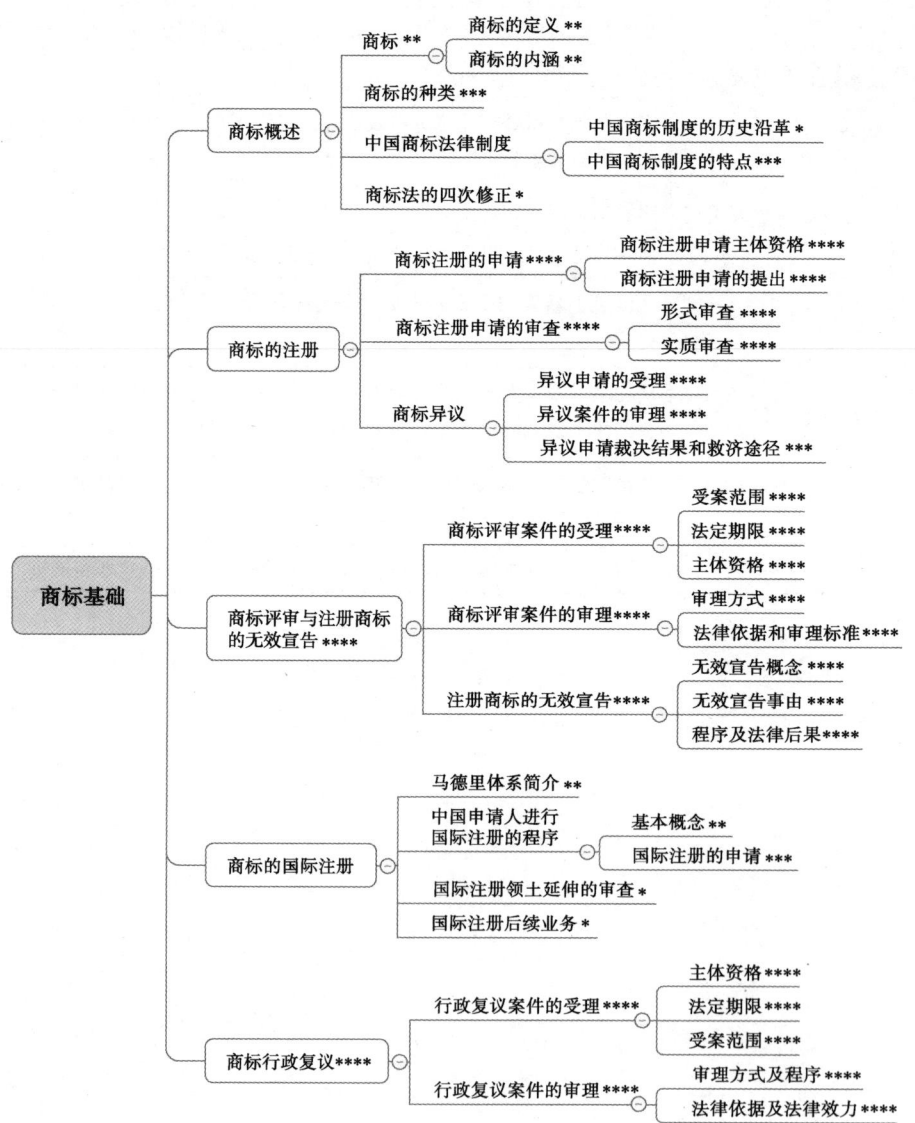

二、主要知识点

（一）掌握＊＊＊＊

1. 商标注册的申请与审查
2. 商标异议案的受理、实质审查
3. 商标注册审查的结果
4. 商标评审案件的受理、审理、法律程序与后果
5. 无效宣告程序
6. 商标行政复议的受理和审理

（二）熟悉＊＊＊

7. 商标种类
8. 中国商标法律制度的基本特点
9. 商标异议申请裁决结果和救济途径
10. 马德里商标国际注册的申请

（三）辨别/理解＊＊

11. 商标定义及商标特征
12. 注册商标专用权的取得原则
13. 马德里商标国际注册的基本概念及马德里体系概况

（四）了解＊

14. 商标注册、行政裁决机构及执法机关
15. 现行商标法修正历程
16. 马德里商标国际注册领土延伸的审查
17. 马德里商标国际注册后续业务的程序

三、知识点解析

知识点一　商标的定义

■ **大纲要求：辨别** * *

任何能够将自然人、法人或者其他组织的商品（服务）与他人的商品（服务）区别开的标志，包括文字、图形、字母、数字、三维标志、颜色组合和声音等，以及上述要素的组合，均可以作为商标申请注册。

知识点二　商标的内涵

■ **大纲要求：辨别** * *

商标必须依附于商品或服务而存在；商标必须具备显著特征，用来区别商品或服务来源；商标是可以为人所感知的符号。

知识点三　商标的种类

■ **大纲要求：熟悉** * * *

按照商标使用载体划分	商品商标：使用在商品上的商标
	服务商标：使用在提供的服务上的商标
按照商标与使用者的关系及作用不同划分	普通商标：生产经营者用于自己的商品或服务上的商标
	集体商标：以团体、协会或其他组织名义注册，供该组织成员使用、表明成员资格的标志
	证明商标：由对某种商品或服务具有监督能力的组织所控制，而由该组织以外的单位或个人使用于其商品或服务，用以证明商品或服务的原产地、原料、制造方法、质量或其他品质的标志
按照商标的构成要素不同划分	传统商标：由文字、字母、数字、图形等要素或其组合构成，用以区分商品或服务来源的商标
	非传统商标：立体商标、听觉商标、味觉商标、触觉商标、颜色组合商标等

知识点四　商标专用权的概念

商标专用权是指商标注册人独占性地享有该商标的权利。注册商标的专用权以核准注册的商标和核定使用的商品为限。

知识点五　商标专用权的权能

注册商标的主要目的在于取得在指定的商品和服务上专门使用其注册商标的权利,这是商标专用权的核心权能。商标专用权的权能包括使用权、禁止权、许可权和转让权。商标专用权作为民事财产可以依法继承。

知识点六　商标专用权的特征

商标专用权有专有性、地域性和期限性的特征。

知识点七　中国商标制度的历史沿革

■ 大纲要求：了解 *

我国北宋时期山东济南刘家功夫针铺白兔商标是现存最早的完整商标。我国第一部商标法律是 1904 年的《商标注册试办章程》。1923 年 5 月 3 日北洋政府颁布了《中华民国商标法》。中国历史上第一个商标组织机构法规是北洋政府颁布的《商标局暂行章程》,第一个商标组织管理机构是北洋政府农商部商标局。

中华人民共和国成立后第一部商标法规是 1950 年颁布的《商标注册暂行条例》及《商标注册暂行条例实施细则》,商标注册采用自愿原则。1957 年开始实行强制注册制度。1982 年 8 月 23 日《中华人民共和国商标法》颁布,并于 1983 年 3 月 1 日起施行,它是中华人民共和国成立后制定的第一部保护知识产权的法律。

知识点八　中国商标制度的特点

■ 大纲要求：熟悉 * * *

1. 商标法的立法宗旨

为了加强商标管理,保护商标专用权,促使生产、经营者保证商品和服务质量,维护商标信誉,以保障消费者和生产、经营者的利益,促进社会主义市场经济的发展。

2. 商标法的基本原则和特点

自愿注册原则、注册保护原则、申请在先原则、诚实信用原则,具有行政保护与司法保护并举的特点。

知识点九　商标法的四次修正

■ 大纲要求：了解 *

1. 1993 年第一次修正

将保护范围从商品商标扩大到服务商标；增加县级以上行政区划的地名和公众知晓的外国地名不得作为商标注册的规定；增加不当注册商标的撤销规定；增加商标使用许可行为管理规定；增加商标侵权行为类型。

2. 2001 年第二次修正

增加自然人可以申请注册商标的规定；增加立体商标和颜色组合商标注册规定；将地理标志纳入商标法保护范围；明确保护驰名商标；确立了商标确权司法二审终审制度；增加商标财产保全和证据保全措施；增加行政机关查处商标侵权行为的手段，明确"销售侵犯注册商标专用权商品"和"反向假冒"构成商标侵权。

3. 2013 年第三次修正

增加诚实信用原则条款；增加声音商标注册规定；确立了"一标多类"原则；明确商标电子申请的法律效力；加大商标专用权保护力度；增加驰名商标相关规定；优化商标申请注册程序，取消了商标异议复审程序，规制恶意异议；增加审查意见书制度；增加商标审限及后续救济规定，区分撤销与无效宣告程序。

4. 2019 年第四次修正

增加对不以使用为目的的恶意商标注册申请驳回规定；进一步加强商标专用权保护；增加对商标代理行为的监管。

知识点十　商标注册申请主体资格

■ 大纲要求：掌握 * * * *

自然人、法人或者其他组织都可以向国家知识产权局申请商标注册。根据 2007 年发布的《自然人办理商标注册申请注意事项》，仅允许个体工商户、农村承包经营户等具有经营资质的自然人申请商标注册。

外国人或外国企业在中国申请商标注册的，按其所属国和中华人民共和国签订的协议或者共同参加的国际条约办理，或者按对等原则办理。

知识点十一　商标注册申请的提出

■ 大纲要求：掌握＊＊＊＊

我国 1988 年开始适用《商标注册用商品和服务国际分类》（又称尼斯分类），并根据尼斯分类，制定了《类似商品和服务区分表》，将商品和服务分为 45 个类别，申请人应当按照《类似商品和服务区分表》填报商品（服务）的名称。

商标注册申请可以是"一标多类"。申请文件可以以书面方式或者数据电文方式提出。申请人可以自行提交网上申请、到受理窗口办理或者委托代理机构办理。

商标注册的申请日期以国家知识产权局收到申请文件的日期为准。按照《巴黎公约》的规定，商标注册申请之日起 6 个月内，或在国际展览会上首次展出商品之日起 6 个月内，又向其他成员方提出相同申请的，这些在后的申请被认为是与第一次申请同一天提出，即优先权原则。优先权并不自动产生，申请人要求优先权的，应当在提出注册申请时同时提出书面声明，并在 3 个月内提交证明文件。

知识点十二　商标注册申请的形式审查

■ 大纲要求：掌握＊＊＊＊

形式审查是国家知识产权局对商标注册申请的形式要件合法性进行的审查，审查内容包括申请人资格、名义、地址、商品和服务名称是否规范、商标图样、证明文件、是否缴费等。

经形式审查合格的申请予以受理，不合格的不予受理。申请手续基本符合规定但需要补正的，国家知识产权局通知申请人限其自收到通知之日起 30 天内进行补正。

知识点十三　商标注册申请的实质审查

■ 大纲要求：掌握＊＊＊＊

1. 实质审查的内容

实质审查是国家知识产权局对商标注册申请的实质要件合法性进行审查的行为，包括禁止条款的审查，或称为绝对理由的审查，和与他人在先商标相同或者近似的审查，或称为相对理由的审查。

绝对理由审查的法律依据：《商标法》第 4 条、第 10 条、第 11 条、第 12 条、第 19 条第 4 款。

相对理由审查的法律依据：《商标法》第 30 条、第 31 条。相对理由审查中，申请商标与在先商标是否构成使用在同一种或类似商品（服务）上的相同或近似商标，是国家知识产权局决定是否驳回商标注册申请时考虑的主要因素。

2. 几种特殊商标的审查

立体商标的审查：申请人应当提交能够确定三维形状的图样或照片。如果商标是由不具有显著特征的三维标志和具有显著特征的其他平面标志组合而成的，该立体商标具有显著特征，但该商标注册后的专用权保护范围仅限于具有显著特征的平面标志部分，并在初步审定公告和商标注册证上予以加注。

颜色组合商标的审查：申请颜色组合商标的应当提交彩色图样。一般情况下，颜色组合商标需经长期使用才能取得显著特征，国家知识产权局可以发出审查意见书，要求申请人提交使用证据，并就商标通过使用获得显著特征进行说明。

声音商标的审查：申请人应当提交符合要求的声音样本，并说明以何种方式或者在何种情形下使用声音商标。

集体商标和证明商标的审查：申请人应当提供主体资格证明和使用管理规则。

3. 审查的结果

初步审定：经审查符合法律规定的，国家知识产权局作出核准注册的决定，即初步审定，并予以公告。初步审定的商标仍为未注册商标，不享有商标专用权。

全部驳回或部分驳回：对不符合法律规定的商标注册申请，国家知识产权局作出驳回或部分驳回决定，驳回可以涉及全部商品或服务，也可以涉及部分商品或服务。

商标注册申请的分割：国家知识产权局对一件商标注册申请在部分指定商品上予以驳回的，申请人可以自收到驳回通知之日起 15 日内申请将该申请中初步审定的部分申请分割成另一件申请，分割后的申请保留原申请的申请日期。

商标公告是国家知识产权局将有关商标注册等事项向社会公开的行政通知，由国家知识产权局定期通过国家知识产权局官方网站发布。

知识点十四　异议申请的受理

■ 大纲要求：掌握＊＊＊＊

商标异议制度是指当事人在法定期限内，对国家知识产权局初步审定公告的商标提出不同意见，请求国家知识产权局撤销对该商标的初步审定，由国家知识产权局依法作出准予注册或不予注册决定的制度。异议的法定期限为自初步审定公告之日起 3 个月。

异议理由按照被异议商标违反《商标法》的法律条款不同可分为两类：一是绝对理由，即被异议商标可能违反《商标法》第 4 条、第 10 条、第 11 条、第 12 条、第 19 条第 4 款的规定；二是相对理由，即被异议商标可能违反《商标法》第 13 条第 2 款和第 3 款、第 15 条、第 16 条第 1 款、第 30 条、第 31 条、第 32 条的规定。

异议主体资格可分为两类：绝对理由的异议主体可以是任何单位和个人；相对理由的异议主体为在先权利人和利害关系人。

知识点十五　异议案件的审理

■ 大纲要求：掌握＊＊＊＊

异议案件审理方式采取合议制，进行书面审理。审理异议案件的主要法律依据包括《商标法》《商标法实施条例》《驰名商标认定和保护规定》以及《集体商标、证明商标注册和管理办法》等。

知识点十六　异议申请裁决结果和救济途径

■ 大纲要求：熟悉＊＊＊

异议成立，国家知识产权局作出不予核准注册决定，被异议人不服的，可以自收到通知之日起 15 日内向国家知识产权局申请不予注册复审，被异议人对复审决定不服的，可以自收到决定之日起 30 日内向人民法院起诉。

异议不成立，国家知识产权局作出准予被异议商标注册决定，商标专用权自初步审定公告 3 个月期满之日起计算。异议人不服的，无权申请复审。被异议商标获准注册后，异议人可以向国家知识产权局提出无效宣告申请。

知识点十七　商标评审

■ 大纲要求：掌握＊＊＊＊

根据现行商标法规定，商标评审程序处理商标争议事宜，是一种行政体制内的救济手段和纠纷解决机制。

知识点十八　商标评审案件受案范围

■ 大纲要求：掌握＊＊＊＊

包括商标驳回复审、不予注册复审、无效宣告、无效宣告复审、注册商标撤销复审。

知识点十九　商标评审案件法定期限

■ 大纲要求：掌握＊＊＊＊

当事人对国家知识产权局作出的驳回或者部分驳回申请决定、不予注册决定、注册商标无效及撤销决定不服的，可以自收到通知之日起 15 日内申请复审。

在先权利人或者利害关系人因相对理由请求国家知识产权局宣告该注册商标无效的，应当自商标注册之日起 5 年内提出；对恶意注册的，驰名商标所有人不受 5 年的时间限制。

任何单位或个人依绝对理由请求国家知识产权局宣告注册商标无效的没有时间限制。

知识点二十　商标评审案件的主体资格

■ 大纲要求：掌握＊＊＊＊

案件类型	申请人
驳回复审	被驳回商标注册申请人
不予注册复审	被异议人
依绝对理由请求宣告注册商标无效	任何单位或个人
依相对理由请求宣告注册商标无效	在先权利人或利害关系人
无效宣告复审	被无效商标注册人
撤销复审	撤销或不予撤销决定的当事人

知识点二十一　商标评审案件的审理方式

■ 大纲要求：掌握＊＊＊＊

商标评审案件的审理方式包括合议制度（三人以上的单数组成合议组）、书面审理、口头审理、重大疑难案件集体讨论。

知识点二十二　商标评审案件的法律依据和审理标准

■ 大纲要求：掌握＊＊＊＊

审理商标评审案件的主要法律依据有《商标法》《商标法实施条例》《商标评审规则》《驰名商标认定和保护规定》《集体商标、证明商标注册和管理办法》。审理标准主要依据《商标审查及审理标准》，并结合个案进行判定。

知识点二十三　无效宣告概念

■ 大纲要求：掌握＊＊＊＊

注册商标无效宣告是指已经核准注册的商标，因违反商标法有关核准注册条件的规定而被宣告无效。

知识点二十四　无效宣告事由

■ 大纲要求：掌握＊＊＊＊

一是注册商标违反绝对理由，即违反《商标法》第4条、第10条、第11条、第12条和第19条第4款规定，或者是以欺骗手段或其他不正当手段取得注册的，由国家知识产权局宣告该注册商标无效；其他单位或个人可以请求国家知识产权局宣告该注册商标无效。

二是注册商标违反相对理由，即违反《商标法》第13条第2款和第3款、第15条、第16条第1款、第30条、第31条、第32条规定的，自商标注册之日起5年内，在先权利人或者利害关系人可以请求国家知识产权局宣告该注册商标无效。对恶意注册的，驰名商标所有人不受5年的时间限制。

知识点二十五　无效宣告程序及法律后果

■ **大纲要求：掌握******

由国家知识产权局宣告注册商标无效的，属于单方当事人程序，被无效宣告的商标注册人应自收到无效宣告通知之日起 15 日内向国家知识产权局申请复审。当事人对复审决定不服的，可以自收到复审决定之日起 30 日内向人民法院起诉。

任何单位或个人依绝对理由，或者在先权利人或利害关系人依相对理由请求国家知识产权局宣告注册商标无效的，属于双方当事人案件，当事人对国家知识产权局决定不服的，可以自收到通知之日起 30 日内向人民法院起诉。

注册商标一旦被宣告无效，其商标专用权视为自始即不存在。

知识点二十六　马德里体系简介

■ **大纲要求：理解****

根据《马德里协定》与《商标国际注册马德里协定有关议定书》（以下简称《马德里议定书》）建立的马德里联盟缔约方间的商标国际注册体系即马德里体系。

《马德里协定》签订于 1891 年 4 月 14 日，《马德里议定书》签订于 1989 年并于 1995 年 12 月 1 日生效。马德里体系的"缔约方"包括加入《马德里协定》和《马德里议定书》的国家、地区或政府间组织。

中国于 1985 年加入《巴黎公约》，1989 加入《马德里协定》，1995 年加入《马德里议定书》。

马德里体系由设在瑞士日内瓦的世界知识产权组织国际局管理。马德里体系是一个封闭的体系、程序性体系，可使商标权利人递交一份国际注册申请便能够在联盟内多个国家获得保护。

知识点二十七　涉及马德里商标国际注册的基本概念

■ **大纲要求：理解****

马德里商标国际注册	根据《马德里协定》《马德里议定书》及其《共同实施细则》规定办理的商标国际注册

续表

原属国	申请人设有真实有效的工商营业场所的缔约方、申请人住所所在缔约方或申请人国籍所在缔约方,任一皆可作为申请人的原属国
原属局	原属国负责商标注册的主管机关
基础注册	在原属局获得的国内商标注册
基础申请	向原属局提交的国内商标注册申请
后期指定	商标进行马德里国际注册以后,在原来的基础上增加新的指定缔约方
国际注册证	由国际局颁发给马德里商标申请人的证书
中心打击	自国际注册之日起5年内,若某国际注册的基础注册被注销或宣布无效,或其基础申请被驳回,则该国际注册在所有被指定缔约方都不再受到保护
被指定缔约方的驳回和保护	被指定缔约方经实质审查,对国际注册领土延伸申请的商标作出不予保护或者给予保护的决定

知识点二十八　马德里商标国际注册的申请

■ **大纲要求:熟悉** * * *

申请人应符合《马德里协定》和《马德里议定书》关于申请人资格的规定,即申请人在中国设有真实有效的工商营业场所、申请人在中国有住所或申请人具有中国国籍。国际注册申请应由国家知识产权局提交给国际局。

国家知识产权局对申请人提交的国际注册申请仅进行形式审查,包括书式审查和费用审查两部分。国家知识产权局将审查合格的国际注册外文申请书递交国际局。

国际局对国际注册申请进行形式审查。经审查合格的,在国际注册簿上登记并颁发国际注册证。国际局注册日期的计算方式:国际注册申请在国家知识产权局收文日期起2个月内送达国际局的,以国家知识产权局收文日期为国际注册日期;国际注册申请未在2个月内送达国际局的,以国际局的实际收到日期为国际注册日期。

知识点二十九　国际注册领土延伸的审查

■ **大纲要求:了解** *

1. 主管局的审查

领土延伸审查是指被指定缔约方收到国际局转发的国际注册领土延伸申请后,根据其国内法对商标国际注册申请进行审查。审查结果有核准和驳回两种。收到临时驳回通知后,申请人可依该缔约方法律决定是否复审或提起诉讼。

2. 国家知识产权局对领土延伸申请的审查

国家知识产权局根据《商标法》及有关法规对其他马德里联盟缔约方商标申请人指定中国的领土延伸申请进行实质审查。根据国际条约的规定，我国对于核准注册的国际注册商标，不再另行公告。

国际注册商标的异议期为自 WIPO《国际商标公告》的次月 1 日起的 3 个月。

知识点三十　国际注册后续业务

■ **大纲要求：了解***

马德里国际注册后续业务包括转让、变更、删减、放弃、注销及国际注册后期指定等。

知识点三十一　商标行政复议的主体资格

■ **大纲要求：掌握******

根据《行政复议法》的规定，公民、法人或者其他组织认为具体行政行为侵犯其合法权益的，可以向行政机关提出行政复议申请。商标行政复议申请人应当是利害关系人，被申请人是作出具体行政行为的机关，一般为知识产权管理部门和市场监督管理部门。

知识点三十二　行政复议的法定期限

■ **大纲要求：掌握******

依据《行政复议法》第 9 条的规定，行政复议申请可以自知道该具体行政行为之日起 60 日内提出，法律规定的申请期限超过 60 日的除外。

依据《行政复议法》第 31 条的规定，行政复议机关应当自受理申请之日起 60 日内作出决定，但是法律规定的行政复议期限少于 60 日的除外。情况复杂的，经行政复议机关的负责人批准，可以适当延长，并告知申请人和被申请人，但是延长期限最多不超过 30 日。

知识点三十三　行政复议的受案范围

■ 大纲要求：掌握 ＊＊＊＊

商标授权确权案件行政复议受案范围包括对国家知识产权局在商标注册、变更、转让、续展、补发注册证、注销、撤销、异议、复审、无效等程序中作出的具体行政行为不服的；对国家知识产权局作出的停止受理商标代理机构办理商标代理义务等行政决定不服的。复议机关为国家知识产权局。

商标执法案件行政复议受案范围包括对市场监督管理部门作出的罚款、责令限期改正、销毁商品、禁止广告宣传、禁止商品销售、收缴商标标识、销毁侵权商标标识、消除现存商品上的侵权商标、收缴主要用于商标侵权的模具、印版和其他作案工具等行政处罚不服的；对市场监督管理部门采取的封存商标标识和责令封存与侵权活动有关的物品等行政强制措施不服的。行政复议机关为作出行政决定的同级人民政府或者行政机关的上级机关。

知识点三十四　行政复议案件的审理方式及程序

■ 大纲要求：掌握 ＊＊＊＊

商标行政复议采取书面审理为主、调查取证为辅的审理方式。对于重大、复杂的案件，申请人提出要求或行政复议机关认为有必要的，也可以采取听证审理方式。

复议机关指定案件审理人员，通知被申请人答复，审阅书面案卷，并在立案之日起60日最长不超过90日内作出行政复议决定、终止结案决定或者调解裁定予以结案。在行政复议过程中因出现法定情形的，可以中止审理，待中止原因消除后再恢复行政复议案件的审理。

知识点三十五　行政复议案件的法律依据及法律效力

■ 大纲要求：掌握 ＊＊＊＊

商标行政复议案件审理的法律依据主要有《行政复议法》《行政复议法实施条例》《商标法》《商标法实施条例》等。

行政复议决定书一经送达，即发生法律效力。复议申请人对行政复议决定不服的，可以依照行政诉讼法的规定向人民法院提起行政诉讼。

第六章 商标使用

一、基本内容框架

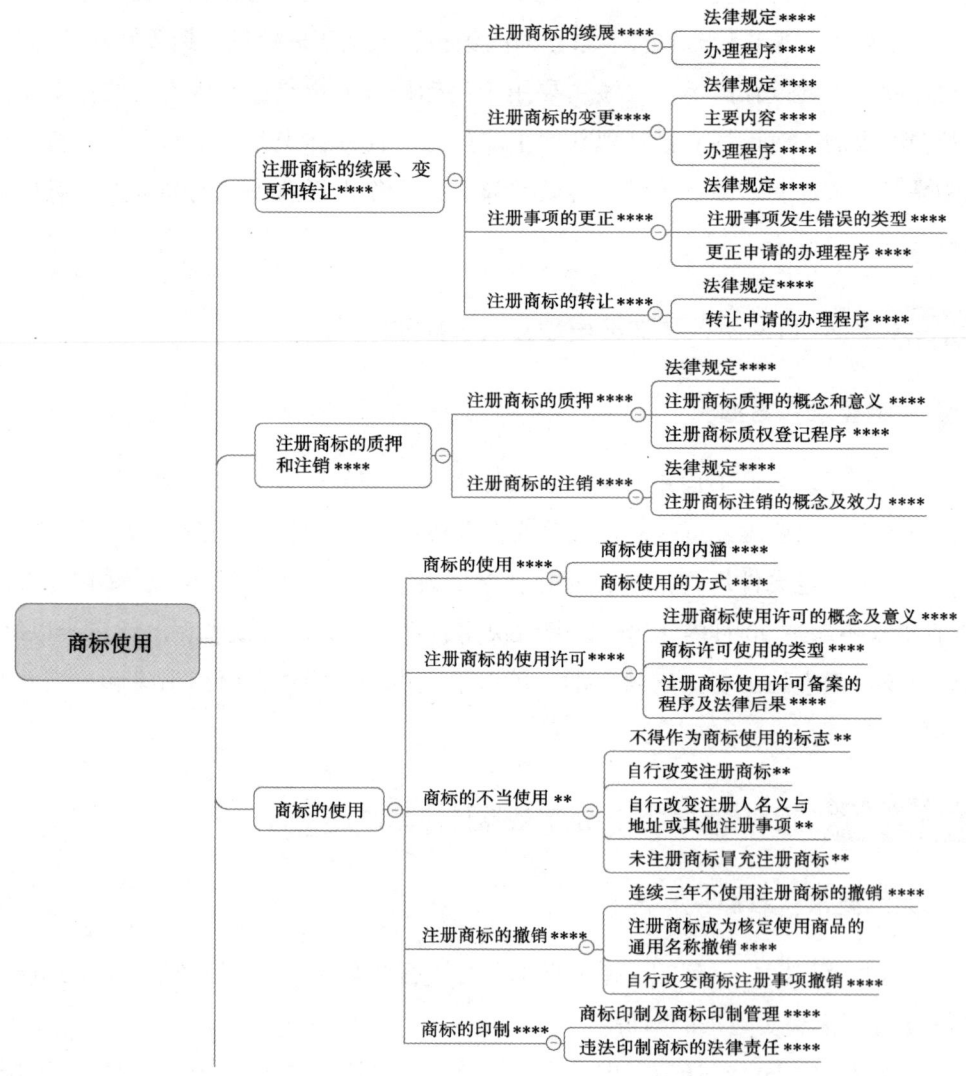

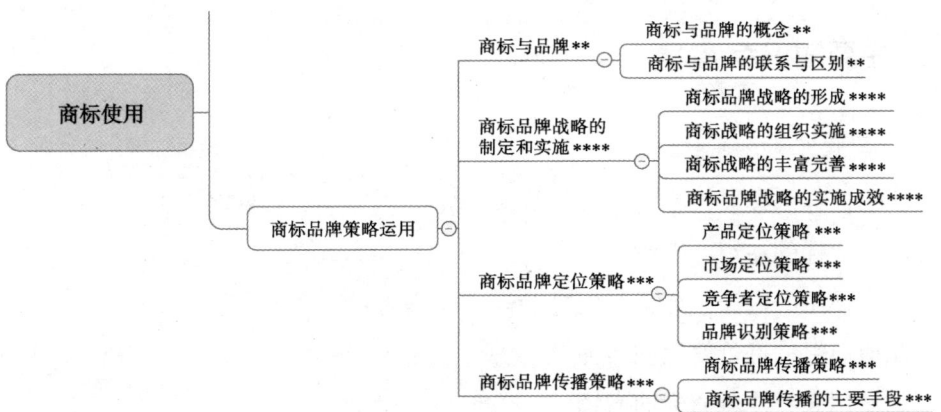

二、主要知识点

（一）掌握＊＊＊＊

1. 注册商标的续展、变更、转让等法律规定
2. 注册商标的注销、撤销
3. 商标使用的内涵、方式等内容
4. 注册商标的许可使用和质押
5. 因使用导致注册商标的撤销
6. 商标的印制
7. 商标品牌战略的制定与实施

（二）熟悉＊＊＊

8. 商标品牌培育和推广的政策
9. 商标品牌定位策略
10. 商标品牌传播策略

（三）辨析/理解＊＊

11. 注册商标的不当使用
12. 商标与品牌的异同

三、知识点解析

知识点一　注册商标续展的法律规定

■ **大纲要求：掌握****

两个要点	注册商标有效期满，需要继续使用的，商标注册人应当在期满前 12 个月内按照规定办理续展手续；在此期间未能办理的，可以给予 6 个月的宽展期。每次续展注册的有效期为 10 年，自该商标上一届有效期满次日起计算。期满未办理续展手续的，注销其注册商标。国家知识产权局应当对续展注册的商标予以公告
	注册商标需要续展注册的，应当向国家知识产权局提交商标续展注册申请书。国家知识产权局核准商标注册续展申请的，发给相应证明并予以公告

知识点二　注册商标续展的办理程序

■ **大纲要求：掌握****

申请日期	注册人应当在注册商标有效期届满前 12 个月内提出续展申请。如果未能在此期间提出申请的，法律规定还另外给予了 6 个月的宽展期，即在有效期届满后 6 个月内，可以允许办理续展注册的申请手续，但需要缴纳延迟费。宽展期届满后，仍未申请续展的，由国家知识产权局注销该注册商标
办理途径	申请人可以直接到国家知识产权局办理续展申请，也可以委托商标代理组织办理。外国人或外国企业应当委托国家认可的具有商标代理资格的组织代理
申请文件	《商标续展注册申请书》
	申请人身份证明文件（营业执照、身份证等）复印件
	直接办理的，应附经办人的身份证复印件
	委托代理组织办理的，应附商标代理委托书
续展申请的审查	国家知识产权局对是否为合法商标权利人、是否在法律规定的期限内提出申请，续展商标是否存在注销、撤销等失效情况等内容进行审查。经审查符合法律规定的，国家知识产权局核准后发给申请人续展注册证明，并刊登公告。续展注册证明应当与《商标注册证》一并使用
	当事人不服国家知识产权局不予核准决定的，可以提起行政复议或者直接向人民法院提起行政诉讼

知识点三　注册商标变更的法律规定

■ 大纲要求：掌握 ＊＊＊＊

三个要点	注册商标需要变更注册人的名义、地址或者其他注册事项的，应当提出变更申请
	申请人变更其名义、地址、代理人、文件接收人或者删减指定的商品的，应当向国家知识产权局办理变更手续
	变更商标注册人名义、地址或者其他注册事项的，应当向国家知识产权局提交变更申请书。变更商标注册人名义的，还应当提交有关登记机关出具的变更证明文件。国家知识产权局核准的，发给商标注册人相应证明，并予以公告；不予核准的，应当书面通知申请人并说明理由。变更商标注册人名义或者地址的，商标注册人应当将其全部注册商标一并变更，未一并变更的，由国家知识产权局通知其限期改正；期满未改正的，视为放弃变更申请，国家知识产权局应当书面通知申请人

知识点四　注册商标变更的主要内容

■ 大纲要求：掌握 ＊＊＊＊

根据申请变更的注册事项内容，注册商标需变更的主要内容	变更注册人或申请人名义和地址
	变更国外注册人或申请人的中文译名
	变更共有商标的代表人
	变更集体商标、证明商标的管理规则或集体成员名单
	变更商标注册申请的商标代理机构
	变更文件接收人
	删减商品或服务项目

知识点五　注册商标变更的办理程序

■ 大纲要求：掌握 ＊＊＊＊

变更申请应提交的文件	变更申请书
	申请人身份证明文件复印件
	委托代理组织办理的，应附商标代理委托书
	变更商标注册人或申请人名义还应提供有关登记机关出具的变更证明文件

续表

注意事项	变更申请应当根据申请变更的注册事项选择规定的书式。办理电子申请的,应当按照网上服务系统要求填写。申请人是外国人或者外国企业的,应当委托依法设立的商标代理机构办理
	申请人同时办理变更名称、地址的,可以在一份申请书中同时提出;申请人名称、地址发生过多次变更的,无须逐次办理,可以直接变更至现使用名称或地址
	共有商标的变更应当注意: 共有商标变更代表人的,应当提交全体共有人签署的同意变更代表人的声明; 办理删减商品或服务项目或者变更注册事项的,申请应当由代表人提出; 代表人应当取得其他共有成员书面同意文件; 办理变更代理人或者文件接收人申请时,申请人应当取得全体共有成员书面同意文件

知识点六　注册事项更正的法律规定

■ 大纲要求：掌握＊＊＊＊

两个要点	商标注册申请人或者注册人发现商标申请文件或者注册文件有明显错误的,可以申请更正。国家知识产权局依法在其职权范围内作出更正,并通知当事人。前款所称更正错误不涉及商标申请文件或者注册文件的实质性内容
	商标注册申请人或者注册人依照《商标法》第38条规定提出更正申请的,应当向国家知识产权局提交更正申请书。符合更正条件的,国家知识产权局核准后更正相关内容;不符合更正条件的,国家知识产权局不予核准,书面通知申请人并说明理由

知识点七　注册事项发生错误的类型

■ 大纲要求：掌握＊＊＊＊

两种类型	涉及商标权利主体更替、权利范围等实质性内容错误,不能通过更正程序改正
	非实质性内容错误,是指由于申请人或代理人在填写申请文件时因疏忽大意等造成的错误

知识点八　更正申请的办理程序

■ 大纲要求：掌握＊＊＊＊

注册人或申请人发现其商标申请文件或注册文件存在明显错误的，可以申请更正。应在申请书中具体说明需要更正的内容和事项，必要时需要提供证据。国家知识产权局经审查同意可予以更正，必要时，刊发更正公告	
申请时应提交的申请文件	《更正商标申请/注册事项申请书》
	申请人的身份证明文件（营业执照副本、身份证等）复印件
	委托商标代理机构办理的，提交商标代理委托书
	更正注册事项涉及《商标注册证》或变更、转让和续展证明内容发生变动的，需要重新制发证书文件的，应同时交回原《商标注册证》或原变更、转让或续展证明的原件
	申请更正的内容是否属于《商标法》第38条规定的范围，是否有足够证据证明属于错误、错误是否涉及实质性内容

知识点九　注册商标转让的法律规定

■ 大纲要求：掌握＊＊＊＊

要点一	转让注册商标的，转让人和受让人应当签订转让协议，并共同向国家知识产权局提出申请。受让人应当保证使用该注册商标的商品质量。转让注册商标的，商标注册人对其在同一种商品上注册的近似的商标，或者在类似商品上注册的相同或者近似的商标，应当一并转让。对容易导致混淆或者有其他不良影响的转让，国家知识产权局不予核准，书面通知申请人并说明理由。转让注册商标经核准后，予以公告。受让人自公告之日起享有商标专用权
要点二	转让注册商标的，转让人和受让人应当向国家知识产权局提交转让注册商标申请书。转让注册商标申请手续应当由转让人和受让人共同办理。国家知识产权局核准转让注册商标申请后，发给受让人相应证明，并予以公告
	转让注册商标，商标注册人对其在同一种或者类似商品上注册的相同或者近似的商标未一并转让的，由国家知识产权局通知其限期改正；期满不改正的，视为放弃转让该注册商标的申请，国家知识产权局应当书面通知申请人

续表

要点三	注册商标因转让以外的继承等其他事由发生移转的，接受该注册商标专用权的当事人应当凭有关证明文件或者法律文书到国家知识产权局办理注册商标专用权移转手续
	注册商标专用权移转的，注册商标专用权人在同一种或者类似商品上注册的相同或者近似的商标，应当一并移转；未一并移转的，由国家知识产权局通知其限期改正；期满未改正的，视为放弃该移转注册商标的申请，国家知识产权局应当书面通知申请人

知识点十　转让申请的办理程序

■ **大纲要求：掌握 * * * ***

申请文件	《转让/移转申请/注册商标申请书》	
	转让人、受让人的身份证明文件复印件；因注册人终止或死亡办理商标移转的，无须出具转让人的身份证明文件复印件	
	委托代理组织办理的，应附转让人和受让人双方出具的商标代理委托书；因注册人终止或死亡办理商标移转的，由受让人出具商标代理委托书	
	因注册人终止或死亡办理商标移转的，还应提供商标注册人终止或死亡的证明文件和受让人有权继受相关商标的法律文件或证明文件	
转让申请的审查	转让申请文件	当事人提交的转让申请文件应该齐备、内容应该一致；使用正确的申请书格式、申请书内容填写完整且规范；涉及移转的证明文件或法律文书具备证明力等
	转受让双方民事主体资格	双方当事人应该具备相应的民事行为能力和权利能力
		转让人应该是商标权利人，即转让申请书上填写的转让人名称与国家知识产权局档案记录的注册人名称应该一致
		受让人是否具备《商标法》规定的资质，是否有生产经营活动之需要取得商标权
	商标专用权权利有效性审查	注册商标在注册有效期内，或者虽超出有效期但在法定期限内提交了续展申请
		注册商标未被注销、被撤销或被宣告无效
		没有其他导致商标失效的记录
		对于商标注册申请，要确认其申请流程尚未结束，存在以下情况，即可认定申请流程已经结束，该商标注册申请已经无效： 1）不予受理决定生效； 2）全部商品（服务）驳回的决定已经生效； 3）全部商品（服务）不予注册的异议裁定已经生效； 4）核准撤回商标注册申请

续表

转让申请的审查	相同或者近似商标是否一并转让的审查	转让注册商标，商标注册人对其在同一种或者类似商品（服务）上注册的相同或者近似的商标应当一并转让。被要求一并转让的商标应符合下列条件： 1）与申请转让的商标同属一个主体所有； 2）未同时办理转让申请，或虽同时办理了转让申请，但与审查的转让商标不是同一个受让人； 3）与申请转让的商标相同或者近似； 4）其核定使用商品与申请转让的商标的核定使用商品相同或类似； 5）对于尚未进行实质审查的注册申请，不要求其一并转让
	对转让容易导致混淆或有其他不良影响的审查	审查重点针对的是转让行为容易导致混淆或者有其他不良影响： 1）集体商标、证明商标申请转让，受让人应该符合《集体商标、证明商标注册和管理办法》规定的主体资格和资质要求； 2）含有地名的商标申请转让给该地区以外的其他所有人时，且使用该商标的商品与该商标所包括之地名具备紧密联系，易使公众对商品的产地、来源产生误认，容易导致相关公众或一般消费者混淆的； 3）含有企业名称全称、部分名称或简称的商标，转让给其他企业，如果投入市场使用容易导致相关公众或一般消费者混淆的； 4）在同一种或者类似商品（服务）上，已经审查部门审查通过或初步审定的商标与申请转让的注册商标相同或者近似的，如不一并转让容易导致消费者混淆的； 5）商标具备特殊含义，转让可能对公序良俗产生消极负面影响的； 6）对于代理机构违反《商标法实施条例》第87条规定作为受让人的； 7）其他容易导致混淆或者其他不良影响的情形

知识点十一　注册商标质押的法律规定

■ **大纲要求：掌握 ****

三个要点	以注册商标专用权、专利权、著作权等知识产权中的财产权出质的，当事人应当订立书面合同。质权自有关主管部门办理出质登记时设立
	以依法可以转让的商标专用权、专利权、著作权中的财产权出质的，出质人与质权人应当订立书面合同，并向其管理部门办理出质登记。质押合同自登记之日起生效
	以注册商标专用权出质的，出质人与质权人应当签订书面质权合同，并共同向国家知识产权局提出质权登记申请，由国家知识产权局公告

知识点十二 注册商标质押的概念和意义

■ 大纲要求：掌握＊＊＊＊

概念	商标专用权质押是指商标注册人以出质人身份将自己所拥有的、依法可以转让的商标专用权作为债权的担保，当债务人不履行债务时，债权人有权依照法律规定，以该商标专用权折价或以拍卖、变卖该商标专用权的价款优先受偿
意义	随着全社会商标法律意识的提高，商标作为一项无形资产其价值为越来越多的债权人所认可，商标专用权质押登记数量逐年上升
	国家知识产权局具体负责办理注册商标专用权质权登记。依法办理商标专用权质权登记，其目的是保障质权的实现和质权人的优先受偿权，防止重复质押，保护质权人和出质人的合法权益

知识点十三 注册商标质权登记程序

■ 大纲要求：掌握＊＊＊＊

	根据《商标法》及其《商标法实施条例》以及原国家工商行政管理总局《注册商标专用权质权登记程序规定》，商标专用权质权登记申请应由质权人和出质人共同提出、共同办理。当事人可以直接向国家知识产权局申请，也可以委托具备商标代理资格的组织代理。在中国没有经常居所或营业所的外国人或外国企业应当委托代理组织办理
提出质权 登记申请	申请商标专用权质权登记应当向国家知识产权局提交下列文件材料： 1. 申请人（出质人、质权人双方）签字或者盖章的《商标专用权质权登记申请书》； 2. 出质人、质权人的身份证明文件复印件； 3. 主合同和注册商标专用权质权合同； 4. 直接办理的，应当提交授权委托书以及被委托人的身份证明； 5. 委托商标代理机构办理的，应当提交商标代理委托书； 6. 出质商标专用权价值评估报告。申请人就价值达成书面一致意见的，可不提交评估报告； 7. 其他需要提供的材料
发放商标专用权 质权登记证	国家知识产权局自受理质权登记申请之日起5个工作日依法审查，符合要求的，向双方当事人发放《商标专用权质权登记证》；不符合要求的，国家知识产权局可以通知申请人补正。申请人不补正或者在合理期限内补正仍不符合要求的，视为其放弃该质权登记申请

知识点十四　注册商标注销的法律规定

■ 大纲要求：掌握＊＊＊＊

三个要点	注册商标期满未办理续展手续的，注销其注册商标
	商标注册人申请注销其注册商标或者注销其商标在部分指定商品上的注册的，应当向国家知识产权局提交商标注销申请书，并交回原《商标注册证》。商标注册人申请注销其注册商标或者注销其商标在部分指定商品上的注册，经国家知识产权局核准注销的，该注册商标专用权或者该注册商标专用权在该部分指定商品上的效力自国家知识产权局收到其注销申请之日起终止
	商标注册人申请注销其商标在部分指定商品上的注册的，重新核发《商标注册证》，并予以公告

知识点十五　注册商标注销的概念及效力

■ 大纲要求：掌握＊＊＊＊

概念	注册商标注销是指国家知识产权局依职权或者根据商标注册人的申请，将注册商标注销或者将注册商标在部分指定商品上的注册予以注销的法律程序
效力	依申请注销：商标注册人向国家知识产权局提出注销申请。可以申请注销商标，也可申请注销该商标在部分指定商品或服务项目上的注册。注销申请经国家知识产权局核准后，其商标专用权自注销申请之日起终止
	依职权注销：当注册商标有效期满后，在法律规定的宽展期内注册人仍未提出续展申请的，国家知识产权局注销该注册商标，该商标专用权自有效期满次日起终止

知识点十六　商标使用的内涵

■ 大纲要求：掌握＊＊＊＊

商标的使用问题在现行商标法体系中有着重要意义，可以产生多项法律效果	商标的使用是维持和保护注册商标专用权的重要条件
	商标的使用是判断是否构成商标侵权行为的重要要件
	商标的使用是未注册商标获得被动保护的必要条件
	对于同日申请的商标，在先使用人享有注册优先权
	商标的实际使用状况是能否获得驰名商标保护的重要条件

知识点十七　商标使用的方式

■ 大纲要求：掌握＊＊＊＊

使用的具体表现形式包括但不限于这几种形式	使用在商品、商品包装或者容器上
	使用在商品交易文书上
	使用在国家机关、检测鉴定机构或者行业组织出具的法律文书、证明文书上
	使用于服务场所
	使用在与服务有联系的文件资料上
	商标使用在广告宣传、展览以及其他商业活动中

知识点十八　注册商标使用许可的概念及意义

■ 大纲要求：掌握＊＊＊＊

概念	注册商标的使用许可，是指商标注册人或其授权人通过签订商标使用许可合同，将其注册商标以一定的条件许可他人使用的行为
	商标注册人可以通过签订商标使用许可合同，许可他人使用其注册商标
意义	商标权人采用许可使用制度，一方面可以收取许可使用费，另一方面可以开拓国际国内市场，输出产品、资本、技术和人才，使其商标更加著名，并迅速在更广的范围内普及，从而带来更多的利益
	通过许可使用制度，被许可人使用商标权人的商标的行为视为商标权人自己的使用，从而履行了商标使用义务，只要其授权的被许可人在真实有效地使用该注册商标，商标权人不会因自己未直接使用商标而导致商标权因三年不使用被撤销
	商标权的许可使用不同于转让商标，并不发生权利主体的变更，因而可以保证商标权人继续保有商标权，不失去其对辛辛苦苦创建出来的商标的控制，并可以通过许可使用合同中被许可人质量保证条款的约束，维护商标信誉
	商标许可使用制度有利于被许可人规避风险。被许可人通过使用他人成熟商标减少市场投资风险，在较短时间里用较少投资获得较高收益
	许可使用制度可以调剂市场，满足不同地区消费者对具有较高知名度商标商品的共同需求，同时可以在保证被许可人商品质量的前提下，有效地避免因商标权人频繁更迭而给消费者带来的不便

知识点十九　商标许可使用的类型

■ 大纲要求：掌握＊＊＊＊

类型	独占许可，是指商标注册人将注册商标仅许可一个被许可人在约定的期间、地域内以约定的方式使用，而许可人在上述约定范围内不得使用该商标
	排他许可，是指商标注册人将注册商标仅许可一个被许可人在约定的期间、地域内以约定的方式使用，商标注册人在上述约定范围也可以使用该注册商标，但不得再另行许可他人在上述约定范围内使用该注册商标
	普通许可，是指商标注册人在约定的期间、地域以约定的方式，许可他人使用其注册商标，并可自行使用该注册商标和许可他人使用其注册商标

知识点二十　注册商标使用许可备案的程序及法律后果

■ 大纲要求：掌握＊＊＊＊

要点一	商标注册人可以通过签订商标使用许可合同，许可他人使用其注册商标。许可人应当监督被许可人使用其注册商标的商品质量。被许可人应当保证使用该注册商标的商品质量
	经许可使用他人注册商标的，必须在使用该注册商标的商品上标明被许可人的名称和商品产地
	许可他人使用其注册商标的，许可人应当将其商标使用许可报国家知识产权局备案，由国家知识产权局公告。商标使用许可未经备案不得对抗善意第三人
要点二	许可他人使用其注册商标的，许可人应当在许可合同有效期内向国家知识产权局备案并报送备案材料。备案材料应当说明注册商标使用许可人、被许可人、许可期限、许可使用的商品或者服务范围等事项

知识点二十一　商标不当使用之不得作为商标使用的标志

■ 大纲要求：理解＊＊

要点一	《商标法》第 10 条采取列举方式规定了不得作为商标使用的标志。该条既适用于申请注册的商标，也适用于未注册商标

要点二	使用未注册商标违反《商标法》第 10 条规定的，由地方工商行政管理部门予以制止，限期改正，并可以予以通报，违法经营额 5 万以上的，可以处违法经营额 20% 以下的罚款，没有违法经营额或者违法经营额不足 5 万元的，可以处 1 万元以下的罚款；对已经注册的，根据《商标法》第 44 条第 1 款的规定处理

知识点二十二　商标不当使用之自行改变注册商标

■ 大纲要求：理解＊＊

三个要点	商标注册人使用注册商标应当承担依法、规范使用的法定义务。对注册商标使用行为进行规制的主要目的，是保持注册商标的有效性，维护商标法律秩序。商标注册人享有法律赋予权利的同时，为维持权利继续有效就要承担相应义务，否则应当承担可能丧失商标专用权的法律后果
	注册商标需要在核定使用范围之外的商品上取得商标专用权的，应当另行提出注册申请
	注册商标需要改变其标志的，应当重新提出注册申请。如果注册人将其注册商标图样改变后，仍作为注册商标使用，加注注册标记，即构成自行改变注册商标的行为

知识点二十三　商标不当使用之自行改变注册人名义与地址或其他注册事项

■ 大纲要求：理解＊＊

商标注册人是商标法保护的主体，商标注册人的名义和地址是商标注册的重要事项	
注册事项未及时办理变更	不利于国家知识产权局掌握商标权人的实际情况
	不利于权利人主张权利

知识点二十四　商标不当使用之未注册商标冒充注册商标

■ 大纲要求：理解＊＊

《商标法实施条例》第 63 条	使用注册商标，可以在商品、商品包装、说明书或者其他附着物上标明"注册商标"或者注册标记。注册标记包括注和®
原因	经国家知识产权局核准注册的商标才是注册商标，注册商标权利人依法享有注册商标专用权，并承担相应法律义务

续表

冒充注册商标行为主要表现	商标使用人在未注册的商标上使用"注册商标"字样或注册标记注或®
	正在申请注册的商标，在国家知识产权局尚未核准注册前，使用人即在自己使用的商标上加注了"注册商标"字样或注册标记注或®
	商标注册人超出了国家知识产权局核准注册商标核定使用商品（或服务）的范围使用注册商标，并标明注册商标或注册标记注或®
	商标注册人的注册商标因未续展、被撤销或者被宣告无效丧失了商标专用权，仍继续使用并加注"注册商标"字样或标注注册标记
	商标注册人实际使用的商标改变核准的商标标志，与《商标注册证》上核定的商标标志存在实质差异，两者已不属近似商标，商标注册人在该商标上仍然标注注册标记或注册标记注或®
	商标注册人将两个或者两个以上注册商标组合使用时仅使用一个注册标记，使他人误认为是一个注册商标的
《商标法》第52条	将未注册商标冒充注册商标使用的，由地方工商行政管理部门予以制止，限期改正，并可以予以通报，违法经营额5万元以上的，可以处违法经营额20%以下的罚款，没有违法经营额或者违法经营额不足5万元的，可以处1万元以下的罚款

知识点二十五 注册商标撤销之连续三年不使用注册商标的撤销

■ 大纲要求：掌握 * * * *

原因	实行商标注册制度的国家，都对商标权人的使用义务作出了严格规定，如果商标要继续保持注册，必须满足的条件之一就是该商标必须使用
后果	如果注册商标在法定期限内未能以法律法规认可的方式使用，该注册商标就可被撤销

知识点二十六 注册商标撤销之注册商标成为核定使用商品的通用名称撤销

■ 大纲要求：掌握 * * * *

程序	注册商标成为其核定使用的商品的通用名称的，任何单位和个人可以向国家知识产权局申请撤销该注册商标
期限	国家知识产权局应当自收到申请之日起9个月内作出决定。有特殊情况需要延长的，经国务院工商行政管理部门批准，可以延长3个月

知识点二十七　注册商标撤销之自行改变商标注册事项撤销

■ **大纲要求：掌握＊＊＊＊**

情形	商标注册人在使用注册商标的过程中，自行改变注册商标、注册人名义、地址或者其他注册事项的

知识点二十八　商标印制及商标印制管理

■ **大纲要求：掌握＊＊＊＊**

商标印制	商标印制的概念	商标印制是指印刷、制作带有商标的包装物、标签、封签、说明书、合格证等商标标识的行为
	商标标识	商标标识是指附着于商品、商品包装或者容器上，或者是与商品一并提供给消费者的物质载体
	规定	《商标印制管理办法》第2条规定，以印刷、印染、制版、刻字、织字、晒蚀、印铁、铸模、冲压、烫印、贴花等方式制作商标标识的，均属于商标印制行为
商标印制管理	商标印制管理概念	商标印制管理是指商标管理机关依法对商标印制行为进行监督和检查，并对非法印制商标标识的行为予以查处的活动的总称
	意义	商标使用的源头是商标印制环节，规范管理印制企业经营行为，是堵住商标侵权行为源头的重要措施。加强商标印制行为监管，是市场监管部门加强商标专用权保护工作的有力抓手
		近年来，随着社会公众对知识产权认识的不断加深，商标专用权在市场竞争中的作用不断提升，商标侵权假冒案件也随之不断增多，违法印制商标行为对商标侵权行为起到了一定的推波助澜作用

知识点二十九　违法印制商标的法律责任

■ **大纲要求：掌握＊＊＊＊**

法律依据	涉及商标印制监管的法律依据主要有《商标法》《商标法实施条例》《印刷业管理条例》《商标印制管理办法》等
监管职责	出版行政部门、市场监督管理部门、公安部门均有监管职责，可以根据违法行为的性质、情节分别处理直至追究刑事责任

续表

情形	对未取得《印刷经营许可证》，或者虽然取得《印刷经营许可证》，但未经市场监管部门登记注册而擅自从事商标标识印刷经营活动的，依照《印刷业管理条例》第36条的规定，对擅自设立从事出版物印刷经营活动的企业或者擅自从事印刷经营活动的，由出版行政部门、工商行政管理部门依据法定职权予以取缔，没收印刷品和违法所得以及进行违法活动的专用工具、设备，违法经营额1万元以上的，并处违法经营额5倍以上10倍以下的罚款；违法经营额不足1万元的，并处1万元以上5万元以下的罚款；构成犯罪的，依法追究刑事责任
	对违反《商标法》第57条第（四）项"伪造、擅自制造他人注册商标标识或者销售伪造、擅自制造的注册商标标识"，侵犯注册商标专用权引起纠纷的，依照《商标法》第60条的规定，由当事人协商解决；不愿协商或者协商不成的，商标注册人或者利害关系人可以向人民法院起诉，也可以请求市场监管部门按照侵权行为予以处理。对侵权赔偿数额存在争议的，当事人可以请求执法部门进行调解，也可以依照《民事诉讼法》的规定向人民法院起诉。经调解当事人未达成协议或者调解书生效后不履行的，当事人可以依法向人民法院起诉
	对印制单位违反《商标印制管理办法》第7条的规定承接印制业务，且印制的商标与他人注册商标相同或者近似的，属于《商标法》第57条第（六）项"故意为侵犯他人商标专用权行为提供便利条件，帮助他人实施侵犯商标专用权行为的"，以及《商标法实施条例》第75条"为侵犯他人商标专用权提供仓储、运输、邮寄、印制、隐匿、经营场所、网络商品交易平台等，属于商标法第57条第（六）项规定的提供便利条件"。所述的商标侵权行为，由所在地或者行为地市场监管部门依据《商标法》有关规定予以处理
	商标印制委托人和商标印制单位的违法商标印制行为构成犯罪的，所在地或者行为地市场监管部门应及时将案件移送司法机关追究刑事责任

知识点三十 商标与品牌的概念

■ **大纲要求：区别** * *

商标	商标是用来区别某经营者的商品或服务与其他经营者的商品或服务的标记
品牌	品牌是一种名称、术语、标记、符号和设计，或是它们的组合运用，通过在产品或服务上的使用同竞争对手的产品和服务相区分
	对企业而言，品牌代表的不仅是一种客户资源，更是一种市场营销概念。同商标相比，品牌的含义更为广泛，既可以是公司名称，也可以是注册商标，是品牌主体一切无形资产总和的全息浓缩

知识点三十一　商标与品牌的联系与区别

■ 大纲要求：区别＊＊

联系	商标是品牌的组成部分，是品牌中便于消费者识别的标志和名称，是营造优势品牌的基础
	品牌可以作为商标注册，品牌受商标法律保护，是方便有效、强有力保护品牌信誉的一种方式
区别	从定义上看，商标是一种法律概念，侧重于法律规范，品牌是市场概念，更侧重于市场营销
	从范畴上说，商标是品牌的一部分，重点在标志和名称的显著性，作用是区别和记忆；而品牌不仅是一个象征，更是一个综合体，有着人赋予的情感、价值观、理念和个性
	从范围上说，商标的使用有国界限制，每个国家都有保护商标的国内法律，超出国界就失去了法律的保护；而品牌没有国界限制，不是法律保护客体；商标一般是在单个商品或者服务上使用，品牌则可以由多个商品或者服务上的多个商标形成
	在时效性上，商标的时效性由法律规定，我国法定商标有效期为10年，期满可以续展，亦能继承，故商标的时效性可能是永久的；品牌的时效性由市场决定，其存续时间取决于经营者的能力、运营方法、产品质量以及市场机遇
	从归属上说，商标掌握在注册人手中，商标注册人可以自主使用直至转让商标，可以通过法律手段禁止他人擅自使用。而品牌植根于消费者心里，品牌价值及市场感召力来源于消费者对品牌的信任、偏好和忠诚，品牌拥有者只能培育，不能掌控和驾驭

知识点三十二　商标品牌战略的形成

■ 大纲要求：掌握＊＊＊＊

国家战略引领	随着我国经济社会快速发展，知识产权成为世界主要国家在经济全球化和知识经济迅速发展的时代参与国际竞争的战略性资源，知识产权战略已经成为许多国家提升核心竞争力的重要发展战略。在我国经济发展方式仍然比较粗放、自主创新能力不强的背景下，通过知识产权制度激励保护创新、优化营商环境，是我国未来经济转型升级、提高国际竞争力的必然选择。2005年年初，为了积极应对国际挑战，适应我国经济社会发展需要，国务院成立了国家知识产权战略制定工作领导小组，国家知识产权局、国家工商行政管理总局等33家中央部委办局共同参与启动了国家知识产权战略制定工作，2008年6月5日，国务院正式发布《国家知识产权战略实施纲要》（以下简称《纲要》）

续表

商标战略的形成	原工商总局作为实施商标战略的职能部门，为统筹落实好《纲要》，2009年6月2日下发《关于贯彻落实〈国家知识产权战略纲要〉大力推进商标战略实施的意见》（以下简称《实施意见》）。《实施意见》对从2008年至2020年商标战略的指导思想、战略目标和战略任务做了规划，从11个方面明确了"十三五"时期实施商标品牌战略的主要目标和具体任务，即全面完善商标法律法规体系，大力推进全方位商标政策体系构建，创新和完善商标注册管理体制机制，分类指导和支持市场主体实施商标战略，加强对商标权利人和消费者合法权益的保护，充分发挥农产品商标和地理标志在统筹城乡发展、区域发展中的推动作用，规范发展社会中介服务体系，加快商标注册管理与公共服务信息化建设，加大商标宣传教育力度，大力培养各类商标专业人才，扩大商标国际交流与合作。同时，原国家工商行政管理总局还制定了《关于商标工作五年达到国际水平的总体规划》等5个配套文件，为商标战略逐步实施作出了指引

知识点三十三　商标战略的组织实施

■ 大纲要求：掌握＊＊＊＊

国家战略总体推动	为了系统推进《纲要》落实，2008年国务院批复建立国家知识产权战略实施工作部际联席会议制度，2016年升格为国务院知识产权战略实施工作部际联席会议制度，成员单位包括31个部门和单位，办公室设在国家知识产权局。在国务院知识产权战略实施工作部际联席会议工作机制的统筹领导下，各部门单位积极行动，定期对战略实施状况进行绩效评估，每年发布知识产权战略纲要年度推进计划，形成了各部门"目标明确，密切协作，齐抓共管"的战略实施工作格局
建立商标战略实施机制	与此同时，原国家工商行政管理总局以《实施意见》为抓手，成立了商标战略实施领导小组，制定了《国家工商总局实施〈国家知识产权战略纲要〉任务分工》《关于贯彻落实〈实施意见〉的任务分工》，将任务分解到各司（局）、直属单位，明确责任，狠抓落实。原工商总局积极发动地方落实《纲要》和《实施意见》，各省级工商局为了贯彻落实《纲要》和《实施意见》精神纷纷制定出台推动国家知识产权战略和商标战略的实施意见
	在商标战略实施领导小组领导下，各有关部门广泛开展商标战略宣传和培训活动，主要包括：从2008年开始编辑出版《中国商标战略年度发展报告》；2009年至2010年对省、市（地）级工商局分管局长进行集中培训，系统辅导《实施意见》；制定印发《商标战略宣传工作方案》《关于商标工作五年达到国际水平的总体规划》，提出了"三年解决商标审查、评审积压，五年使商标工作达到国际水平"的"三五目标"，着手加强基础设施建设、完善商标法律法规、改进商标确权制度、提高社会化服务水平、优化商标监管方式、加大商标保护力度、创新商标经济内涵等

知识点三十四　商标战略的丰富完善

■ 大纲要求：掌握＊＊＊＊

商标战略 进一步巩固强化	随着《纲要》的颁布实施以及《实施意见》的推动落实，各地区、各相关部门深入实施国家知识产权战略和商标战略，商标工作具备了相应的制度基础、数量基础、人才基础和文化基础，我国商标大国地位不断巩固。与此同时，党中央、国务院愈发重视知识产权工作。习近平总书记指出，要加强知识产权保护。李克强总理强调，保护知识产权就是保护创新，用好知识产权就能激励创新
	2015年年初，国家知识产权局决定，在党中央和国务院的领导下，会同国务院知识产权战略实施工作部际联席会议成员单位及中组部、中央编办、银监会、证监会、保监会等相关部门共同研究制定《关于新形势下加快知识产权强国建设的若干意见》和《"十三五"国家知识产权保护和运用规划》
	2015年12月22日，《国务院关于新形势下加快知识产权强国建设的若干意见》（国发〔2015〕71号）是国家对"十三五"及今后一个时期知识产权工作的重大部署，是知识产权强国建设的重要遵循和行动指南。文件提出，要深化知识产权重点领域改革，有效促进知识产权创造运用，实行更加严格的知识产权保护，优化知识产权公共服务，促进新技术、新产业、新业态蓬勃发展，提升产业国际化发展水平。文件特别提出，要深化商标富农工作；支持研究机构和社会组织制定品牌评价国际标准，建立品牌价值评价体系；支持企业建立品牌管理体系，鼓励企业收购海外知名品牌；要加快建设互联互通的知识产权信息公共服务平台，实现专利、商标、版权、地理标志等基础信息免费或低成本开放；要加强知识产权国际合作，完善海外知识产权信息服务平台，发布相关国家和地区知识产权制度环境等信息
	2016年12月30日，《国务院关于印发"十三五"国家知识产权保护和运用规划的通知》（国发〔2016〕86号）（以下简称"十三五"规划）是知识产权规划首次被列入国家重点专项规划。规划明确了"十三五"知识产权工作的发展目标和主要任务，对全国知识产权工作进行了全面部署。其中，特别提出要实施商标战略，包括提升商标注册便利化水平，优化商标审查体系，建立健全便捷高效的商标审查协作机制；提升商标权保护工作效能，创新商标行政指导和服务监管方式，提升企业运用商标制度能力，打造知名品牌；研究建立商标价值评估体系，构建商标与国民生产总值、就业规模等经济指标相融合的指标体系；建立国家商标信息库；推动产业集群品牌的注册和保护；开展系列专项行动；推进实施商标富农工程

续表

商标战略持续升级	进入"十三五"以后，我国经济社会形势都发生了重大变化，发展品牌经济，以商标品牌为核心整合各种经济要素，提高核心竞争力，成为经济长远发展的新的增长动力。党的十八大要求把推动发展动力的立足点转到提高质量和效益上来，形成以技术、品牌、质量、服务为核心的出口竞争新优势。《国家创新驱动发展战略纲要》中明确提出要实施知识产权、标准、质量和品牌战略。《国务院办公厅关于发挥品牌引领作用推动供需结构升级的意见》中指出，品牌是企业乃至国家竞争力的综合体现，代表着供给结构和需求结构的升级方向
	为适应新形势新要求，2017年5月17日，《关于深入实施商标品牌战略推进中国品牌建设的意见》从深化商标注册管理体制改革、切实加强注册商标行政保护、全面构建品牌培育服务体系、统筹推进产业区域品牌建设、大力开拓品牌发展国际空间5个方面着手，通过确定持续推进商标注册便利化、商标监管规范化、品牌服务社会化、市场化改革以及促进中国商标品牌国际化等21项战略任务措施，构建了全面推进品牌建设工作体系
	与以往战略实施政策文件相比，《商标品牌战略意见》将品牌与商标紧密结合，深化了对国家知识产权战略商标专项任务的认识，反映了商标管理在品牌建设工作中的职能作用，尤其提出了"统筹推进产业区域品牌建设"的主张，旨在以商标注册和品牌保护职能为依托，统合品牌发展各支撑要素和社会资源，协同促进品牌建设全局性工作，这进一步提升了商标品牌工作的社会认知，拉近了商标工作和大众的关系，增进了社会公众对品牌的深入了解

知识点三十五 商标品牌战略的实施成效

■ 大纲要求：掌握＊＊＊＊

五个方面	政府与市场的关系进一步理顺。在战略实施市场化导向下，企业作为商标品牌建设的主体作用得到体现，企业商标品牌意识、产品附加值和市场竞争力不断提高，具有全球竞争优势的自主商标品牌不断涌现
	商标注册管理体制改革不断深化。围绕提高商标注册便利化水平，国家知识产权局建立了若干京外审查协作中心，实现了商标网上申请系统和商标注册全程电子化，审查效率大幅提升，实现商标数据共享，申请人办理商标事务更加便利、快捷
	商标知识产权保护切实加强。商标恶意抢注行为得到有效遏制，驰名商标、地理标志、涉外商标、老字号商标等保护力度不断加强，通过落实事中事后监管，商标信用监管得到强化
	商标品牌服务能力明显提高。商标品牌服务业规范发展，建立了商标品牌创业创新基地。企业积极开展注册商标质权登记，实现商标品牌资本化运作。建立了客观、公平和国际化的商标品牌价值评价体系

第六章　商标使用

续表

五个方面	商标品牌国际化水平不断提升。主动参与商标领域国际规则制定，提高了我国商标领域的话语权和影响力。大部分企业在"走出去"中实现"商标先行"，以商标品牌为核心的国际竞争新优势得以彰显。进一步健全了企业商标海外维权协调机制，企业的国际营商环境更加公平便利

知识点三十六　商标品牌定位策略之产品定位策略

■ **大纲要求：熟悉** * * *

概念	即围绕产品本身特征制定策略
例如	产品功能：产品具有与众不同的功能，则该产品品牌即具有明显的差异优势
	产品外观：外观是消费者最易辨识的产品特征，也是其认可、接受某品牌产品的重要依据，产品形状本身就可形成一种市场优势
	产品价格：价格是品牌定位的有效工具。借助价格的高低可以形成产品高价或低价形象

知识点三十七　商标品牌定位策略之市场定位策略

■ **大纲要求：熟悉** * * *

概念	即围绕市场不同消费者和消费方式需求制定策略
例如	从使用者角度制定策略
	从使用时机制定策略
	从消费目的制定策略
	从生活方式制定策略

知识点三十八　商标品牌定位策略之竞争者定位策略

■ **大纲要求：熟悉** * * *

概念	品牌定位，本身就隐含着竞争性。从品牌的竞争角度定位是指把竞争者作为定位的坐标或基准点，确定本品牌的定位点
例如	寻找竞争者空白点的首次定位，以竞争者为参照点的周边突破口定位以及进攻式或防御式定位等

知识点三十九　商标品牌定位策略之品牌识别策略

■ 大纲要求：熟悉＊＊＊

概念	与品牌定位相比，品牌识别含义更丰富，更具有潜在价值，需要从多个角度增强其识别力，也是商标品牌策略的核心
特点	品牌个性：品牌个性可能在设计之初就已确立，也可能在品牌运用中自然形成，需要通过广告宣传逐渐强化
	品牌文化：品牌可以自身体现特有历史文化，也可以附着品牌来源的地域文化
品牌与消费者	品牌与消费者的结合点是寻找品牌定位点的又一条途径。品牌与消费者的关系反映了品牌对消费者的态度

知识点四十　商标品牌传播策略

■ 大纲要求：熟悉＊＊＊

概念	商标品牌传播，就是企业以商标品牌的核心价值为原则，在品牌识别的整体框架下，选择广告、公关、销售、人际等传播方式，将特定商标品牌推广出去，以建立品牌形象，促进市场销售。品牌传播既是企业满足消费者需要，培养消费者忠诚度的有效手段，也是目前市场主体进行市场竞争的最重要竞争工具和核心战略
两个要点	商标品牌传播应有一定之规，遵循一定的法则，比如应当内容简单明了，含义通俗易懂，形式简洁明快，商标品牌个性突出，新颖独特，与众不同。商标品牌传播应注意积累经验和体验，如果传播者与接受者具有共同的经验和体验，根据了解到的人们偏爱接受或者期望接受的信息进行传播，效果很可能不同凡响
	企业传达商标品牌信息必须清晰一致，多渠道多工具有机整合，切忌复杂多变，七嘴八舌，要保证在各种媒体上符号、象征、图片、声音等传播方式都要传达同质的含义，多种传播工具，发出同一个声音，只有这样，才易于受众对信息的辨认、分类和理解，从而获得累积效果，强化商标品牌的识别和记忆

知识点四十一　商标品牌传播的主要手段

■ 大纲要求：熟悉＊＊＊

广告	广告是商标品牌最重要的传播方式
公关	公关是公共关系的简称，是企业形象、品牌、文化、技术等传播的一种有效解决方案，包含投资者关系、员工传播、事件管理以及其他非付费传播等内容

续表

销售促进传播	销售促进传播是指通过鼓励对产品和服务进行尝试或促进销售等活动而进行品牌传播
人际传播	人际传播是人与人之间直接沟通,主要是通过企业人员的讲解咨询、示范操作、服务等,使公众了解和认识企业,并形成对企业的印象和评价
产品传播	消费者购买使用产品,能通过产品感受到企业品牌的感召力并对其作出相应的判断,形成对品牌的忠诚度
口碑和事件传播	消费群体通过商品使用或者服务体验形成品牌评价信息后会在一定范围内进行口碑相传,是一种具有感染力和说服力的传播方式,另外,突发事件具有热点效应,亦能瞬间引起公众广泛关注和高度参与,均为建立和扩大品牌知名度和影响力的传播途径
新媒体传播	现代信息技术的发展,互联网、手机移动终端等新媒体本身具有成本低廉、传播速度快、覆盖范围广等诸多优点,利用新媒体对品牌进行传播具有极大的优势与潜力

第七章 CHAPTER 7

注册商标专用权的保护

一、基本内容框架

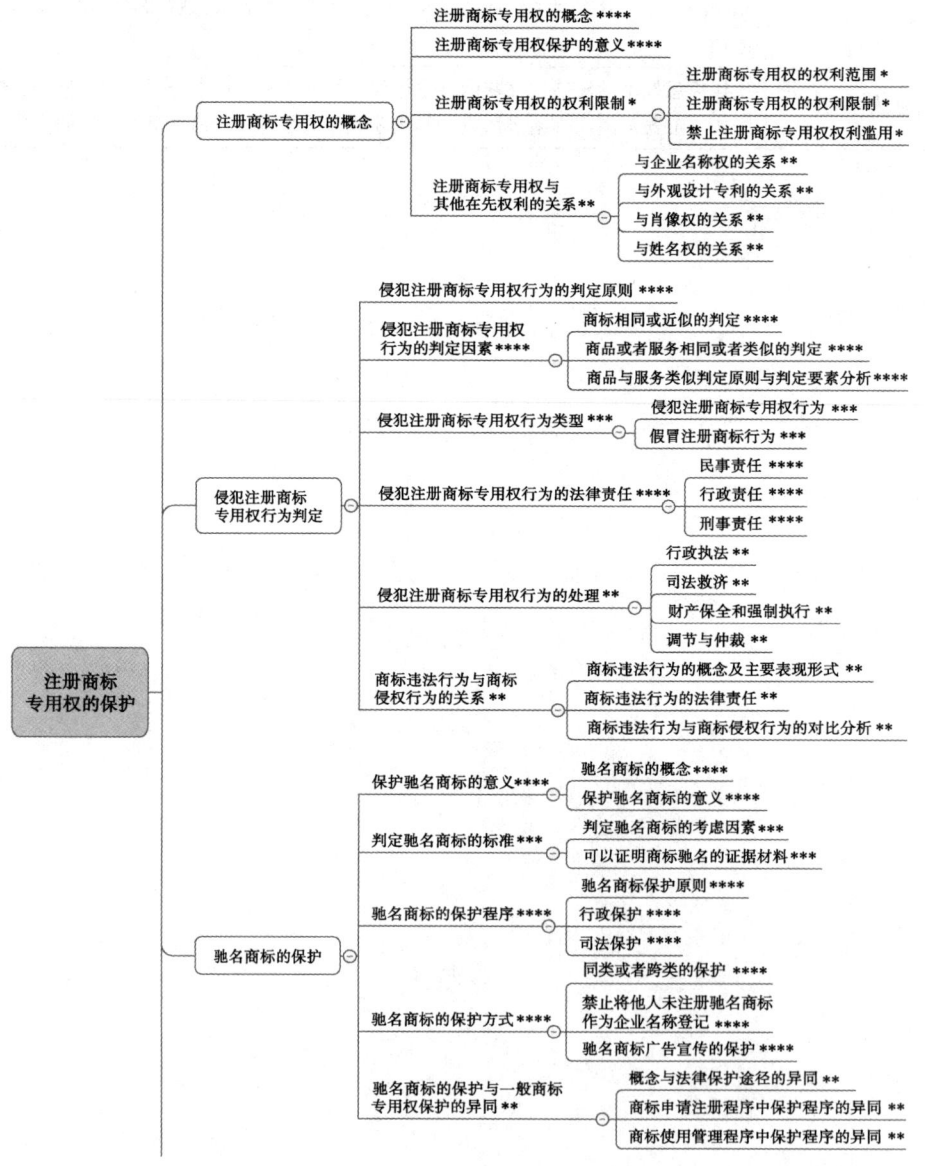

第七章 注册商标专用权的保护

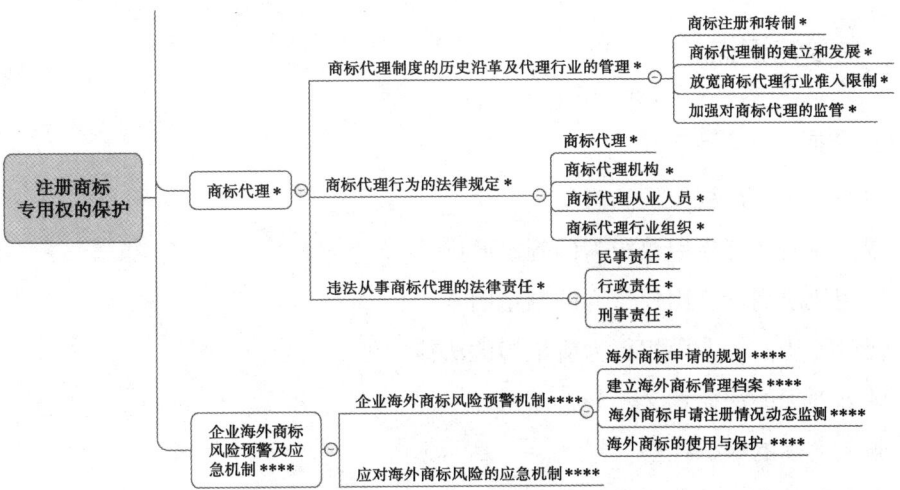

二、主要知识点

（一）掌握＊＊＊＊

1. 注册商标专用权保护的意义

2. 侵犯注册商标专用权行为的判定原则

3. 侵犯注册商标专用权行为的判定因素

4. 侵权注册商标专用权行为应承担的法律责任

5. 驰名商标的法律意义

6. 驰名商标的保护程序

7. 企业海外商标风险预警及应急机制

（二）熟悉＊＊＊

8. 侵犯注册商标专用权行为类型

9. 判定商标驰名的标准

（三）辨析/分析＊＊

10. 注册商标专用权与其他在先权利的关系

11. 侵犯注册商标专用权行为的处理

12. 商标违法行为与商标侵权行为的关系

13. 驰名商标的保护与一般注册商标专用权保护的异同

（四）了解＊

14. 注册商标专用权的权利限制

15. 商标代理制度的法律沿革、管理、法律规定以及违法代理应承担的法律责任

三、知识点解析

知识点一 注册商标专用权的概念

■ 大纲要求：掌握 ****

含义	商标一经注册，商标注册人即取得注册商标专用权，在自己使用的基础上具有排他使用权，意味着未经商标注册人许可，其他人不得在特定范围内使用该注册商标，以保证商标起到区别商品或者服务来源的作用
四个要点	基础：权利人自己专用
	核心：禁止他人使用
	保护目的：避免商品或者服务来源的混淆
	国际条约表述：《TRIPs 协定》第 16 条规定，注册商标的所有权人享有专有权，以阻止所有第三方未经该所有权人同意在贸易过程中对与已注册商标的货物或服务的相同或类似货物或服务使用相同或类似标记，如此类使用会导致混淆的可能性

知识点二 注册商标专用权保护的意义

■ 大纲要求：掌握 ****

含义	保护注册商标专用权是指国家行政和司法机关根据职能，按照法律赋予的职权制止和制裁商标违法、侵权行为乃至犯罪行为，保障商标注册人行使权利并不受损害
四个要点	保护特定民事权利的基本体现
	保障消费者权益的重要基础
	维护市场竞争秩序的有力保障
	优化营商环境，促进对外贸易事业发展的必然选择

知识点三 注册商标专用权的权利范围

■ 大纲要求：了解 *

含义	主要是指商标注册人对其所注册的商标所享有的使用权和排他权（禁止权）的范围

续表

四个要点	使用权范围：以核准注册的商标和核定使用的商品为限
	排他权（禁止权）范围：注册商标专用权的保护范围，是指商标注册人根据法律的规定，可以请求司法机关或行政执法机关制止他人擅自使用商标行为，以保护其注册商标专用权不受损害的范围
	注册商标专用权的保护范围要大于注册商标专用权的使用范围，且前者有不断扩大的趋势

知识点四 注册商标专用权的权利限制

■ 大纲要求：了解*

含义	在一些特定情况下，他人对与注册商标相同或者近似标识的使用并不构成侵权
四种类型	描述性使用：指使用他人注册商标中的文字或图形等要素，用以善意地描述自己商品或服务的特征、产地等情况的行为
	说明性使用：使用他人注册商标中的文字或图形等要素，用以说明自己提供的商品或服务，不会导致消费者对商品或者服务来源的混淆
	在先使用：商标注册人申请商标注册前，他人已经在同一种商品或者类似商品上先于商标注册人使用与注册商标相同或者近似并有一定影响的商标
	商标权用尽：又称商标权穷竭，是指商标注册人自己或许可他人将使用注册商标的商品投放市场后，他人无须商标注册人允许便可再次转售或者以其他方式向公众提供，包括为此目的在广告宣传中使用

知识点五 禁止注册商标专用权权利滥用

■ 大纲要求：了解*

含义	商标所有人行使注册商标专用权时，必须符合法律的有关规定，不得乱用或滥用
四种主要类型	不得自行改变注册商标、注册人名义、地址或者其他注册事项
	不得自行将商标转让给他人
	不得因自己商标的注册而阻止他人正当使用注册商标中含社会公知公用的内容
	不得利用自己从未使用的注册商标，打击他人的善意使用或者正当使用，包括恶意诉讼

知识点六　注册商标专用权与企业名称权的关系

■ **大纲要求：辨析** * *

联系	两者有着紧密的联系，不少企业将商标作为其企业名称中的字号部分加以登记
五个区别	1. 功能 （1）商标是区别商品或服务不同来源的标记 （2）企业名称则是区别不同企业的标志
	2. 注册机关 （1）商标由国家知识产权局统一注册 （2）企业名称由县级以上市场监督管理部门登记
	3. 权利范围 （1）商标在全国范围内得到保护 （2）企业名称是在一定地域范围内的专用权
	4. 是否唯一对应 （1）一个企业可以注册多个商标，一个商标通过商标使用许可等方式可以被多个企业使用 （2）企业名称原则上只能登记给一家企业使用，且该企业名称只能自己使用
	5. 与企业主体的关系 （1）商标可以脱离原来的企业而继续存在 （2）企业名称与企业实体密不可分，企业实体消亡，如发生破产、倒闭等，企业名称也随之不存在

知识点七　注册商标专用权与外观设计的关系

■ **大纲要求：辨析** * *

四个区别	1. 权利的客体 （1）商标是由文字、图形或其组合构成的标志 （2）外观设计是对产品的形状、图案、色彩或者其组合所作出的带有装饰作用并运用于工业产品的新设计
	2. 权利取得的条件 （1）商标只要有区别性，能够区别商品或服务的不同来源，不强调必须适用工业生产 （2）外观设计要用于工业品，能够重复地大量生产，带有装饰作用

续表

四个区别	3. 权利授予的目的 （1）注册商标专用权的目的是加强商标管理，促使生产者保证商品质量和维护商标信誉，以保障消费者的利益，维护经济秩序 （2）外观设计的目的则是鼓励设计者创造出更多更好的产品外观，增强工业品的美感
	4. 权利保护的期限 （1）注册商标有效期为10年，可以连续续展 （2）外观设计专利有效期为10年，没有续展，期满即进入公有领域

知识点八　注册商标专用权与肖像权的关系

■ 大纲要求：辨析＊＊

四个要点	肖像可以作商标注册，但注册商标不得损害他人肖像权
	在商标审查中，认定商标是否损害他人肖像权，应考虑相关公众是否容易将注册商标在其指定的商品或服务上与肖像人产生联系
	以本人肖像作为商标申请注册的，申请人需要提供本人的身份证
	以他人肖像作为商标申请注册的，要取得肖像权人的同意，提供肖像使用授权书

知识点九　注册商标专用权与姓名权的关系

■ 大纲要求：辨析＊＊

四个要点	姓名可以是商标的组成要素
	姓名权属于注册商标时应当考虑的在先权利的一种
	一般来说，自己的姓名可以注册为商标，但自己的姓名若与他人姓名完全相同，易被误认为是他人本人注册或者与他人有密切关系的，则不得注册
	未经权利人授权，不得将他人姓名注册为商标，否则可能构成侵犯他人姓名权的行为

知识点十　侵犯注册商标专用权行为的判定原则

■ 大纲要求：掌握＊＊＊＊

原则一：尊重当事人合法权益	
含义	在行政处理商标侵权案件过程中，既要充分考虑商标注册人的意愿，也要尊重商标侵权行为嫌疑人的合法权益，只有保证双方当事人的任何合法权益不受损害，才能保证行政执法的公平和公正
四个要点	尊重商标当事人自主选择的意愿，其可以就商标纠纷自行协商或选择其他纠纷处理途径
	充分考虑在先使用人的利益，合理界定正当使用行为
	尊重在先权利，如著作权、企业名称权、外观设计专利权等
	要为行政相对人在行政处罚程序所拥有的权利的行使提供必要条件，如陈述权、申辩权、请求回避权、质证权、请求听证权等
原则二：法定原则	
含义	判定侵犯注册商标专用权行为，要坚持法定原则，对注册商标在法律范围内，即核准注册的商标和核定使用的商品或者服务范围内给予专用权法律保护
两个要点	凡注册商标，在其丧失权利之前都应受到法律保护
	对确属注册不当应予无效宣告的商标，在该商标进入无效宣告程序后，可以中止案件查处，待商标确权终局裁定或者判决作出后再行处理，以防他人利用合法争议手段途径达到侵权目的
原则三：不以商品质量优劣作为判定标准	
含义	商品质量的优劣不会影响到商标侵权行为的认定
两个要点	他人擅自使用与注册商标相同或者近似的商标，即使其商品质量优于商标注册人的商品质量，也应认定为侵权行为
	对使用注册商标或者未注册商标的商品质量问题，可以适用《产品质量法》处理，与商标侵权行为的认定没有直接关系
原则四：商标注册人违法使用不影响侵权行为定性	
含义	如果商标注册人在使用注册商标过程中存在违反《商标法》或《商标法实施条例》的情形，可以适用有关条款，要求就行为人违法使用行为承担相应的法律责任，除非该注册商标被依法撤销，不影响对其注册商标专用权的保护

续表

两个要点	理由：注册商标专用权是一种民事权利，商标注册人可以在法律允许的范围内行使其权利
	处理方式：在注册商标专用权存续期间，他人擅自使用与该注册商标相同或近似的商标的，仍应认定为商标侵权行为

知识点十一　商标相同或近似的判定

■ **大纲要求：掌握 * * * ***

商标是否相同或者近似，是判断是否侵犯他人注册商标专用权的主要因素之一。

意义	是判断是否侵犯他人注册商标专用权的主要因素之一
三个原则	应当以相关公众的一般注意力为标准进行判断
	准确运用对比商标的整体、要部和隔离比较方法，应当尽量以一般消费者在购买时的观察判断习惯进行对比： （1）整体比对：将商标作为一个整体来进行观察，考虑商标的整体印象，而不是仅仅将商标的各个构成要素抽取出来分别进行比对； （2）要部比对：将商标中发挥主要识别作用的显著识别部分抽出来进行重点比较和对照，原因在于消费者往往会依据商标中给人留下深刻印象的要素来区分商品； （3）隔离比对：将注册商标与涉嫌侵权的商标放置于不同的地点，在不同的时间进行观察比对
	考虑已注册商标的显著性和知名度等要素

知识点十二　商品或者服务相同或者类似的判定

■ **大纲要求：掌握 * * * ***

意义	是判断是否侵犯他人注册商标专用权的主要因素之一
含义	商品或者服务相同：是指商品或者服务名称相同，以及商品或者服务名称不同但指向同一事物或者内容
	商品或者服务类似：是指商品或者服务在功能、用途、生产方式、销售渠道、消费对象等方面相同或者基本相同，或者相关公众一般会认为其存在特定联系、容易造成来源混淆

续表

	参考依据：主要以《商标注册用商品和服务国际分类》《类似商品和服务区分表》作为参考，但不是最终依据
三个要点	相同或者类似的判定标准不断发展变化，实践中要综合多种因素判断。特定情况下，可能构成类似关系的情形： （1）不同类别但消费对象相同的商品之间； （2）具有互补关系的关联商品之间； （3）处于相关行业的商品和服务之间
	也要考虑在先商标的显著性和知名度及其与使用商品所形成的指向关系的强弱

知识点十三　商品与服务类似判定原则与判定要素分析

■ 大纲要求：掌握 ＊＊＊＊

原因	商品与服务之间也可能产生使用同一商标引起商品或者服务来源混淆的情况： （1）提供服务时经常借助于具体商品； （2）商品售后服务也构成消费者购买的重要考虑因素
三个要点	需要在具体实践中考虑各因素予以综合判断
	主要原则：坚持混淆理论，即在使用相同或者近似商标的前提下，使消费者误认为商品的生产者与服务的提供者是同一家企业或者两者存在关联关系
	发生此种情形的往往是知名度较高的商标

知识点十四　侵犯注册商标专用权行为

■ 大纲要求：熟悉 ＊＊＊

含义	指行为人未经商标注册人许可，在相同或者类似商品上使用与其注册商标相同或者近似的商标，或者其他干涉、妨碍商标注册人使用其注册商标，损害商标注册人合法权益的行为
依据	《商标法》第 57 条明确列举了 7 种情形
情形	未经商标注册人的许可，在同一种商品上使用与其注册商标相同的商标的： （1）即假冒注册商标行为； （2）认定时不需要考虑混淆因素； （3）此处的"使用"采用广义概念，包括商业宣传等； （4）仅限于商业性的使用

	续表
情形	未经商标注册人的许可，在同一种商品上使用与其注册商标近似的商标，或者在类似商品上使用与其注册商标相同或者近似的商标，容易导致混淆的： （1）即仿冒注册商标行为； （2）需要考虑混淆因素，实践中可能存在商标共存； （3）利用商品名称或商品装潢"搭便车"也构成侵权
	销售侵犯注册商标专用权的商品的： （1）无须考虑行为人主观故意或过失； （2）但能证明该商品是自己合法取得的并说明提供者的善意销售者，可不承担因侵权导致的民事赔偿责任
	伪造、擅自制造他人注册商标标识或者销售伪造、擅自制造的注册商标标识的
	未经商标注册人同意，更换其注册商标并将该更换商标的商品又投入市场的： （1）即反向假冒行为； （2）应由被更换商标的权利人主动伸张权益
	故意为侵犯他人商标专用权行为提供便利条件，帮助他人实施侵犯商标专用权行为的： （1）间接侵权行为； （2）行为人应存在主观故意
	给他人的注册商标专用权造成其他损害的（概括性条款）

知识点十五　假冒注册商标行为

■ **大纲要求：熟悉** * * *

定义	未经商标注册人的许可，在同一种商品上使用与其注册商标相同的商标的行为；情节严重的，可构成"假冒注册商标罪"
特征	行为人具有主观故意
	假冒商标行为情节严重的可以追究刑事责任
	假冒商标行为使用的商标和商品，与被假冒的商标注册人核准注册的商标、核定使用的商品完全相同，而不看商标注册人自己是否有这种商品
要点	商标注册人实际使用的商标与核准注册的商标有差别，假冒者假冒的是注册人实际使用的商标的，不构成假冒注册商标行为

知识点十六　侵犯注册商标专用权行为的民事责任

■ **大纲要求：掌握** ★★★★

理由	从特定民事主体权利的角度看，侵犯注册商标专用权的行为损害了商标注册人利益，影响了注册商标所承载的商誉，弱化了注册商标的区别作用，侵权人应当承担民事责任	
法律依据	《商标法》等民事法律规范	
三种责任类型	停止侵权	（1）与侵权人的主观因素无关； （2）表现为停止继续生产或销售侵权商品等
	消除影响	一般由侵权人通过报刊杂志、网络媒介等平台发表声明，澄清事实，恢复被侵权人商誉
	损害赔偿	（1）赔偿数额以补偿性赔偿为基础，以惩罚性赔偿为补充； （2）赔偿数额的计算方式：权利人的实际损失、侵权人的侵权获利、商标许可使用费的合理倍数、法定赔偿； （3）惩罚性赔偿：一至五倍； （4）两种可予免除赔偿责任的例外情形：注册商标专用权人未使用注册商标的；销售不知道是侵犯注册商标专用权商品的

知识点十七　侵犯注册商标专用权行为的行政责任

■ **大纲要求：掌握** ★★★★

理由	侵犯注册商标专用权的行为会对公共利益造成损害
五个要点	责令立即停止侵权行为
	没收、销毁侵权商品和主要用于制造侵权商品、伪造注册商标标识的工具
	违法经营额5万元以上的，可以处违法经营额5倍以下的罚款，没有违法经营或者违法经营额不足5万元的，可以处25万元以下的罚款
	对5年内实施两次以上商标侵权行为或者有其他严重情节的，应当从重处罚
	假冒注册商标的商品不得在仅去除假冒注册商标后进入商业渠道

知识点十八　侵犯注册商标专用权行为的刑事责任

■ **大纲要求：掌握** ★★★★

理由	假冒注册商标是一种严重的商标侵权行为，情节严重的假冒注册商标行为，除赔偿被侵权人的损失外，还应当承担刑事责任

续表

两个要点	任何人都可以向公安机关或人民检察院控告或者检举，要求依法追究其刑事责任
	"情节严重"通常是指假冒注册商标商品造成人身损害的，假冒行为人屡教不改的，假冒行为非法获利数额巨大的，造成社会影响极其恶劣的情形等
三个罪名	假冒注册商标罪
	销售假冒注册商标的商品罪
	非法制造、销售非法制造的注册商标标识罪

知识点十九　侵犯注册商标专用权行为的行政执法

■ 大纲要求：辨析＊＊

程序	《商标法》第60条规定，对于侵权行为，被侵权人可以选择由行政机关处理，也可以向人民法院起诉。如果被侵权人向行政机关投诉，行政机关可以依据被侵权人提供的证据和自己调查获取的证据，责令侵权人立即停止侵权行为，没收、销毁侵权商品和主要用于制造侵权商品、伪造注册商标标识的工具，并可处以罚款。当事人对行政机关的处罚决定不服的，在规定的期间内，可以向人民法院起诉
特点	行动迅速，执法效率高，行政机关能够快速有效地制止商标侵权行为，避免侵权人隐匿、转移违法嫌疑证据，及时控制和缩小侵权行为对被侵权人的损害后果
	手段综合，行政机关可以询问有关当事人、调查与侵权活动有关的物品和行为等，并作出责令立即停止侵权、收缴并销毁侵权物品和侵权标识、罚款等行政处罚
	主动灵活，行政机关可以依投诉保护商标专用权，也可以依职权主动查处商标侵权假冒行为
	简便快捷，无需费用，减轻了当事人的经济负担，降低了维权成本
中止	在查处商标侵权案件过程中，对商标权属存在争议或者权利人同时向人民法院提起商标侵权诉讼的，可以中止案件的查处。中止原因消除后，应当恢复或者终结案件查处程序

知识点二十　侵犯注册商标专用权行为的司法救济

■ 大纲要求：辨析＊＊

含义	司法救济，是指人民法院通过民事诉讼、行政诉讼和刑事诉讼在商标侵权纠纷诉讼案件中保护当事人注册商标专用权的行为
两个要点	对于侵权行为，被侵权人可以向人民法院起诉
	当事人对行政机关的处罚决定不服的，可以在规定的期间内向人民法院起诉

知识点二十一　侵犯注册商标专用权行为的财产保全和强制执行

■ **大纲要求：辨析** * *

处理侵犯注册商标专用权行为中的财产保全

含义	依据《商标法》第65条的规定，商标注册人或者利害关系人有证据证明他人正在实施或者即将实施侵犯其注册商标专用权的行为，如不及时制止将会使其合法权益受到难以弥补的损害的，可以依法在起诉前向人民法院申请采取财产保全措施
三个要点	人民法院对注册商标采取财产保全措施，需要国家知识产权局协助进行
	应当向国家知识产权局发出协助执行通知书
	注册商标保全期限一次不得超过6个月

处理侵犯注册商标专用权行为中的强制执行

含义	依据《民事诉讼法》的规定，在执行过程中，需要办理有关财产权证照转移手续的，人民法院可以向有关单位发出协助执行通知书，有关单位必须办理，这其中就包括商标注册证
两个要点	《商标法》第42条规定："转让注册商标的，商标注册人对其在同一种商品上注册的近似的商标，或者在类似商品上注册的相同或者近似的商标，应当一并转让。"强制执行转让时，也应当遵循这一原则
	当事人在法定期限内不申请行政复议或者提起行政诉讼，又不履行行政决定的，没有行政强制执行权的行政机关可以自期限届满之日起3个月内，申请人民法院强制执行

知识点二十二　侵犯注册商标专用权行为的调解与仲裁

■ **大纲要求：辨析** * *

调解	对侵犯商标专用权的赔偿数额的争议，当事人可以请求进行处理的管理商标工作的部门调解
	经调解，当事人未达成协议或者调解书生效后不履行的，当事人可以依照《中华人民共和国民事诉讼法》向人民法院起诉
仲裁	需要双方自愿达成仲裁协议
	仲裁机构受理仲裁请求，需要有提请仲裁的有关当事人选择他们仲裁的协议或者明确要求他们予以仲裁处理的合同条款

知识点二十三 商标违法行为的概念及主要表现形式

■ 大纲要求：分析＊＊

含义	指使用注册商标或者未注册商标违反法律法规规定的行为
六种主要表现形式	自行改变注册商标或注册人名称、地址或其他注册事项
	自行转让注册商标
	冒充注册商标
	违反禁止使用条款
	在烟草制品上使用未注册商标
	使用他人注册商标未标注被许可人名称和商品产地

知识点二十四 商标违法行为的法律责任

■ 大纲要求：分析＊＊

处理机关	对于商标违法行为一般由行政机关进行处理
五种商标违法行为的法律责任	自行改变注册商标、注册人名义、地址或者其他注册事项的： （1）由管理商标工作的部门责令限期改正； （2）期满不改正的，由国家知识产权局撤销其注册商标
	在法律、行政法规规定必须使用注册商标的商品上使用未注册商标及进行销售的： （1）由管理商标工作的部门责令限期申请注册； （2）违法经营额 5 万元以上的，可以处违法经营额 20% 以下的罚款； （3）没有违法经营额或者违法经营额不足 5 万元的，可以处 1 万元以下的罚款
	将未注册商标冒充注册商标使用的，或者使用未注册商标违反《商标法》第 10 条规定的： （1）由管理商标工作的部门予以制止，限期改正，并可予以通报； （2）违法经营额 5 万元以上的，可以处违法经营额 20% 以下的罚款； （3）没有违法经营额或者违法经营额不足 5 万元的，可以处 1 万元以下的罚款
	经许可使用他人注册商标的被许可人未在使用该注册商标的商品上标明被许可人的名称和商品产地的： （1）由管理商标工作的部门责令限期改正； （2）逾期不改正的，责令停止销售，拒不停止销售的，处 10 万元以下的罚款
	将"驰名商标"字样用于商品、商品包装或者容器上，或者用于广告宣传、展览以及其他商业活动的： （1）由管理商标工作的部门责令改正； （2）处 10 万元罚款

知识点二十五　商标违法行为与商标侵权行为的对比分析

■ **大纲要求：分析＊＊**

依据	行为侵害的客体不同
区别	商标违法行为侵害的客体是商标法规保护的社会经济秩序，不涉及他人注册商标专用权，承担的法律责任主要是行政责任，以行为纠正为主，罚则较轻
	商标侵权行为主要是承担民事责任，可以承担行政责任，严重的侵权行为可以追究侵权人的刑事责任
联系	商标违法行为可能构成商标侵权

知识点二十六　驰名商标的概念

■ **大纲要求：掌握＊＊＊＊**

含义	驰名商标是指经过长期广泛的使用或大量的宣传推广，享有了较高知名度，为相关公众所熟知的商标
两个要点	相关公众包括： （1）与使用商标所标示的某类商品或者服务有关的消费者； （2）生产前述商品或者提供服务的其他经营者； （3）经销渠道中所涉及的销售者和相关人员等
	驰名商标保护不受是否注册的限制，未注册驰名商标也可以受到法律保护

知识点二十七　保护驰名商标的意义

■ **大纲要求：掌握＊＊＊＊**

三个意义	是我国应履行的一项国际义务：《巴黎公约》和《TRIPs协定》将驰名商标列入了保护范围
	有利于维护商标权利人和消费者利益
	有利于维护公平竞争的市场秩序，优化营商环境

知识点二十八　判定驰名商标的考虑因素

■ 大纲要求：熟悉＊＊＊

依据	《商标法》第14条
具体因素	相关公众对该商标的知晓程度
	该商标使用的持续时间
	该商标的任何宣传工作的持续时间、程度和地理范围
	该商标作为驰名商标受保护的记录
	该商标驰名的其他因素
要点	仅在国外驰名但在中国并不驰名的商标无法受到我国商标法对驰名商标的特殊保护

知识点二十九　可以证明商标驰名的证据材料

■ 大纲要求：熟悉＊＊＊

依据	《驰名商标认定和保护办法》第9条
五种证据材料	证明相关公众对该商标知晓程度的材料，如获得的各类荣誉称号等
	证明该商标使用持续时间的材料，如该商标使用、注册的历史和范围的材料： （1）该商标为未注册商标的，应当提供证明其使用持续时间不少于五年的材料； （2）该商标为注册商标的，应当提供证明其注册时间不少于三年或者持续使用时间不少于五年的材料
	证明该商标的任何宣传工作的持续时间、程度和地理范围的材料，如近三年广告宣传和促销活动的方式、地域范围、宣传媒体的种类以及广告投放量等材料
	证明该商标曾在中国或者其他国家和地区作为驰名商标受保护的材料，如行政机关的裁决文书、法院判决等
	证明该商标驰名的其他证据材料，如使用该商标的主要商品在近三年的销售收入、市场占有率、净利润、纳税额、销售区域等材料
三个要点	上述所称"三年""五年"，是指被提出异议的商标注册申请日期、被提出无效宣告请求的商标注册申请日期之前的三年、五年，以及在查处商标违法案件中提出驰名商标保护请求日期之前的三年、五年
	尽管驰名商标具有地域性，但证据材料不仅限于生产、销售等，宣传活动也可视为使用，与之相关的证据材料也可以作为判断商标是否驰名的依据
	判定驰名商标时，要充分考虑上述因素和证据，但不以满足上述全部条件为前提，提交的证据确能证明其在市场上享有较高声誉，为相关公众所熟知的也可以认定

知识点三十　驰名商标保护原则

■ 大纲要求：掌握＊＊＊＊

三个原则	个案认定原则： （1）驰名商标的认定效力仅限于特定案件，用于判定具体案件中的侵权行为并给予驰名商标特殊保护； （2）认定结果不延续适用
	被动保护原则： 驰名商标认定程序的启动要基于当事人请求，行政机关和司法机关并不能依职权主动认定
	行政司法双轨制： （1）国家知识产权局可以在商标注册审查、商标争议处理或查处商标违法案件过程中，依当事人申请认定； （2）人民法院可以在审理商标纠纷案件过程中，依当事人申请认定

知识点三十一　驰名商标的行政保护

■ 大纲要求：掌握＊＊＊＊

商标确权及争议案件中	范围：商标注册审查、商标争议案件中驰名商标的认定
	职能承担主体：国家知识产权局
	程序：申请人在商标异议、不予注册复审及无效宣告程序等具体案件中提出请求，国家知识产权局作出决定或裁定
商标管理案件中	范围：商标违法案件中驰名商标的认定
	职能承担主体：国家知识产权局
	程序：地方行政机关在查处商标违法案件过程中，认为需要按照《商标法》第13条规定保护当事人商标权利的，可以省级文件形式就涉及案件中需要保护的商标是否驰名向国家知识产权局请示
	处理：经国家知识产权局认定为驰名商标的，由管理商标工作的部门责令停止违反《商标法》第13条规定使用商标的行为，收缴、销毁违法使用的商标标识，商标标识与商品难以分离的，一并收缴、销毁

知识点三十二　驰名商标的司法保护

■ 大纲要求：掌握＊＊＊＊

法律依据	《商标法》第 14 条规定，在商标民事、行政案件审理过程中，当事人依照该法第 13 条规定主张权利的，最高人民法院指定的人民法院根据审理案件的需要，可以对商标驰名情况作出认定
三个要点	涉及驰名商标认定的民事纠纷案件管辖： （1）省、自治区人民政府所在地的市中级人民法院； （2）计划单列市中级人民法院； （3）直辖市辖区内的中级人民法院； （4）知识产权法院； （5）最高人民法院指定的人民法院
	在涉及驰名商标保护的民事纠纷案件中，人民法院对于商标驰名的认定，仅作为案件事实和判理理由，不写入判决主文
	以调解方式审结的，在调解书中对商标驰名的事实不予认定

知识点三十三　驰名商标的同类或者跨类的保护

■ 大纲要求：掌握＊＊＊＊

尚未在中国注册的驰名商标的同类保护	
保护范围	及于相同或类似的商品或服务
保护依据	《商标法》第 13 条第 2 款
四个保护要件	在系争商标申请日前已经驰名但尚未在中国注册
	系争商标构成对他人驰名商标的复制、摹仿或者翻译
	系争商标所使用的商品或者服务与他人驰名商标所使用的商品或者服务相同或者类似
	系争商标的注册或者使用，容易导致混淆
已在中国注册的驰名商标的跨类保护	
保护范围	及于不相同或不相类似的商品或服务
保护依据	《商标法》第 13 条第 3 款

续表

四个保护要件	在系争商标申请日前已经驰名且已经在中国注册
	系争商标构成对他人驰名商标的复制、摹仿或者翻译
	系争商标所使用的商品或者服务与他人驰名商标所使用的商品或者服务不相同或者不类似
	系争商标的注册或者使用，误导公众，致使该驰名商标注册人的利益可能受到损害
六个要点	"复制"是指与他人驰名商标标识相同
	"摹仿"是指抄袭他人驰名商标的显著部分或显著特征
	"混淆"是指导致消费者对商品或服务的来源产生误认，或者是消费者误以为与驰名商标商品或服务提供者存在某种特定关联
	是否构成混淆的判定并不以实际发生混淆为要件，只要具有这种可能性即可认定
	"误导"是指足以使相关公众误以为其与驰名商标存在相当程度的联系，而减弱驰名商标的显著性、贬损驰名商标的市场声誉，或者不正当利用驰名商标的市场声誉
	为避免显失公平，个案中驰名商标最终获得的保护范围要与商标在本行业内的驰名程度相适应

知识点三十四　禁止将他人未注册驰名商标作为企业名称登记

■ 大纲要求：掌握＊＊＊＊

将未注册驰名商标作为企业字号使用的"搭便车"行为也是为法律所禁止的。《商标法》第58条规定，将他人未注册的驰名商标作为企业名称中的字号使用，误导公众，构成不正当竞争行为的，依照《中华人民共和国反不正当竞争法》处理。

知识点三十五　禁止驰名商标广告宣传

■ 大纲要求：掌握＊＊＊＊

理由	驰名商标认定效力仅限于个案，并非一种荣誉称号
法律依据	《商标法》第14条
两个要点	生产、经营者不得将驰名商标字样用于： (1) 商品、商品包装或者容器上； (2) 广告宣传、展览及其他商业活动
	违反规定的处理： (1) 由管理商标工作的部门责令改正； (2) 处十万元罚款

| 知识点三十六 | 驰名商标保护与一般商标专用权保护的概念与法律保护途径的异同 |

■ 大纲要求：辨析＊＊

概念方面：知名度的要求不同	驰名商标是在中国为相关公众广为知晓并享有较高声誉的商标
	一般商标无此要求
法律保护途径方面	一般商标享有法律保护首先需要获得商标注册
	驰名商标未注册也可以获得法律保护，其保护诉求由行政机关或者司法机关在具体案件中通过认定该商标是否驰名而获得保护

| 知识点三十七 | 驰名商标与一般商标在商标申请注册程序中保护程度的异同 |

■ 大纲要求：辨析＊＊

保护程度	一般商标：仅在所注册的类别享有相同或者近似商标的排他权
	驰名商标： （1）在商标申请注册程序中进行商标标志近似性判断时标准会更严格； （2）就不相同或者不相类似商品申请注册的商标是复制、摹仿或者翻译他人已经在中国注册的驰名商标，误导公众，致使该驰名商标注册人的利益可能受到损害的，不予注册并禁止使用
请求宣告无效期限	一般商标：自商标注册之日起五年内
	驰名商标：对恶意注册的，不受五年的时间限制

| 知识点三十八 | 驰名商标与一般商标在商标使用管理程序中保护程度的异同 |

■ 大纲要求：辨析＊＊

保护程度	一般商标：只能在获准注册的商品或服务类别上排斥他人的擅自使用
	驰名商标： （1）已在中国注册的驰名商标，依据其独创性、知名度等因素程度的不同，可以获得不同程度的跨类保护； （2）他人将驰名商标作为域名或者作为企业名称中的字号使用误导公众的，可能构成不正当竞争行为，还可以寻求《反不正当竞争法》的保护

第七章　注册商标专用权的保护

知识点三十九　商标注册核转制

■ 大纲要求：了解 *

程序	申请人申请注册商标必须经过其所在地区、县工商局，转市、地工商局，再转省、自治区、直辖市工商局，最后报呈原商标局统一办理
时间	1990 年以前
原因	商标在当时主要被作为各级政府监控产品质量和管理经济运行秩序的手段

知识点四十　商标代理制的建立和发展

■ 大纲要求：了解 *

时间	发展
1988 年	《商标法实施细则》对国内企业申请商标的代理事宜作出了明确的规定
1990 年	原国家工商行政管理总局开始试点建立商标事务所，推行代理制
1993 年 6 月	商标代理制开始在全国范围内普遍推行
1994 年 6 月	原国家工商行政管理总局颁布《商标代理组织管理暂行办法》（21 号令），就商标代理作了比较全面的规范，使我国商标代理行业走上了规范化、法制化的发展道路
1999 年 12 月	原国家工商行政管理总局发布了《商标代理管理办法》（91 号令）、《商标代理人资格考试办法》《商标代理人资格考核办法》，形成了以商标法律、法规为基础，以行政规章为核心部分，以规范性文件为补充的较为完善的商标代理法律制度
2000 年 9 月	我国第一次面向全社会的商标代理人资格考试正式举行

知识点四十一　放宽商标代理行业准入限制

■ 大纲要求：了解 *

时间	发展
2003 年 2 月 27 日	取消商标代理机构和商标代理人资格两项行政审批
2009 年 11 月 11 日	对商标代理行为的监管由之前的省级工商局下移至县级以上工商行政管理机关
2010 年 7 月 12 日	允许律师事务所从事商标代理业务

知识点四十二　加强对商标代理的监管

■ **大纲要求：了解***

监管依据	《商标法》《商标法实施条例》等
负责部门	国家知识产权局负责全国商标代理管理工作

知识点四十三　商标代理

■ **大纲要求：了解***

含义	商标代理是指接受委托人的委托，以委托人名义办理商标注册申请、商标评审或者其他商标事宜
代理事项	包括商标注册申请、变更、续展、转让、异议、撤销、无效宣告、复审、纠纷处理和诉讼等事宜
代理的两个原则	自愿原则：申请商标注册或者办理其他商标事宜，可以自行办理，也可以委托依法设立的商标代理机构办理
	强制原则：外国人或者外国企业在中国申请商标注册和办理其他商标事宜的，应当委托依法设立的商标代理机构办理
差别规定的三个理由	外国人和外国企业在中国无经常居所或者营业所，传递法律文书既不便利又无保证
	本国国民没有语言障碍，而外国人则不同，翻译文本是否与本国语言文本意思相同并具有同等法律效力等问题需要第三方佐证
	外国申请人一般对申请国知识产权法律不够了解，应对不及时会损害自身权益
具体要求	当事人委托商标代理机构申请商标注册或者办理其他商标事宜，应当提交代理委托书
	代理委托书应当载明代理内容及权限；外国人或者外国企业的代理委托书还应当载明委托人的国籍
	外国人或者外国企业的代理委托书及与其有关的证明文件的公证、认证手续，按照对等原则办理
	商标注册申请人或者商标转让受让人为外国人或者外国企业的，应当在申请书中指定中国境内接收人负责接收国家知识产权局后继商标业务的法律文件
	外国人或者外国企业，是指在中国没有经常居所或者营业所的外国人或者外国企业

知识点四十四 商标代理机构

■ 大纲要求：了解 *

两种类型	经市场监管部门登记从事商标代理业务的服务机构
	从事商标代理业务的律师事务所
备案要求	商标代理机构从事商标事宜代理业务的，应当向国家知识产权局备案
	备案需要的材料： （1）交验的登记证明文件或者司法行政部门批准设立律师事务所的证明文件并留存复印件； （2）报送商标代理机构的名称、住所、负责人、联系方式等基本信息； （3）报送商标代理从业人员名单及联系方式
备案原因	商标代理机构开展商标代理业务的需要
	商标管理部门建立商标代理机构信用档案的需要
备案方式	商标代理机构备案、变更备案：可在线办理、邮寄办理或直接办理
	商标代理机构注销备案：可邮寄办理或直接办理
从事代理业务的要求	应当遵循诚实信用原则，遵守法律、行政法规，按照被代理人的委托办理商标注册申请或者其他商标事宜
	对在代理过程中知悉的被代理人的商业秘密，负有保密义务
	委托人申请注册的商标可能存在本法规定不得注册情形的，商标代理机构应当明确告知委托人
	提交的有关申请文件，应当加盖该代理机构公章并由相关商标代理从业人员签字

知识点四十五 商标代理从业人员

■ 大纲要求：了解 *

含义	指在商标代理机构中从事商标代理业务的工作人员
执业要求	商标代理从业人员不得以个人名义自行接受委托

知识点四十六　商标代理行业组织

■ 大纲要求：了解*

两个要点	商标代理行业组织应当按照章程规定，严格执行吸纳会员的条件，对违反行业自律规范的会员实行惩戒
	对其吸纳的会员和对会员的惩戒情况，应当及时向社会公布

知识点四十七　违法从事商标代理的行政责任

■ 大纲要求：了解*

违法行为三种类型	办理商标事宜过程中，伪造、变造或者使用伪造、变造的法律文件、印章、签名的
	以诋毁其他商标代理机构等手段招徕商标代理业务或者以其他不正当手段扰乱商标代理市场秩序的
	违反《商标法》第4条、第19条第3款和第4款规定的
责任类型	由市场监管部门责令限期改正，给予警告，处1万元以上10万元以下的罚款
	对直接负责的主管人员和其他直接责任人员给予警告，处5000元以上5万元以下的罚款
处罚对象	商标代理机构
	直接负责的主管人员和其他直接责任人员
管辖与通报	由行为人所在地或者违法行为发生地管理商标工作的部门进行查处并将查处情况通报国家知识产权局
信用档案	商标代理机构有上述违法行为的，由行政部门记入信用档案
停止受理	商标代理机构有《商标法》第68条所规定的违法行为，并且情节严重的，国家知识产权局可以决定停止受理其办理商标代理业务，予以公告

知识点四十八　违法从事商标代理的民事责任

■ 大纲要求：了解*

含义	商标代理机构与委托人之间的关系实际是一种民事法律关系，商标代理机构违反诚实信用原则，侵害委托人合法利益的，应依法承担民事法律责任

续表

两个要点	商标代理机构和委托人因此而产生的纠纷可以通过协商或民事诉讼等途径解决
	商标代理行业组织还应当根据其章程的规定，对违反诚实信用原则，侵害委托人合法利益的商标代理机构会员予以惩戒，发挥行业组织的自律作用

知识点四十九　违法从事商标代理的刑事责任

■ **大纲要求：了解** *

《商标法》第 68 条规定，商标代理机构从事违法代理行为情节严重，构成犯罪的，依法追究刑事责任。

知识点五十　海外商标申请的规划

■ **大纲要求：掌握** * * * *

时间规划		
两个类型	对于已有出口计划的海外市场	对策：以"市场未入，商标先行"为原则，提前进行商标申请注册布局
	对于已有商品或服务出口的海外市场	对策：尽快申请商标注册，降低法律风险，防止未注册商标遭他人抢注
		应当考虑的布局地点：商品或服务的出口国；主要竞争对手所在国；投资地或潜在的投资地；贸易中心所在地
内容规划		
两个要点	要尊重当地文化尤其是传统文化，不能违背当地传统、习俗，更不能触碰"文化禁忌"	
	要迎合当地的语言文字和审美习惯，申请、注册符合当地特色并结合自身品牌特色和中国文化特色的标识	

知识点五十一　建立海外商标档案

■ **大纲要求：掌握** * * * *

含义	企业商标档案是在商标注册、使用和保护中直接形成的，具有保存、利用价值的各种形式和载体的商标文件材料
作用	是企业进行商标规划、商标管理、商标保护的基础

具体类型	商标命名档案；商标注册档案；商标管理档案；商标使用档案；商标维权档案；商标荣誉档案；竞争对手档案等

知识点五十二　海外商标申请注册情况动态监测

■ **大纲要求：掌握** ＊＊＊＊

三个要点	应当对海外商标申请注册情况进行及时的动态监测
	熟悉当地的商标申请注册流程和相关法律法规要求
	及时解决商标申请注册过程中出现的困难或问题
目的	避免延误注册或注册失败

知识点五十三　海外商标的使用与保护

■ **大纲要求：掌握** ＊＊＊＊

总体要求	应当制定完备的海外商标使用与保护策略	
两个要点	建立适合企业实际的知识产权管理和保护体系	使用商标时遵守当地的法律法规，诚信经营
		提高风险防控意识，及时监测他人抢注、侵权
		注意收集商标使用、遭遇侵权的证据材料
	建立海外商标风险应急机制	商标在海外被抢注或被侵权时，及时咨询专业人士，制订应对方案

知识点五十四　应对海外商标风险的应急机制

■ **大纲要求：掌握** ＊＊＊＊

三个要点	据实判断风险，制定海外商标风险应急预案	是企业进行商标海外布局的重要部分
	提前了解国际商标法律体系，熟悉目标国法律	为海外维权做好法律保障
	对接目标国优质律师资源，建立商标纠纷解决机制	选派专人进行海外商标管理工作
		联系或聘请目标国商标领域律师
		在平时针对相关人员开展培训

第八章 著作权

一、基本内容框架

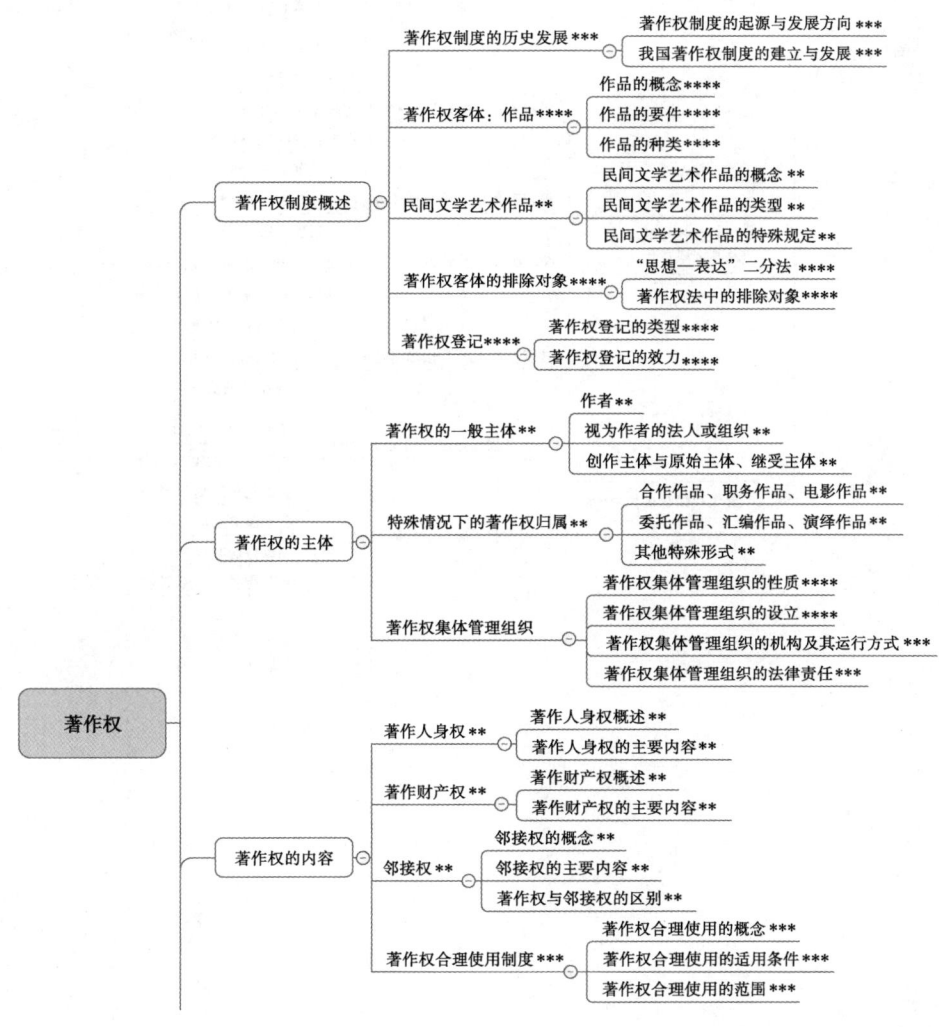

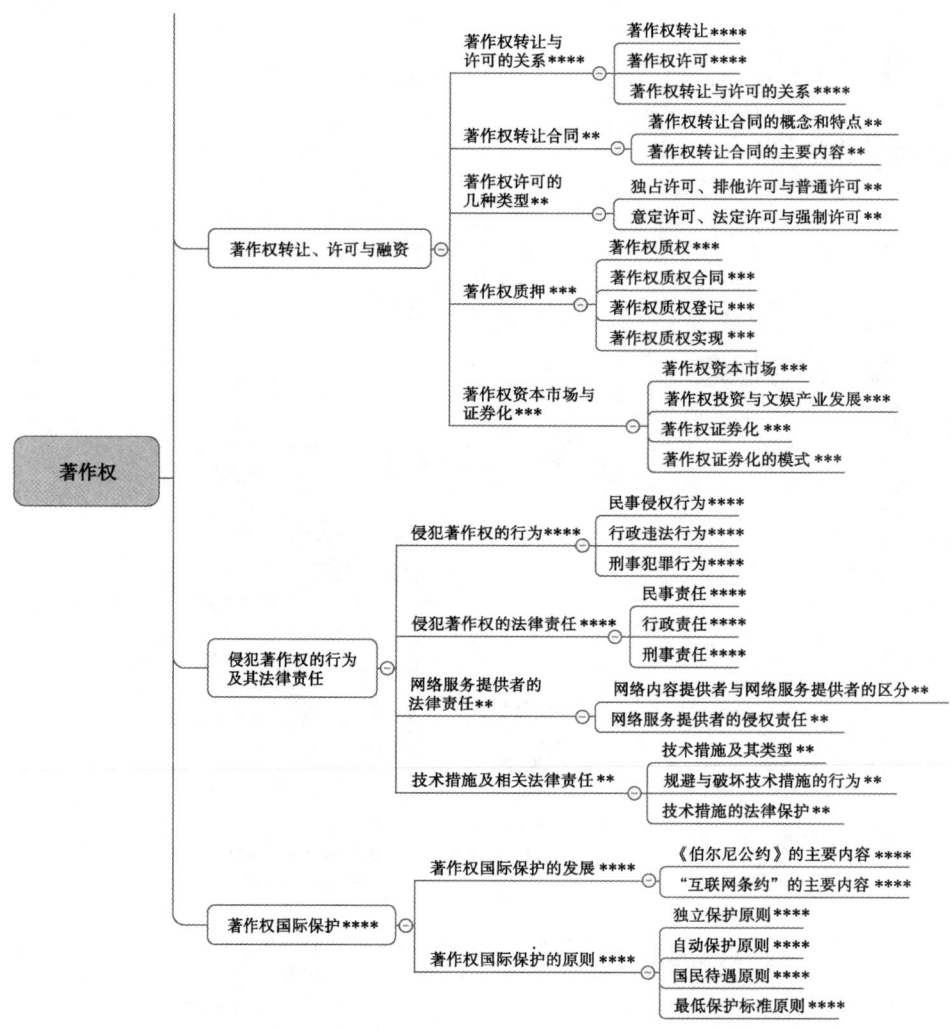

二、主要知识点

(一) 掌握 * * * *

1. 作品的概念、要件、种类
2. 著作权客体的排除对象
3. 著作权的登记类型和效力
4. 著作权集体管理组织的性质以及设立条件
5. 著作权转让与许可的关系
6. 侵犯著作权的行为及其法律责任
7. 著作权国际保护的发展状况以及基本原则

(二) 熟悉 * * *

8. 著作权制度的历史发展
9. 著作权集体管理组织的机构及其运行方式和法律责任
10. 著作权合理使用制度
11. 著作权质押、资本市场与证券化

(三) 理解/比较/分析 * *

12. 民间文学艺术作品概念、类型以及保护的特殊规定
13. 著作权的主体
14. 特殊情况下的著作权归属
15. 著作权的人身权、财产权、邻接权的区别
16. 著作权转让合同的概念、特点和主要内容
17. 独占许可、排他许可与普通许可的异同
18. 意定许可、法定许可与强制许可的异同
19. 网络服务提供者的法律责任
20. 技术措施及相关法律责任

三、知识点解析

知识点一　著作权制度的起源与发展方向

■ **大纲要求：熟悉** ＊＊＊

15世纪的欧洲，印刷术的普及对当时欧洲统治者和教会控制思想的能力构成威胁。早期的著作权本质是一种由统治者颁发的印刷出版特权，而不是赋予智力创作者的私权保护。著作权从垄断特权到私权的转变，是资本主义社会发展到一定阶段的产物。1709年，《安娜女王法》在英国下议院获得通过，该法第一次确认了作者对其作品享有财产权，并确立了作者在著作权法上的主体地位。《安娜女王法》废除了印刷特许制度，著作权的私权属性开始显现，该法也因此被视为世界上第一部真正意义上的著作权法。到目前为止，世界著作权立法已基本形成了以法国、德国为代表的大陆法系立法例和以英国、美国代表的英美法系立法例，后者以保护作者财产权利为核心，前者比后者更为强调作者人身权利的保护。

19世纪后期，随着国际化进程的加速，国与国之间在科技文化方面的交流日益增多。而著作权的保护具有地域性，著作权人无法控制在一国疆域之外的作品传播行为。此时的著作权制度已无法迎合市场国际化的需求，著作权国际保护势在必行。1886年缔结的《伯尔尼公约》，1952年缔结的《世界版权公约》以及1994年生效的《TRIPs协定》，均体现出著作权国际保护的趋势。

如今，著作权国际保护已经进入后TRIPs时代，以《美墨加贸易协定》（USMCA）、《跨太平洋伙伴关系协定》（TPP）和《日欧经济伙伴关系协定》（EPA）为代表的双边、复边贸易机制进一步提升了著作权国际保护的标准。

知识点二　我国著作权制度的建立与发展

■ **大纲要求：熟悉** ＊＊＊

早在11世纪的宋朝，我国就已有官府具状、禁止翻刻的记载，亦有出版商寻求官方给予特权保护的具体事例。这与欧洲封建统治者赋予出版商的垄断特权十分相似，可以看作我国著作权法律制度的雏形。

我国第一部具有现代著作权法特征的法律是清末时期颁布的《大清著作权律》。在

《大清著作权律》中，我国第一次肯定了作者在著作权法上的法律地位。不过，由于在颁布的第二年，清政府即覆灭，这部法律并未付诸实施。

《大清著作权律》对民国时期的著作权立法产生了重大影响。1915 年，北洋军阀政府颁布了一部《著作权法》。该法分为总纲、著作权人之权利、著作权之侵害、罚则、附则 5 章，内容基本沿袭了《大清著作权律》。北洋军阀政府垮台后，国民政府于 1928 年颁布了《著作权法》及其配套实施细则。该法内容与前两部法律大同小异。

中华人民共和国成立之初，我国并没有一部系统规定著作权保护的法律，关于著作权保护的规定散落在中央政府机关颁布的规章及其他规范性文件之中。

改革开放以来，我国保护著作权的制度逐步健全起来。这一阶段具有代表性的规定包括原广播电视部 1982 年发布的《录音录像制品管理暂行规定》、文化部原出版局 1984 年发布的《书籍稿酬试行规定》等。1985 年，国家版权局成立，承担指导全国著作权管理工作的任务，并负责草拟著作权法。1990 年，我国《著作权法》正式颁布，并于 1991 年 6 月 1 日正式实施。这部法律规定了著作权的客体、著作权的内容、许可使用合同、权利限制、邻接权、著作权侵权的法律责任等内容，在内容和框架方面都体现出对《伯尔尼公约》的借鉴。

随后，我国《著作权法》经历了 2001 年、2010 年两次修正。这两次修正的源起均为外部力量，或者源于加入国际公约的需要，或者源于国际社会的诉求。

知识点三　作品的概念

■ **大纲要求：掌握** ＊＊＊＊

"著作权"的概念有广义与狭义之分，广义的著作权既包括对作品享有的著作权，也包括对作品之外的劳动成果所享有的邻接权。该部分所使用的"著作权"为狭义概念，仅限于对作品的著作权。作品，作为著作权法律关系中权利义务所共同指向的对象，也就是著作权客体。我国《著作权法》所规定的"作品"，是指文学、艺术和科学领域内具有独创性并能以某种有形形式复制的智力成果。

知识点四　作品的要件

■ **大纲要求：掌握** ＊＊＊＊

构成著作权法意义上的"作品"应当满足三个要件：第一，作品应当是人类智力创作成果的体现，纯粹自然的产物不能构成作品；第二，作品应当具有独创性，独创性强调独立创作完成、体现作者的选择和判断以及达到一定的创作高度，其中的智力成分不能过于微不足道；第三，作品应当可被复制，复制的前提是作品须以一定的外在形式固定下来，并能被外界所感知。

知识点五　作品的种类

■ 大纲要求：掌握＊＊＊＊

根据我国《著作权法》的规定，作品主要包括如下类别。

1）文字作品，即小说、诗词、散文、论文等以文字形式表现的作品。

2）口述作品，指的是即兴的演说、授课、法庭辩论等以口头语言形式表现的作品。

3）音乐作品，即歌曲、交响乐等能够演唱或者演奏的带词或者不带词的作品。戏剧作品，是指话剧、歌剧、地方戏等供舞台演出的作品。曲艺作品，是指相声、快书、大鼓、评书等以说唱为主要形式表演的作品。舞蹈作品，是指通过连续的动作、姿势、表情等表现思想情感的作品。杂技艺术作品，是指杂技、魔术、马戏等通过形体动作和技巧表现的作品。

4）美术作品，是指绘画、书法、雕塑等以线条、色彩或者其他方式构成的有审美意义的平面或者立体的造型艺术作品。建筑作品，是指以建筑物或者构筑物形式表现的有审美意义的作品。在确定美术、建筑作品的保护范围时，应排除美感与实用功能无法分离的部分。

5）摄影作品，是指借助器械在感光材料或者其他介质上记录客观物体形象的艺术作品。摄影作品的独创性主要体现在对拍摄场景的布局以及对拍摄对象、拍摄角度、曝光度的选择等方面。

6）电影作品和以类似摄制电影的方法创作的作品，是指摄制在一定介质上，由一系列有伴音或者无伴音的画面组成，并且借助适当装置放映或者以其他方式传播的作品。

7）图形作品，是指为施工、生产绘制的工程设计图、产品设计图，以及反映地理现象、说明事物原理或者结构的地图、示意图等作品。模型作品，是指为展示、试验或者观测等用途，根据物体的形状和结构，按照一定比例制成的立体作品。

8）计算机软件，主要指的是计算机程序及其有关文档。计算机程序，是指为了得到某种结果而可以由计算机等具有信息处理能力的装置执行的代码化指令序列,或者可以被自动转换成代码化指令序列的符号化指令序列或者符号化语句序列。

9)文学、艺术和科学领域内具有独创性并能以某种有形形式复制的其他尚未在现行《著作权法》中类型化的作品,也可能获得保护,前提是须有法律、行政法规的规定。

知识点六　民间文学艺术作品的概念

■ **大纲要求：理解** * *

根据我国《著作权法》的规定,民间文学艺术作品的著作权保护办法由国务院另行规定。民间文学艺术作品,是指由特定的民族、族群或者社群内不特定成员集体创作和世代传承,并体现其传统观念和文化价值的文学艺术的表达。民间文学艺术作品反映了一个民族、族群或者社群文化艺术遗产的独特部分,在世代传承过程中,其也不断发生着变化。

民间文学艺术作品除满足一般作品的构成要件之外,还具有如下特征：其一,民间文学艺术作品具有群体创作、作者难以确定等特点,为有效保护民间文学艺术作品,实践中通常由权利人所在地区的主管部门行使著作权人的权利；其二,民间文学艺术作品处于连续、缓慢的创作过程之中,具有一定的继承性；其三,民间文学艺术作品通常仅在本民族、族群或者社群所在地域范围内流传,具有较为严格的地域性。

知识点七　民间文学艺术作品的类型

■ **大纲要求：理解** * *

民间文学艺术作品包括但不限于以下类型：①民间故事、传说、诗歌、歌谣、谚语等以言语或者文字形式表达的作品；②民间歌曲、器乐等以音乐形式表达的作品；③民间舞蹈、歌舞、戏曲、曲艺等以动作、姿势、表情等形式表达的作品；④民间绘画、图案、雕塑、造型、建筑等以平面或者立体形式表达的作品。

知识点八　民间文学艺术作品保护的特殊规定

■ **大纲要求：理解** * *

考虑到民间文学艺术作品的特征,民间文学艺术作品的保护通常适用一些特殊的规则。在权利归属方面，民间文学艺术作品的著作权属于特定的民族、族群或者社群。在权利行使方面，由于民间文学艺术作品与特定的民族、族群或者社群存在不可分割的联系，其著作权一般不得任意转让、设定质权或者作为强制执行的标的。

知识点九 "思想—表达"二分法

■ 大纲要求：掌握****

"思想—表达"二分法是区分受著作权法保护与不受著作权法保护的内容的基本原则。根据这一原则，仅存在于脑海中的、尚未以外在的表达形式体现的内容不受著作权法保护，抽象的思想、观念、创意、构思、概念、操作方法等亦不受著作权法保护。将思想保留在公有领域，有助于促进思想的交流，降低著作权保护的社会成本，实现著作权保护与公共利益的平衡。

知识点十 著作权法中的排除对象

■ 大纲要求：掌握****

根据我国《著作权法》的规定，不适用于著作权法的对象主要包括：①法律、法规，国家机关的决议、决定、命令和其他具有立法、行政、司法性质的文件，及其官方正式译文；②时事新闻，即通过报纸、期刊、广播电台、电视台等媒体报道的单纯事实消息；③历法、通用数表、通用表格和公式。

知识点十一 著作权登记的类型

■ 大纲要求：掌握****

著作权登记是指著作权人及与著作权有关的权利人依照有关规定，向登记机关提交登记申请，将作品及其权利登载于登记簿的行为。我国著作权法采取著作权自愿登记制度，著作权自作品创作完成之日起即自动产生，不以登记为条件。实践中，不少著作权人及与著作权有关的权利人为确权的便利，仍会进行著作权登记。

著作权登记分为作品登记和权利流转登记，后者主要包括著作权合同备案和著作权质权登记。中国版权保护中心为计算机软件著作权登记和其他作品著作权质权合同登记机构。其他类型的著作权登记，除涉及外国以及我国台湾省、香港和澳门特别行政区的作者和其他著作权人的之外,由国家著作权主管部门认定的登记机构负责登记。

知识点十二 著作权登记的效力

■ **大纲要求:掌握**＊＊＊＊

作品不论是否登记,作者或者其他著作权人依法取得的著作权均不受影响。但著作权登记有助于解决因著作权归属造成的著作权纠纷,并为解决著作权纠纷提供初步证据。这一初步证据可以因相反证据而被推翻。例如,若有证据证明与著作权登记证书上载明的著作权人无关的主体,在著作权登记证书显示的作品完成日期之前,已经完成了作品的创作,则可推翻著作权登记的证明力。

知识点十三 著作权的一般主体:作者

■ **大纲要求:理解**＊＊

作者是创作作品的公民,著作权属于作者,著作权法另有规定的除外。著作权法所称创作,是指直接产生文学、艺术和科学作品的智力活动。为他人创作进行组织工作,提供咨询意见、物质条件,或者进行其他辅助工作,均不视为创作。

如无相反证明,在作品上署名的公民为作者。

知识点十四 著作权的一般主体:视为作者的法人或者组织

■ **大纲要求:理解**＊＊

由法人或者其他组织主持,代表法人或者其他组织意志创作,并由法人或者其他组织承担责任的作品,法人或者其他组织视为作者。如无相反证明,在作品上署名的法人或者其他组织为作者。

知识点十五 创作主体与原始主体、继受主体

■ **大纲要求:理解**＊＊

著作权的一般主体,可以分为创作主体与原始主体、继受主体。

创作主体是作品的实际创作者;原始主体是在作品创作完成时直接享有著作权的

自然人、法人或者其他组织；继受主体是根据法律规定或者合同约定，从原始主体处获得著作权的主体，其获得著作权的方式包括继承、受遗赠、转让，等等。原始主体未必是创作主体，例如，在委托创作的作品中，若委托人和受托人通过合同约定作品著作权归属于委托人，则委托人为原始主体，受托人为创作主体。

区分原始主体与继受主体的一个关键意义在于：继受主体一般无法享有著作人身权。例外情况是，对于作者生前未发表的作品，如果作者未明确表示不发表，作者死亡后50年内，其发表权可由继承人或者受遗赠人行使；没有继承人又无人受遗赠的，由作品原件的所有人行使。

知识点十六　合作作品、职务作品、电影作品的著作权归属

■ 大纲要求：理解＊＊

合作作品是两人以上合作创作的作品，此类作品的著作权由合作作者共同享有。没有参加创作的人，不能称为合作作者。合作作品可以分割使用的，作者对各自创作的部分可以单独享有著作权，但行使著作权时不得侵犯合作作品整体的著作权。合作作品不可以分割使用的，其著作权由各合作作者共同享有，通过协商一致行使；不能协商一致，又无正当理由的，任何一方不得阻止他方行使除转让以外的其他权利，但是所得收益应当合理分配给所有合作作者。

职务作品是由公民为完成法人或者其他组织工作任务所创作的作品。职务作品的著作权一般由作者享有，但法人或者其他组织有权在其业务范围内优先使用。作品完成2年内，未经单位同意，作者不得许可第三人以与单位使用的相同方式使用该作品；经单位同意，作者许可第三人以与单位使用的相同方式使用作品所获报酬，由作者与单位按约定的比例分配。作品完成2年的期限，自作者向单位交付作品之日起计算。但下述职务作品的著作权由法人或者其他组织享有，作者仅享有署名权及根据约定获得报酬的权利：①主要是利用法人或者其他组织的物质技术条件创作，并由法人或者其他组织承担责任的工程设计图、产品设计图、地图、计算机软件等职务作品；②法律、行政法规规定或者合同约定著作权由法人或者其他组织享有的职务作品。

电影作品和以类似摄制电影的方法创作的作品的著作权由制片者享有，但编剧、导演、摄影、作词、作曲等作者享有署名权，并有权按照与制片者签订的合同获得报酬。电影作品和以类似摄制电影的方法创作的作品中的剧本、音乐等可以单独使用的作品的作者有权单独行使其著作权。

知识点十七　委托作品、汇编作品、演绎作品的著作权归属

■ 大纲要求：理解＊＊

受委托创作的作品，著作权的归属由委托人和受托人通过合同约定。合同未作明确约定或者没有订立合同的，著作权属于受托人。在委托作品著作权属于受托人的情形下，委托人在约定的使用范围内享有使用作品的权利；双方没有约定使用作品范围的，委托人可以在委托创作的特定目的范围内免费使用该作品。

汇编若干作品、作品的片段或者不构成作品的数据或者其他材料，对其内容的选择或者编排体现独创性的作品，为汇编作品，其著作权由汇编人享有。汇编作品属于双重著作权的作品，汇编人所享有的著作权仅限于对内容的选择和编排，其行使著作权时不能侵犯原作品著作权人的权利。未经授权创作汇编作品的行为构成对原作品著作权人的侵权，但汇编人仍可基于汇编行为，享有汇编作品的著作权。

与汇编作品的保护类似，对于改编、翻译、注释、整理已有作品而产生的作品，其著作权由改编、翻译、注释、整理人享有，但行使著作权时不得侵犯原作品的著作权。出版改编、翻译、注释、整理已有作品而产生的作品，应当取得改编、翻译、注释、整理作品的著作权人和原作品的著作权人许可，并支付报酬。使用改编、翻译、注释、整理已有作品而产生的作品进行演出，应当取得改编、翻译、注释、整理作品的著作权人和原作品的著作权人许可，并支付报酬。

知识点十八　其他特殊情况下的著作权归属

■ 大纲要求：理解＊＊

以下情形适用特殊的著作权归属规则：①由他人执笔，本人审阅定稿并以本人名义发表的报告、讲话等作品，若不存在相反的署名，则著作权归报告人或者讲话人享有，著作权人可以支付执笔人适当的报酬。②当事人合意以特定人物经历为题材完成的自传体作品，当事人对著作权权属有约定的，依其约定；没有约定的，著作权归该特定人物享有，执笔人或者整理人对作品完成付出劳动的，著作权人可以向其支付适当的报酬。③作者身份不明的作品，由作品原件的所有人行使除署名权以外的著作权。作者身份确定后，由作者或者其继承人行使著作权。

知识点十九　著作权集体管理组织的性质

■ **大纲要求：掌握＊＊＊＊**

著作权集体管理组织，是指为权利人的利益依法设立，根据权利人授权、对权利人的著作权或者与著作权有关的权利进行集体管理的社会团体。著作权集体管理组织有权以自己的名义从事下列活动：①与使用者订立著作权或者与著作权有关的权利许可使用合同；②向使用者收取使用费；③向权利人转付使用费；④进行涉及著作权或者与著作权有关的权利的诉讼、仲裁等。

我国著作权集体管理组织是非营利性社会团体，依照有关社会团体登记管理的行政法规和《著作权集体管理条例》的规定进行登记并开展活动。我国著作权集体管理组织的业务活动具有独占性，除依法设立的著作权集体管理组织外，其他组织和个人均不得进行著作权集体管理活动。

知识点二十　著作权集体管理组织的设立条件

■ **大纲要求：掌握＊＊＊＊**

依法享有著作权或者与著作权有关的权利的中国公民、法人或者其他组织，可以发起设立著作权集体管理组织。设立著作权集体管理组织，应当具备下列条件：

1) 发起设立著作权集体管理组织的权利人不少于 50 人。
2) 不与已经依法登记的著作权集体管理组织的业务范围交叉、重合。
3) 能在全国范围代表相关权利人的利益。
4) 有著作权集体管理组织的章程草案、使用费收取标准草案和向权利人转付使用费的办法草案。

国家著作权主管部门有权对设立著作权集体管理组织的申请作出批准或者不予批准的决定。申请人应当自国家著作权主管部门发给著作权集体管理许可证之日起 30 日内，依照有关社会团体登记管理的行政法规到国务院民政部门办理登记手续。

知识点二十一　著作权集体管理组织的机构

■ **大纲要求：熟悉＊＊＊**

著作权集体管理组织会员大会是著作权集体管理组织的权力机构，会员大会行使下列职权：①制定和修改章程；②制定和修改使用费收取标准；③制定和修改使用费转付办法；④选举和罢免理事；⑤审议批准理事会的工作报告和财务报告；⑥制定内部管理制度；⑦决定使用费转付方案和著作权集体管理组织提取管理费的比例；⑧决定其他重大事项。著作权集体管理组织设立理事会，对会员大会负责，执行会员大会决定。

知识点二十二　著作权集体管理组织的运行方式

■ **大纲要求：熟悉** * * *

著作权集体管理组织依据其与权利人签订的合同开展著作权集体管理活动。权利人符合章程规定加入条件的，著作权集体管理组织应当与其订立著作权集体管理合同，不得拒绝。外国人、无国籍人可以通过与中国的著作权集体管理组织订立相互代表协议的境外同类组织，授权中国的著作权集体管理组织管理其依法在中国境内享有的著作权或者与著作权有关的权利。权利人可以根据章程规定的程序终止著作权集体管理合同，但著作权集体管理组织已经与他人订立许可使用合同的，该合同在期限届满前继续有效。著作权集体管理组织许可他人使用其管理的作品、录音录像制品等，应当与使用者以书面形式订立非专有许可使用合同。使用者以合理的条件要求与著作权集体管理组织订立许可使用合同，著作权集体管理组织不得拒绝。著作权集体管理组织应当根据国家著作权主管部门公告的使用费收取标准，与使用者约定收取使用费的具体数额。

著作权集体管理组织的资产使用和财务管理受国家著作权主管部门和民政部门的监督。对于权利人提出的查阅、复制著作权集体管理组织的财务报告、工作报告和其他业务材料等要求，著作权集体管理组织应当提供便利。

知识点二十三　著作权集体管理组织的法律责任

■ **大纲要求：熟悉** * * *

著作权集体管理组织有下列情形之一，由国家著作权主管部门责令限期改正：①未将与境外同类组织订立的相互代表协议报国家著作权主管部门备案；②未建立权利信息查询系统；③未根据公告的使用费收取标准约定收取使用费的具体数额；④拒绝与符合章程规定条件的权利人订立著作权集体管理合同；⑤对履行章程规定程序的会员，拒绝其退出该组织的要求；⑥拒绝与提出合理条件的使用者订立许可使用合同；⑦超出正常业务活动范围提取管理费；⑧未全额转付使用费，或者在转付中存在程序瑕疵；⑨拒绝提供或者提供虚假的会计账簿、年度预算和决算报告或者其他有关业务材料。

对于从事以下行为的相应机构，主管部门可以依法取缔，没收违法所得，并对构成犯罪的行为依法追究刑事责任：①著作权集体管理组织从事营利性经营活动；②擅自设立著作权集体管理组织或者分支机构，或者擅自从事著作权集体管理活动。

著作权集体管理组织超出业务范围管理权利人的权利的，由国家著作权主管部门责令限期改正，其与使用者订立的许可使用合同无效；给权利人、使用者造成损害的，依法承担民事责任。

知识点二十四　著作人身权概述及其主要内容

■ **大纲要求：理解** * *

著作人身权，又被称为著作权精神权利，是作者对其创作的作品所享有的与其人身不可分割的非财产权利。著作人身权具有无期限性、不可分离性、不具有直接的财产内容等特点。作者死亡后，其著作权中的署名权、修改权和保护作品完整权由作者的继承人或者受遗赠人保护。著作权无人继承又无人受遗赠的，其署名权、修改权和保护作品完整权由著作权主管部门保护。

发表权，即决定作品是否公之于众的权利。发表权与著作财产权联系紧密，作者发表作品的行为，通常也是行使某种著作财产权的行为。发表权只能行使一次，作品一旦发表，作者就不能再行使发表权，他人也不可能侵犯其发表权。

署名权，即表明作者身份，在作品上署名的权利。原作品作者对演绎作品也享有署名权。署名权的行使方式包括署真名、署笔名或者假名、不署名、变更署名形式等。在多个作者对作品享有署名权的情况下，作品署名顺序按照约定处理；没有约定的，可以按照创作作品付出的劳动、作品排列、作者姓氏笔画等确定署名顺序。

修改权，即修改或者授权他人修改作品的权利。修改权的行使方式包括自己修改、授权他人修改、禁止他人修改作品等。在以下情况下，修改权受到一定的限制。其一，报社、期刊社可以对作品做文字性修改、删节，只要不涉及对内容的修改，则无须经过作者许可。其二，著作权人许可他人将其作品摄制成电影作品或者以类似摄制电影的方法创作的作品的，视为已同意对其作品进行必要的改动；因影视作品的特殊艺术表现手法所做的改动,以及因政策规定、技术水平、拍摄设备等所限而进行的改动,可以认定属于必要的改动,不构成对修改权的侵犯。其三,计算机软件的合法复制品所有人有权为了把该软件用于实际的计算机应用环境或者改进其功能、性能而进行必要的修改;但是,除合同另有约定外,未经该软件著作权人许可,不得向任何第三方提供修改后的软件。

保护作品完整权,即保护作品不受歪曲、篡改的权利。对是否损害保护作品完整权的判断,应以所做的修改是否从根本上改变作者的原意及其所表达的思想感情为标准。作者享有的保护作品完整权也受到一定的限制。例如,如著作权人将作品著作权转让或者许可给第三人,受让人或者被许可人根据作品的性质、使用目的、使用方式可以对作品进行合理限度内的改动。判断是否属于在合理限度内的改动,应当综合考虑作品的类型、特点及创作规律、使用方式、相关政策、当事人约定、行业惯例以及是否对作品或者作者声誉造成损害等因素。

知识点二十五　著作财产权概述及其主要内容

■ **大纲要求:理解** * *

著作财产权,又被称为著作权经济权利,是指著作权人依法享有的利用或者许可他人利用其作品并获得报酬的权利。著作财产权有一定的期限限制。我国《著作权法》明文规定的财产权权项共有12项。为适应经济社会发展的新要求,《著作权法》同时规定了"其他权利"这一兜底条款。

复制权,即以印刷、复印、拓印、录音、录像、翻录、翻拍等方式将作品制作一份或者多份的权利。复制是一种不具有独创性的活动。复制权也适用于数字环境,但临时复制不受复制权规制。

发行权,即以出售或者赠与方式向公众提供作品的原件或者复制件的权利。发行权受到权利用尽原则的限制,作品的原件或者经授权制作的合法复制件一经著作权人许可首次向公众销售或赠与之后,著作权人就不能控制该原件或者复制件的再次流转,除非著作权人同时享有出租权。

出租权,即有偿许可他人临时使用电影作品和以类似摄制电影的方法创作的作品、计算机软件的权利,计算机软件不是出租的主要标的的除外。出租权构成发行权用尽原则的例外。

展览权,即公开陈列美术作品、摄影作品的原件或者复制件的权利。美术等作品原件所有权的转移，不视为作品著作权的转移，但美术作品的原件所有人有权对作品进行展览。

表演权，即公开表演作品，以及用各种手段公开播送作品的表演的权利。表演包括现场表演与机械表演。表演权不同于表演者权，表演者权是表演者对其表演所享有的一项邻接权。

放映权，即通过放映机、幻灯机等技术设备公开再现美术、摄影、电影和以类似摄制电影的方法创作的作品等的权利。放映权需要借助一定的技术设备来实现，著作权人所享有的放映权仅限于特定作品类型。

广播权，即以无线方式公开广播或者传播作品，以有线传播或者转播的方式向公众传播广播的作品，以及通过扩音器或者其他传送符号、声音、图像的类似工具向公众传播广播的作品的权利。以有线方式直接传播作品，不属于广播权控制的行为，可以适用著作权法其他规定予以调整。

信息网络传播权，即以有线或者无线方式向公众提供作品，使公众可以在其个人选定的时间和地点获得作品的权利。信息网络，包括以计算机、电视机、固定电话机、移动电话机等电子设备为终端的计算机互联网、广播电视网、固定通信网、移动通信网等信息网络，以及向公众开放的局域网络。信息网络传播行为具有交互式特点，广播权控制的行为则具有非交互式特点。对信息网络传播权的侵犯不以作品实际传播为条件，只要作品被未经授权地置于公开信息网络之中，信息网络传播权侵权即告成立。

摄制权，即以摄制电影或者以类似摄制电影的方法将作品固定在载体上的权利。摄制与录制的区别在于，前者产生电影作品和以类似摄制电影的方法创作的作品，后者产生录音录像制品等邻接权保护的客体。摄制权与改编权、翻译权均属演绎权范畴。

改编权，即改变作品，创作出具有独创性的新作品的权利。作者未经许可在其作品中使用了原作品的表达，但并未形成新作品的，属于复制行为，不受改编权控制。

翻译权，即将作品从一种语言文字转换成另一种语言文字的权利。翻译是一种独创性活动，机械的转化不是著作权法意义上的翻译，而是复制。

汇编权，即将作品或者作品的片段通过选择或者编排，汇集成新作品的权利。汇编也是一种独创性活动，如在作品或者作品片段的选择或者编排方面缺乏独创性，则不属于汇编行为。例如，若对作品的编排仅按照拼音顺序进行，则不属于在编排方面具有独创性。

知识点二十六　邻接权的概述及其主要内容

■ **大纲要求：理解** * *

"邻接权"，又称"相关权""作品传播者权"，在我国《著作权法》中被称为"与著作权有关的权益"。邻接权是著作权法为某些不足以达到作品所要求的独创性的客体所创设的一种类似于著作权的权利。邻接权通常是在对作品的传播过程中产生的，主要包括出版者对其出版的图书和期刊的版式设计享有的权利，表演者对其表演享有的权利，录音录像制作者对其制作的录音录像制品享有的权利，以及广播电台、电视台对其播放的广播、电视节目享有的权利。邻接权人行使权利，不得损害被使用作品和原作品著作权人的权利。

1. 出版者

出版者所享有的邻接权，主要指的是版式设计权。版式设计是指对印刷品的版面格式的设计，包括对版心、排式、用字、行距、标点等版面布局因素的安排。我国《著作权法》规定，出版者有权许可或者禁止他人使用其出版的图书、期刊的版式设计。此项权利的保护期为 10 年，截止于使用该版式设计的图书、期刊首次出版后第 10 年的 12 月 31 日。

版式设计的保护受到一定的限制，主要体现在两个方面：其一，版式设计的保护与受保护的作品密切结合，如使用同一版式设计出版不同作品的，不构成对出版者版式设计权的侵犯；其二，版式设计的保护仅限于禁止他人使用相同或基本相同的版式设计。

随着互联网络技术的发展，以数字化方式提供图书、报刊扫描复制件的行为开始出现，这种行为若未经相关权利人许可，则不仅侵犯图书、报刊著作权人的信息网络传播权，也构成对出版者版式设计权的侵犯。

2. 表演者

表演者，是指演员、演出单位或者其他表演文学、艺术作品的人。表演者对其表演享有的权利，不以表演的文学、艺术作品仍在著作权保护期内为限。但是，若表演的对象并非文学、艺术作品，则不构成著作权法意义上的表演者。对于表演者在不同场合进行的多次表演，表演者就每次表演分别享有表演者权。

表演者对其表演享有的权利如下：

1) 表明表演者身份的权利。这是表演者享有的一项重要的人身权。表明表演者身份的方式包括将表演者姓名或者名称印制在宣传海报或录音录像制品上、显示在电视屏幕上，或者由主持人进行播报，等等。

2）保护表演形象不受歪曲的权利。表演者享有防止表演形象受到歪曲、篡改的权利，这一权利对于维护表演者声誉具有重要意义。

3）许可他人从现场直播和公开传送其现场表演，并获得报酬的权利。这一权利控制的是对现场表演的实时播放行为，强调表演行为与传播行为在时间上的同一性。适用这一条款还需注意，此处被传播的表演仅限于现场表演，即"活表演"，对于机械表演并不适用。

4）许可他人录音录像，并获得报酬的权利。对表演来说，录音录像是最常见的固定方式，因此这一权利也可被理解为"首次固定权"。表演一旦被固定在录音录像制品上，就突破了利用的时间限制，获得了更广泛的利用机会。因此，这一权利对表演者具有重要价值。

5）许可他人复制、发行录有其表演的录音录像制品，并获得报酬的权利；以及许可他人通过信息网络向公众传播其表演，并获得报酬的权利。表演者享有的这两项财产权都是针对已经录制的表演。但是，表演者对含有其表演的电影作品和以类似摄制电影的方式创作的作品，通常仅享有依据合同获得报酬的权利，而不再享有上述复制、发行、信息网络传播等权利。

6）对于表演本身构成对作品的表演的，对表演的上述利用行为也须同时获得作品著作权人的许可。

以上表演者享有的权利中，人身权的保护期不受限制，财产权的保护期为50年，截止于该表演发生后第50年的12月31日。

3. 录音录像制作者

录音录像制作者权，是指录音、录像制品的制作者对其制作的录音、录像制品享有的专有权利。如无相反证据，录音录像制品上明确载明的制作者、录制者或者加注Ⓟ的民事主体信息，可以被推定为录音录像制作者。

录音录像制作者对其制作的录音录像制品享有许可他人复制、发行、出租、通过信息网络向公众传播并获得报酬的权利。录像制作者还享有许可电视台播放的权利，但录音制作者并不享有这一权利。因此，广播电台、电视台使用录音制品，无须经过录音制作者许可，也无须向录音制作者支付报酬。

被许可人复制、发行、通过信息网络向公众传播录音录像制品，还应当取得著作权人、表演者许可，并支付报酬。

录音录像制作者权的保护期为 50 年，截止于该制品首次制作完成后第 50 年的 12 月 31 日。

4. 广播电台、电视台

广播电台、电视台享有的权利，即广播组织权。广播组织权的客体是广播组织播放节目的信号，而不是广播电视节目。广播电视节目构成作品的，可以获得著作权保护，但这并不影响广播电台、电视台基于对广播电视节目的播放行为而对播放信号获得的权利。

广播组织权的主要内容如下：

1）广播电台、电视台享有转播权，有权禁止未经许可转播其播放的广播、电视的行为。"转播"指的是一个广播组织同时播放另一个广播组织的广播电视节目。广播组织享有的转播权可以控制以有线和无线方式进行的转播，但是不能控制通过互联网进行的转播，也不能控制饭店、超市等公共场所通过扩音器或者电视机接收信号，使在场的公众能够欣赏到广播电台、电视台正在播出的作品的行为。

2）广播电台、电视台还享有录制权和复制权，有权禁止未经许可将其播放的广播、电视录制在音像载体上以及复制音像载体的行为。录制指的是将广播电台、电视台播出的节目固定在有形物质载体上，复制指的是对已固定的节目的再次复制。

广播电台、电视台权利的保护期为 50 年，截止于该广播、电视首次播放后第 50 年的 12 月 31 日。

知识点二十七　著作权合理使用制度的概念

■ **大纲要求：熟悉** * * *

合理使用，指的是自然人、法人或者其他组织根据法律规定，可以不经著作权人许可，使用他人已发表作品，且无须支付报酬的一项制度。

知识点二十八　著作权合理使用制度的适用条件

■ **大纲要求：熟悉** * * *

构成合理使用，一般须满足如下适用条件：首先，作品应当是已经合法发表的作品，未发表的作品通常不适用合理使用；其次，应当指明作者姓名、作品名称，尊重作者的人身权；最后，合理使用不得影响该作品的正常使用，且不得不合理地损害著作权人的合法利益。

知识点二十九　著作权合理使用制度的范围

■ **大纲要求：熟悉** * * *

根据我国《著作权法》的规定，以下情形构成合理使用：

1）为个人学习、研究或者欣赏，使用他人已经发表的作品。

2）为介绍、评论某一作品或者说明某一问题，在作品中适当引用他人已经发表的作品。

3）为报道时事新闻，在报纸、期刊、广播电台、电视台等媒体中不可避免地再现或者引用已经发表的作品。

4）报纸、期刊、广播电台、电视台等媒体刊登或者播放其他报纸、期刊、广播电台、电视台等媒体已经发表的关于政治、经济、宗教问题的时事性文章，但作者声明不许刊登、播放的除外。

5）报纸、期刊、广播电台、电视台等媒体刊登或者播放在公众集会上发表的讲话，但作者声明不许刊登、播放的除外。

6）为学校课堂教学或者科学研究，翻译、少量复制或者通过信息网络提供已经发表的作品，供教学或者科研人员使用，但不得出版发行。

7）国家机关为执行公务在合理范围内使用已经发表的作品。

8）图书馆、档案馆、纪念馆、博物馆、美术馆等为陈列或者保存版本的需要，复制本馆收藏的作品，以及通过信息网络向本馆馆舍内服务对象提供本馆收藏的合法出版的数字作品和依法为陈列或者保存版本的需要以数字化形式复制的作品。

9）免费表演已经发表的作品，该表演未向公众收取费用，也未向表演者支付报酬。

10）对设置或者陈列在室外公共场所的艺术作品进行临摹、绘画、摄影、录像。

11）将中国公民、法人或者其他组织已经发表的以汉语言文字创作的作品翻译成少数民族语言文字作品在国内出版发行或者通过信息网络提供。

12）将已经发表的作品改成盲文出版。

上述规定适用于对出版者、表演者、录音录像制作者、广播电台、电视台的权利的限制。

知识点三十　著作权转让

■ **大纲要求：掌握 ＊＊＊＊**

著作权转让，是指著作权人在著作权有效期内将著作财产权中的全部或者部分出让给他人。著作权转让是著作权利用、实现作品社会价值的一种重要方式。根据我国《著作权法》的规定，著作财产权均可依合同约定而转让，被转让的权利在著作权保护期内由受让人单独享有，转让人不得行使。转让的权利既可以是全部著作财产权，即全部转让；也可以是其中某一项或者多项具体的权利，即部分转让。转让的地域范围既可以是全球，也可以仅限于某一国家或者地区。著作人身权不得转让。

知识点三十一　著作权许可

■ **大纲要求：掌握 ＊＊＊＊**

著作权许可，是指著作权人在著作权保护期内将其著作财产权的一项或者多项在一定期限、地域范围内授予他人使用的行为。著作权许可不改变著作权的权利归属，被许可人获得的是著作财产权中一项或者多项的有期限的使用权，而不是著作权本身。根据许可使用的权利性质，可将著作权许可分为独占许可、排他许可和普通许可。根据许可是否自愿，可将著作权许可分为意定许可、法定许可与强制许可。

知识点三十二　著作权转让与许可的关系

■ **大纲要求：掌握 ＊＊＊＊**

著作权许可和著作权转让都是著作财产权经济价值实现的重要途径，在实施中，两者均受到不得损害著作人身权的限制。两者存在一定的相似之处，但也存在一些重要的区别，主要表现在如下方面。

1）从权利主体的变更来看，著作财产权的全部转让将导致著作权主体变更，受让人成为作品新的著作权人。著作权的许可使用则不改变著作权权利归属，被许可人获得的是著作财产权中一项或者多项权利的有期限的使用权。

2）从受让人、被许可人获得权利的期限来看，著作权转让一般不受期限限制，受让人享有的权利截至该权利保护期截止之日。著作权许可则通常有期限限制。

3）从受让人、被许可人对权利自行处分的自由来看，著作权受让人可将其合法受让的权利再次转让或者许可给第三方使用，无须经过转让人的同意。著作权权利的被许可人则不享有这一权利；除合同另有约定外，被许可人许可第三人行使同一权利，也须取得著作权人的许可。

4）从给付的对价来看，在著作权转让中，受让人支付的对价是购买著作财产权的价金。在著作权许可中，被许可人支付的对价是著作权许可使用费。

知识点三十三　著作权转让合同的概念和特点

■ 大纲要求：理解＊＊

著作权转让合同，是为实现著作权转让而在著作权人与受让人之间签订的合同。我国《著作权法》规定，著作权转让应当订立书面合同。著作权转让合同具有双务、有偿、诺成、要式等特点。对于未采取书面形式的著作权转让合同，若一方已经履行主要义务，且对方接受的，该合同成立。

知识点三十四　著作权转让合同的主要内容

■ 大纲要求：理解＊＊

根据我国《著作权法》，著作权转让合同应当包括如下内容：①作品的名称；②转让的权利种类、地域范围；③转让价金；④交付转让价金的日期和方式；⑤违约责任；⑥双方认为需要约定的其他内容，如要求转让方保证其享有相应的权利，受让方行使合同约定的权利不会构成对第三方的侵权，以及争议解决条款等。对于转让合同中著作权人未明确转让的权利，未经著作权人同意，另一方当事人不得行使。

知识点三十五　独占许可、排他许可与普通许可

■ 大纲要求：分析＊＊

根据著作权许可使用的权利性质，可将著作权许可分为独占许可、排他许可与普通许可。

独占许可中，许可使用的权利为专有使用权。独占许可合同应当采取书面形式，但是报社、期刊社刊登作品除外。如合同对专有使用权没有约定或者约定不明的，视

为被许可人有权排除包括著作权人在内的任何人以同样的方式使用作品。著作权人将专有使用权授予他人的，对于发生在专有使用权范围内的侵权行为，专有使用权人、著作权人均可以单独或者共同就侵权行为提起诉讼。

排他许可与独占许可存在类似之处，不同之处在于，著作权人仍有权以与被许可的权利同样的方式使用作品。对于合同中使用"独家使用权"等类似表述的，可以根据合同有关条款、合同目的、交易习惯等，确认许可的性质为排他许可抑或独占许可。著作权人以排他许可方式许可他人使用作品的，对于发生在排他许可范围内的侵权行为，被许可人可以单独起诉，如果著作权人已经起诉的，被许可人可以申请参加诉讼。

普通许可中，许可使用的权利为非专有使用权，被许可人仅可以自行使用被许可的权利，无权排除包括著作权人在内的任何第三方以同样的方式使用作品。普通许可的被许可人经著作权人明确授权的，可以针对侵权行为提起诉讼。

知识点三十六　意定许可、法定许可与强制许可

■ **大纲要求：分析** * *

根据许可是否自愿进行，可将著作权许可分为意定许可、法定许可与强制许可。

意定许可由著作权人与被许可人签订合同的方式实现，是较为常见的著作权许可方式。著作权许可合同以作品使用权为标的，其包括如下内容：①许可使用的权利种类；②许可使用的权利是专有使用权或者非专有使用权；③许可使用的地域范围、期间；④付酬标准和办法；⑤违约责任；⑥双方认为需要约定的其他内容，如要求许可人保证其享有相应的权利，被许可人行使合同授予的权利不会构成对第三方的侵权，以及争议解决条款等。许可使用合同中著作权人未明确许可的权利，未经著作权人同意，另一方当事人不得行使。

法定许可，是自然人、法人或者其他组织根据法律规定，可以不经著作权人许可而使用其作品，但应该按照规定支付报酬的制度。法定许可不存在著作权人与被许可人的合意，因此又称为"非自愿许可"。在满足法定许可的情形下，著作权人不享有禁止权，仅享有获酬权。根据我国《著作权法》及相关法律，以下情形适用法定许可：①为实施九年制义务教育和国家教育规划而编写出版教科书，在教科书中汇编已经发表的作品片段或者短小的文字作品、音乐作品或者单幅的美术作品、摄影作品，但作者事先声明不许使用的除外；②为通过信息网络实施九年制义务教育或者国家教育规划，使用著作权人已经发表作品的片段或者短小的文字作品、音乐作品或者单幅的美

术作品、摄影作品制作课件，由制作课件或者依法取得课件的远程教育机构通过信息网络向注册学生提供；③作品在报刊上刊登后，其他报刊转载或者作为文摘、资料刊登，但著作权人声明不得转载、摘编的除外；④录音制作者使用他人已经合法录制为录音制品的音乐作品制作录音制品，但著作权人声明不许使用的除外；⑤广播电台、电视台播放他人已发表的作品；⑥广播电台、电视台播放已经出版的录音制品，但当事人另有约定的除外；⑦为扶助贫困，通过信息网络向农村地区的公众免费提供中国公民、法人或者其他组织已经发表的种植养殖、防病治病、防灾减灾等与扶助贫困有关的作品和适应基本文化需求的作品，但著作权人不同意提供的除外，且网络服务提供者应当在提供前公告拟提供的作品及其作者、拟支付报酬的标准，并不得直接或者间接获得经济利益。

强制许可，是介于法定许可与意定许可之间的一种情形。对于适用强制许可的情形，意欲获得作品使用权的使用者在向著作权人发起的合理许可请求遭到拒绝后，有权向主管部门申请强制使用许可，并由主管部门向使用者颁发许可证。我国现行《著作权法》未规定强制许可制度。

知识点三十七 著作权质权

■ **大纲要求：熟悉** ＊＊＊

质权，是担保物权的一种。债务人或者第三人有权处分的著作财产权可以出质，以作为债权的担保，这种通过著作权质押形成的权利即为著作权质权。著作权质权是主合同债权的从权利，债权人为质权人，债务人或者第三人为出质人。根据我国《著作权质权登记办法》，以共有的著作权出质的，除另有约定外，应当取得全体共有人的同意。著作权出质期间，未经质权人同意，出质人不得转让或者许可他人使用已经出质的权利。出质人转让或者许可他人使用出质的权利所得的价款，应当向质权人提前清偿债务或者提存。

设定著作权质权是利用著作权进行融资的一种重要形式，有利于尽早实现智力成果向物质利益的转化。

知识点三十八 著作权质权合同

■ **大纲要求：熟悉** ＊＊＊

根据我国《著作权质权登记办法》，以著作权出质的，出质人和质权人应当订立书面质权合同。著作权质权合同应当包括如下内容：①出质人和质权人的基本信息；②被担保债权的种类和数额；③债务人履行债务的期限；④出质著作权的内容和保护期；⑤质权担保的范围和期限；⑥当事人约定的其他事项。

知识点三十九　著作权质权登记

■ **大纲要求：熟悉** * * *

著作权质权登记，即将著作权质权的设立、变更、转让和消灭记载于《著作权质权登记簿》。著作权质权的设立、变更、转让和消灭，自记载于《著作权质权登记簿》时发生效力。登记机构应当通过国家版权局官方网站公布著作权质权登记的基本信息。

根据我国《著作权质权登记办法》，申请著作权质权登记，应提交下列文件：①著作权质权登记申请表；②出质人和质权人的身份证明；③主合同和著作权质权合同；④委托代理人办理的，提交委托书和受托人的身份证明；⑤以共有的著作权出质的，提交共有人同意出质的书面文件；⑥出质前授权他人使用的，提交授权合同；⑦出质的著作权经过价值评估的、质权人要求价值评估的或者相关法律法规要求价值评估的，提交有效的价值评估报告；⑧其他需要提供的材料。

经审查符合要求的，登记机构应当自受理之日起 10 日内予以登记，并向出质人和质权人发放《著作权质权登记证书》。

知识点四十　著作权质权实现

■ **大纲要求：熟悉** * * *

著作权质权实现，是著作权质权消灭的一种常见方式。在著作权所担保的债权到期仍未得到清偿时，质权人可以与出质人协议以质押财产折价，也可以就拍卖、变卖质押财产所得的价款优先受偿，以实现质权。质押财产折价或者变卖的，应当参照市场价格。出质人请求质权人及时行使质权，因质权人怠于行使权利造成损害的，由质权人承担赔偿责任。质押财产折价或者拍卖、变卖后，其价款超过债权数额的部分归出质人所有，不足部分由债务人清偿。

知识点四十一　著作权资本市场

■ 大纲要求：熟悉＊＊＊

资本市场是企业资金融通的重要渠道，资本市场包括中长期信贷市场、证券市场、外汇市场、黄金市场、期权市场等。著作权资本市场是以能产生可预期现金流收入的著作权未来收益权为依托，为企业提供资金融通的渠道。从创意的产生到受著作权法保护的作品的最终生成，有时需要巨大的资金投入，在拍摄电影等作品的情形下尤其如此。通过支持企业以股权交易、依法发行股票和债券等直接融资方式为著作权作品的生产过程进行融资，有助于缓解企业的资金压力，加快产业链资金流速，并加快作品的生产进程。

2020 年 1 月 3 日《国家知识产权局印发〈关于深化知识产权领域"放管服"改革营造良好营商环境的实施意见〉的通知》（国知发服字〔2020〕1 号）（以下简称《通知》），提倡知识产权管理部门扩大知识产权金融服务范围，联合相关部门建立合作机制，引导银行业提供信贷支持，推动多类型知识产权混合质押，鼓励开发知识产权综合险种，加快推进知识产权证券化试点。《通知》的出台反映出知识产权资本市场的发展日益受到重视。

知识点四十二　著作权投资与文娱产业发展

■ 大纲要求：熟悉＊＊＊

一般来说，文娱产业的发展主要依靠三要素："人""财""物"。"人"指文娱产业从业人员，主要包括著作权人、投入了独创性劳动的其他作者以及产业内其他从业人员。"财"即维持文娱产业运转所需的资金。"物"主要指的是以著作权为主的知识产权，这是文娱产业最重要的资产。从三者的关系来看，"物"的产生需要"人"与"财"的结合，但创作的天分与雄厚的资金往往归属于不同主体。著作权投资是实现"人"与"财"相结合的重要路径，对文娱产业的发展具有积极意义。

知识点四十三　著作权证券化

■ 大纲要求：熟悉＊＊＊

著作权证券市场，是著作权资本市场的一种。著作权证券市场以著作权证券化为前提。著作权证券化指的是作为发起人的著作权人将符合证券化要求的著作财产权转移给特殊目的机构，并由特殊目的机构面向市场发行可流通的证券。著作权证券化是以著作权未来将产生的稳定的、可预期的现金流为基础，实现资金融通的一种高效率、低成本的方式。

知识点四十四　著作权证券化的模式

■ 大纲要求：熟悉＊＊＊

著作权证券化与股票、债券等融资方式存在信用基础的差异，具体表现在股票、债券是以资产所有者的整体信用为支撑，而著作权证券化则是以支撑该证券发行的著作权本身的信用为支撑。

由于存在上述差异，著作权证券化的模式存在一定的特殊性。这一特殊性主要表现在通过特殊目的机构的设立，将被证券化的著作权资产从发起人的其他资产中分离出来，实现不同资产风险与收益的隔离。

此外，在著作权证券化过程中，发起人通常需要选择多个著作权作为基础资产，进行优化组合，以避免基础资产过于单一所带来的风险。

知识点四十五　民事侵权行为

■ 大纲要求：掌握＊＊＊＊

我国《著作权法》规定的著作权民事侵权行为包括如下类型：

1）未经著作权人许可，发表其作品的。

2）未经合作作者许可，将与他人合作创作的作品当作自己单独创作的作品发表的。

3）没有参加创作，为谋取个人名利，在他人作品上署名的。

4）歪曲、篡改他人作品的。

5）剽窃他人作品的。

6）未经著作权人许可，以展览、摄制电影和以类似摄制电影的方法使用作品，或者以改编、翻译、注释等方式使用作品的，《著作权法》另有规定的除外。

7）使用他人作品，应当支付报酬而未支付的。

8）未经电影作品和以类似摄制电影的方法创作的作品、计算机软件、录音录像制品的著作权人或者与著作权有关的权利人许可，出租其作品或者录音录像制品的，《著作权法》另有规定的除外。

9) 未经出版者许可，使用其出版的图书、期刊的版式设计的。

10) 未经表演者许可，从现场直播或者公开传送其现场表演，或者录制其表演的。

11) 其他侵犯著作权以及与著作权有关的权益的行为。

知识点四十六　行政违法行为

■ **大纲要求：掌握** ＊＊＊＊

根据我国《著作权法》，以下著作权民事侵权行为在损害公共利益的情况下，构成行政违法：

1) 未经著作权人许可，复制、发行、表演、放映、广播、汇编、通过信息网络向公众传播其作品的，《著作权法》另有规定的除外。

2) 出版他人享有专有出版权的图书的。

3) 未经表演者许可，复制、发行录有其表演的录音录像制品，或者通过信息网络向公众传播其表演的，《著作权法》另有规定的除外。

4) 未经录音录像制作者许可，复制、发行、通过信息网络向公众传播其制作的录音录像制品的，《著作权法》另有规定的除外。

5) 未经许可，播放或者复制广播、电视的，《著作权法》另有规定的除外。

6) 未经著作权人或者与著作权有关的权利人许可，故意避开或者破坏权利人为其作品、录音录像制品等采取的保护著作权或者与著作权有关的权利的技术措施的，法律、行政法规另有规定的除外。

7) 未经著作权人或者与著作权有关的权利人许可，故意删除或者改变作品、录音录像制品等的权利管理电子信息的，法律、行政法规另有规定的除外。

8) 制作、出售假冒他人署名的作品的。

除上述《著作权法》中明确列举的行为外，下述行为也构成行政违法：

1) 通过信息网络向公众提供明知或者应知未经权利人许可而被删除或者改变权利管理电子信息的作品、表演、录音录像制品的。

2) 故意制造、进口或者向他人提供主要用于避开、破坏技术措施的装置或者部件，或者故意为他人避开或者破坏技术措施提供技术服务的。

3) 通过信息网络提供他人的作品、表演、录音录像制品，未指明作品、表演、录音录像制品的名称或者作者、表演者、录音录像制作者的姓名（名称），或者未支付报酬，或者未依照《信息网络传播权保护条例》的规定采取技术措施防止服务对象以外的其他人获得他人的作品、表演、录音录像制品，或者未防止服务对象的复制行为对权利人利益造成实质性损害的。

4）为扶助贫困通过信息网络向农村地区提供作品、表演、录音录像制品超过规定范围，或者未按照公告的标准支付报酬，或者未在提供前公告作品、表演、录音录像制品的名称和作者、表演者、录音录像制作者的姓名（名称）以及报酬标准的，或者在权利人不同意提供其作品、表演、录音录像制品后未立即删除的。

5）网络服务提供者无正当理由拒绝提供或者拖延提供涉嫌侵权的服务对象的姓名（名称）、联系方式、网络地址等资料的。

6）其他有关著作权法律、法规、规章规定的应给予行政处罚的违法行为。

知识点四十七　刑事犯罪行为

■ **大纲要求：掌握 * * * ***

上述行政违法行为，情节严重的，可能构成犯罪。

根据我国《刑法》，以营利为目的从事下列行为，可能构成侵犯著作权罪：

1）未经著作权人许可，复制发行其文字作品、音乐、电影、电视、录像作品、计算机软件及其他作品的。

2）出版他人享有专有出版权的图书的。

3）未经录音录像制作者许可，复制发行其制作的录音录像的。

4）制作、出售假冒他人署名的美术作品的。

侵犯著作权罪的成立以违法所得数额较大或者有其他严重情节为定罪条件，以违法所得数额巨大或者有其他特别严重情节为加重处罚条件。其中，违法所得数额在3万元以上的，属于"违法所得数额较大"。具有下列情形之一的，属于"有其他严重情节"：

1）非法经营数额在5万元以上的。

2）未经著作权人许可，复制发行其文字作品、音乐、电影、电视、录像作品、计算机软件及其他作品，复制品数量合计在500张（份）以上的。

3）其他严重情节的情形。违法所得数额在15万元以上的，属于"违法所得数额巨大"。

具有下列情形之一的，属于"有其他特别严重情节"：

1）非法经营数额在 25 万元以上的。

2）未经著作权人许可，复制发行其文字作品、音乐、电影、电视、录像作品、计算机软件及其他作品，复制品数量合计在 2500 张（份）以上的。

3）其他特别严重情节的情形。

对于通过信息网络传播侵权作品的行为，具有下列情形之一的，属于"其他严重情节"：

1）非法经营数额在 5 万元以上的。

2）传播他人作品的数量合计在 500 件（部）以上的。

3）传播他人作品的实际被点击数达到 5 万次以上的。

4）以会员制方式传播他人作品，注册会员达到 1000 人以上的。

5）数额或者数量虽未达到第 1）项至第 4）项规定标准，但分别达到其中两项以上标准一半以上的。

6）其他严重情节的情形。

实施前款规定的行为，数额或者数量达到前款第 1）项至第 5）项规定标准 5 倍以上的，属于"其他特别严重情节"。

根据我国《刑法》，以营利为目的，销售明知属于上述规定的侵权复制品，违法所得数额巨大的，构成销售侵权复制品罪。违法所得数额在 10 万元以上的，属于"违法所得数额巨大"。

对于实施侵犯著作权犯罪，又销售该侵权复制品，构成犯罪的，应当以侵犯著作权罪定罪处罚。实施侵犯著作权犯罪，又销售明知是他人的侵权复制品，构成犯罪的，应当实行数罪并罚。明知他人实施侵犯著作权罪或者销售侵权复制品罪，而为其提供贷款、资金、账号、发票、证明、许可证件，或者提供生产、经营场所或者运输、储存、代理进出口等便利条件、帮助的，以上述犯罪的共犯论处。

知识点四十八 民事责任

■ **大纲要求：掌握 ＊＊＊＊**

著作权侵权的民事责任包括停止侵害、赔偿损失、消除影响、赔礼道歉等。

停止侵害，又被称为"禁令救济"，是最常见的制止侵权行为的救济方式。对于正在实施的侵犯著作权、邻接权的行为，被侵权人有权要求人民法院责令侵权人立即停止侵权行为，无论侵权人是否具有主观故意或者过失。禁令分为临时禁令和永久禁令，临时禁令是一种行为保全措施。我国《著作权法》规定，著作权人或者与著作权有关的权利人有证据证明他人正在实施或者即将实施侵犯其权利的行为，如不及时制止将会使其合法权益受到难以弥补的损害的，可以在起诉前向人民法院申请采取责令停止有关行为和财产保全的措施。

赔偿损失，是指人民法院确定著作权侵权成立后，判决侵权人对权利人的实际损失进行赔偿，这是一种较普遍适用的带有财产内容的民事责任承担方式。损害赔偿额的计算方式如下：首先，侵犯著作权或者与著作权有关的权利的，侵权人应当按照权利人的实际损失给予赔偿。权利人的实际损失，可以根据权利人因侵权所造成复制品发行减少量或者侵权复制品销售量与权利人发行该复制品单位利润乘积计算。发行减少量难以确定的，按照侵权复制品市场销售量确定。其次，如果权利人的实际损失难以计算的，可以按照侵权人的违法所得给予赔偿。如果权利人就侵权人的违法所得提供了初步证据，而与侵权行为相关的账簿、资料主要由侵权人掌握，且侵权人拒不提供或者提供虚假的账簿、资料，人民法院可以根据权利人的主张和提供的证据认定违法所得的数额。最后，权利人的实际损失或者侵权人的违法所得均不能确定的，由人民法院根据侵权行为的情节，判决给予50万元以下的赔偿。人民法院在确定赔偿数额时，应当考虑作品类型、合理使用费、侵权行为性质、后果等情节综合确定。赔偿数额还应当包括权利人为制止侵权行为所支付的合理开支，这一合理开支包括权利人或者委托代理人对侵权行为进行调查、取证的合理费用，以及符合国家有关部门规定的律师费用。

对于侵犯著作权人的发表权、署名权、修改权、保护作品完整权，侵犯表演者的表明表演者身份的权利、保护表演形象不受歪曲的权利的，可要求侵权人承担赔礼道歉、消除影响的民事责任。确定赔礼道歉方式、范围，应当考虑著作人身权及表演者人身权受侵害的方式、程度等因素，并应当与侵权行为造成损害的影响范围相适应。

知识点四十九　行政责任

■ **大纲要求：掌握** * * * *

对于构成著作权行政违法的行为，著作权主管部门可以采取警告，责令停止侵权行为，没收违法所得，没收、销毁侵权复制品，并可处以罚款；情节严重的，著作权主管部门还可以没收主要用于制作侵权复制品的材料、工具、设备等。非法经营额5万元以上的，著作权主管部门可处非法经营额1倍以上5倍以下的罚款；没有非法经营额或者非法经营额 5 万元以下的，著作权主管部门根据情节轻重，可处 25 万元以下的罚款。具有下列情形之一的，属于"情节严重"：①违法所得数额（即获利数额）2500 元以上的；②非法经营数额在 15000 元以上的；③经营侵权制品在 250 册（张或份）以上的；④因侵犯著作权曾经被追究法律责任，又侵犯著作权的；⑤造成其他重大影响或者严重后果的。

知识点五十　刑事责任

■ **大纲要求：掌握** * * * *

对于构成侵犯著作权罪的情形，违法所得数额较大或者有其他严重情节的，处 3 年以下有期徒刑或者拘役，并处或者单处罚金；违法所得数额巨大或者有其他特别严重情节的，处 3 年以上 7 年以下有期徒刑，并处罚金。对于构成销售侵权复制品罪的情形，违法所得数额巨大的，处 3 年以下有期徒刑或者拘役，并处或者单处罚金。罚金数额一般在违法所得的 1 倍以上 5 倍以下，或者按照非法经营数额的 50% 以上 1 倍以下确定。

对于侵犯著作权罪和销售侵权复制品罪，符合刑法规定的缓刑条件的，依法适用缓刑。但是，有下列情形之一的，一般不适用缓刑：①因侵犯知识产权被刑事处罚或者行政处罚后，再次侵犯知识产权构成犯罪的；②不具有悔罪表现的；③拒不交出违法所得的；④其他不宜适用缓刑的情形。

知识点五十一　网络内容提供者与网络服务提供者的区分

■ **大纲要求：理解** * *

网络内容提供者，是信息网络传播行为的直接实施者，其从事的是"信息网络传播权"定义中的"提供"行为。二人以上以分工合作等方式共同提供作品、表演、录音录像制品的，构成共同的直接侵权，由共同侵权人承担连带责任。

与网络内容提供者相对应的是网络服务提供者，网络服务提供者不是作品的提供者，因此不是直接侵权人。根据提供服务的类型，网络服务提供者可分为网络接入服务提供者、系统缓存服务提供者、信息存储空间服务提供者、网络搜索链接服务提供者。如果通过网站能够播放、下载或者以其他方式获得被诉侵权的作品、表演、录音录像制品，而网络运营主体不能提供证据证明被诉侵权的作品、表演、录音录像制品系由他人提供并置于向公众开放的网络服务器中的情况，应推定其为网络内容提供者。

知识点五十二　网络服务提供者的侵权责任

■ **大纲要求：理解** * *

根据我国《侵权责任法》，网络用户利用网络服务实施侵权行为的，被侵权人有权通知网络服务提供者采取删除、屏蔽、断开链接等必要措施。网络服务提供者接到通知后未及时采取必要措施的，对损害的扩大部分与该网络用户承担连带责任；网络服务提供者知道网络用户利用其网络服务侵害他人民事权益，未采取必要措施的，与该网络用户承担连带责任。

网络服务提供者著作权侵权责任的成立须满足两项条件：一是存在未经授权通过信息网络提供作品、表演、录音录像制品的直接侵权行为；二是网络服务提供者知道直接侵权行为的存在，即存在过错。网络服务提供者的侵权责任是一种以过错责任为归责原则的间接侵权责任。据以认定网络服务提供者存在过错的"知道"分为"明知"与"应知"。"明知"指的是实际知道侵权行为存在，是一种事实上的知悉状态；"应知"是以某种客观事实为基础的关于知悉状态的推定，"应知"与否的判定取决于网络服务商注意义务的高低。

网络服务提供者承担著作权间接侵权责任分为两种情况：一是教唆，二是帮助。网络服务提供者承担责任的方式主要包括停止侵害、赔偿损失、赔礼道歉、消除影响等。其中，损害赔偿额的计算应考虑网络服务提供者的过错。对于网络服务提供者本不存在明知或者应知侵权行为，但在接到通知后未及时采取必要措施的，网络服务提供者仅须就损害的扩大部分与该网络用户承担连带责任。

知识点五十三　技术措施及其类型

■ **大纲要求：理解** * *

1. 技术措施的定义

为有效防止数字化侵权行为，著作权人在打击网络盗版方面开展了新的尝试，采取技术措施就是其中之一。"技术措施"指的是用于防止、限制未经权利人许可浏览、欣赏作品、邻接权保护的客体或者实施著作权和邻接权的有效技术、装置或者部件。权利人对技术措施享有的权利，即技术措施权。受著作权法保护的技术措施应为有效的技术措施。技术措施是否有效，应以一般用户掌握的通常方法是否能够避开或者破解为标准。技术人员能够通过某种方式避开或者破解技术措施的，不影响技术措施的有效性。

2. 技术措施的类型

技术措施可以分为控制作品接触的技术措施和禁止侵犯权利的技术措施。

控制作品接触的技术措施主要用于防止、限制未经权利人许可浏览、欣赏作品、邻接权保护的客体的行为。此类技术措施并不直接保护著作权法明确赋予的权利，而以控制对作品的接触为主要目的。网络付费浏览是其典型样态。对此类技术措施的破坏、规避行为，并不必然导致对著作权和邻接权的侵犯。此类技术措施有助于保障版权人从公众对作品的欣赏中获得收益。

禁止侵犯权利的技术措施主要用于防止、限制未经权利人许可实施著作权和邻接权的行为。此类技术措施以著作权法明确赋予著作权人和邻接权人的权利为保护对象，因此，对此类技术措施的破坏、规避行为往往与著作权侵权行为相伴而生。对此类技术措施的保护，体现出著作权法对著作权人自力保护专有权利的认可。

知识点五十四　规避与破坏技术措施的行为

■ 大纲要求：理解＊＊

我国《著作权法》将未经著作权人或者与著作权有关的权利人许可，故意规避或者破坏权利人为其作品、邻接权保护的客体等采取的保护著作权或者与著作权有关的权利的技术措施的行为，规定为侵权行为。按照行为方式，可以将侵犯技术措施权的行为分为规避行为和破坏行为。其中，规避行为又分为直接规避行为和间接规避行为，破坏行为又分为直接破坏行为和间接破坏行为。

规避行为指的是通过一定的技术手段使权利人采取的技术措施无法发挥作用，而不直接毁坏或者破解技术措施。上述规避行为的直接实施者从事的行为，即直接规避行为。除规避行为的直接实施主体外，还存在一些为规避行为提供帮助的主体，这些主体从事的是间接规避行为。构成间接规避行为的情形主要有两种：一是故意制造、进口或者向公众提供主要用于规避技术措施的装置或者部件；二是故意为他人规避技术措施提供技术服务。我国目前仅有《信息网络传播权保护条例》作出了禁止间接规避行为的规定。

与规避行为不同，破坏行为的对象直指技术措施本身，其行为方式既包括物理意义上对技术措施的毁坏行为，也包括以获悉技术措施工作原理为前提的破解行为。破坏行为也可分为直接破坏行为和间接破坏行为，后者既包括故意制造、进口或者向公众提供主要用于破坏技术措施的装置或者部件，也包括故意为他人破坏技术措施提供技术服务。

知识点五十五　技术措施的法律保护

■ 大纲要求：理解＊＊

技术措施是一把双刃剑，它既是保护著作权的有效武器，又存在破坏著作权中的平衡机制、催生垄断的风险。因此，法律对技术措施的保护并非绝对。一方面，受保护的技术措施应与权利人在著作权法上享有的权利或者正当利益相关，且采取的措施应当具有合理限度，不得损害公共利益。另一方面，为满足公共利益的需要，应当允许部分未经授权规避、破坏技术措施的行为。

我国《著作权法》《信息网络传播权保护条例》《计算机软件保护条例》分别就规避或者破坏技术措施的法律责任进行了规定。

知识点五十六　《伯尔尼公约》的主要内容

■ 大纲要求：掌握＊＊＊＊

随着国际贸易和传播媒介的发展，作品跨地域传播日渐成为常态，对地域性的严格坚持已无法满足保护本国著作权人利益拓宽海外市场并获取利益的需求。于是，以英国、法国为代表的资本主义国家开始寻求著作权国际保护。著作权国际保护的方式主要有两种，一是通过互惠原则提供对等保护，二是通过双边或多边条约的规定提供保护。目前，国际上最重要的有关著作权国际保护的公约为《伯尔尼公约》《世界知识产权组织版权条约》（WIPO Copyright Treaty，简称 WCT）和《世界知识产权组织表演和录音制品条约》（WIPO Performances and Phonograms Treaty，简称 WPPT）。其中，后两者主要是为应对互联网等技术对著作权制度的挑战而诞生的，因此又被合称为"互联网条约"。

《伯尔尼公约》在主体方面、客体方面、客体的排除对象方面、权利内容方面、权利保护期方面、权利限制方面均作出了详尽规定。公约引入了"起源国"这一概念，并分别规定了作者在作品起源国和作品起源国以外的成员方应当享有的保护。此外，公约还规定了强制许可制度，使发展中国家能够在满足一定条件的情况下颁发允许作品翻译或者复制的许可证，以满足公众获取作品的需求。

知识点五十七 "互联网条约"的主要内容

■ 大纲要求：掌握 ＊＊＊＊

WCT 是《伯尔尼公约》的专门协定，主要涉及数字环境下作品和作品作者的保护。WCT 不与除《伯尔尼公约》以外的条约有任何关联，其任何内容均不得减损成员方相互之间依照《伯尔尼公约》已承担的现有义务。WCT 的主要内容如下：

1) WCT 新增了两项受著作权法保护的客体：①计算机程序，无论其表达方式或表达形式如何；②数据或其他资料的汇编（"数据库"），无论采用任何形式，只要由于其内容的选择或编排构成智力创作。

2) 在权利内容方面，WCT 新增了三项权利：①发行权，即授权通过销售或其他所有权转让形式向公众提供作品原件或复制品的权利；②出租权，即授权将计算机程序、电影作品、以录音制品体现的作品的原件或复制品向公众进行商业性出租的权利；③向公众传播的权利，即授权将作品以有线或无线方式向公众进行传播，包括将其作品向公众提供，使公众中的成员在其个人选定的地点和时间可获得这些作品。

WPPT 主要涉及表演者和录音制作者的权利保护。对赋予的相关权利，该条约规定了至少 50 年的保护期。就表演者而言，本条约规定表演者对其以录音制品录制的（而不是以音像制品录制的）表演享有如下四项经济权利：复制权、发行权、出租权、提供权。根据本条约规定，表演者对其以录音制品录制的表演享有的四项经济权利对录音制作者同样适用。

知识点五十八 著作权国际保护的基本原则

■ 大纲要求：掌握 ＊＊＊＊

独立保护原则是著作权国际保护的一项基本原则。根据《伯尔尼公约》第 5 条的规定，"除本公约条款外，保护的程度以及为保护作者权利而向其提供的补救方法完全由被要求给予保护的国家的法律规定"，这一规定是独立保护原则的典型体现。对于权利例外和限制亦是如此。例如，《伯尔尼公约》允许成员方自行决定是否赋予制作录音制品的法定许可，但根据法定许可制作的录音制品在出口到另一成员方时，视此种录音制品为侵权录音制品的成员方可予以扣押。

自动保护原则，是关于著作权国际保护的又一项基本原则。根据《伯尔尼公约》第5条的规定，自动保护原则指的是著作权法上规定的权利的享有和行使无须履行任何手续，也无论作品起源国是否存在保护。无须履行任何手续，既包括无须注册、登记、交存作品复制件，也包括无须在作品原件或复制件上加注著作权标识。

国民待遇原则，指的是一国应将其现在给予和今后可能给予本国国民的著作权保护给予其他国民。根据《伯尔尼公约》的规定，以下作者可以享受国民待遇：①作者为成员方的国民或者在成员方国内有惯常住所，无论其作品是否已经出版；②作者为非成员方的国民，其作品首次在一个成员方出版，或在一个非成员方和一个成员方同时出版，需注意的是，一部作品在首次出版后30天内在两个或两个以上国家内出版，则该作品应视为同时在几个国家内出版。可见，《伯尔尼公约》对国民待遇适用的是"作者国籍"和"作品国籍"双重国籍标准。

最低保护标准原则，指的是一国给予其他成员方国民的著作权保护应当满足国际公约规定的最低保护标准，这些标准主要包括权利保护客体、权利取得方式、权利内容、权利保护期、权利限制等。最低保护标准意味着各国仍可以赋予其他成员方国民更宽泛的著作权保护。最低保护标准原则是对国民待遇原则的重要补充，使各成员方在著作权保护水平方面实现一定程度的统一，这对于促进各国在文学、艺术、科学方面开展国际交流具有十分重要的意义。

第九章 地理标志

一、基本内容框架

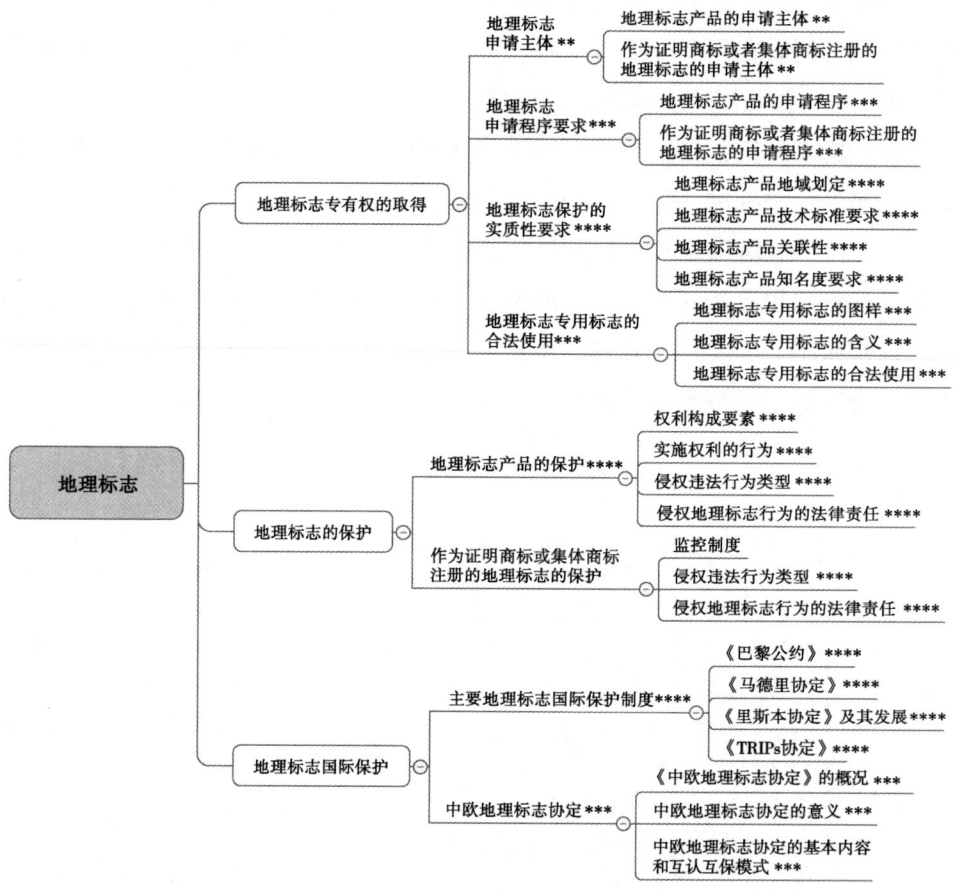

二、主要知识点

（一）掌握＊＊＊＊

1. 地理标志产品地域划定
2. 地理标志产品技术标准要求
3. 地理标志产品关联性
4. 地理标志产品知名度要求
5. 地理标志产品权利构成要素
6. 地理标志产品侵权违法行为类型
7. 侵犯地理标志产品行为的法律责任
8. 作为集体商标、证明商标保护的地理标志侵权违法行为类型
9. 作为集体商标、证明商标保护的地理标志侵权应承担的法律责任
10. 《巴黎公约》中涉及地理标志的有关制度
11. 《马德里协定》中涉及地理标志的有关制度
12. 《里斯本协定》中涉及地理标志的有关制度
13. 《TRIPs 协定》中涉及地理标志的有关制度

（二）熟悉＊＊＊

14. 地理标志产品的申请程序
15. 作为集体商标、证明商标保护的地理标志的申请程序
16. 地理标志专用标志的图样
17. 地理标志专用标志的含义
18. 地理标志专用标志的合法使用
19. 中欧地理标志协定的概况
20. 中欧地理标志协定的意义
21. 中欧地理标志协定的基本内容和互认互保模式

（三）理解＊＊

22. 地理标志产品的申请主体
23. 作为集体商标、证明商标保护的地理标志的申请主体
24. 实施地理标志权利的行为

三、知识点解析

知识点一　地理标志产品的申请主体

■ 大纲要求：理解＊＊

类型	申请主体
国内地理标志产品	当地县级以上人民政府指定的地理标志产品保护申请机构或人民政府认定的协会
地理标志保护产品专用标志	地理标志产品产地范围内的需要使用地理标志保护产品专用标志的生产者
国外地理标志产品在华保护	该产品所在原产国或地区地理标志保护的原申请人

知识点二　作为证明商标或者集体商标注册的地理标志的申请主体

■ 大纲要求：理解＊＊

类型	满足条件的申请主体
国内地理标志 （三个条件全部满足）	来自该地理标志标示地区范围内的团体、协会或者其他组织
	业务范围应与申请的地理标志相关
	经所标示地区县级以上人民政府或行业主管部门授权
国外地理标志 （两个条件全部满足）	原产国或地区地理标志保护的原申请人
	经认证的该地理标志以其名义在其原属国受法律保护的证明

知识点三　地理标志产品的申请程序

■ 大纲要求：熟悉＊＊＊

1. 国内地理标志产品的申请程序

步骤1：向当地（县级或县级以上）知识产权管理部门报送。

步骤2：省级知识产权管理部门提出初审意见，上报国家知识产权局。

上报材料包括：

1）有关地方政府关于划定地理标志产品产地范围的建议。

2）有关地方政府建立申请、保护机制。

3）地理标志产品的证明材料。

4）拟申请的地理标志产品的技术标准。

步骤3：国家知识产权局审核。

2. 地理标志产品专用标志的申请程序

步骤1：向当地（县级或县级以上）知识产权管理部门提出申请。

申请材料包括：

1）地理标志产品专用标志使用申请书。

2）地理标志产品相应的国家标准、地方标准或管理规范。

3）有关产品质量检验机构出具的检验报告。

步骤2：知识产权管理部门审查合格注册登记、公告。

3. 国外地理标志产品在华保护申请程序

（1）申请主体和联系人

1）申请人：该产品所在原产国或地区地理标志保护的原申请人。

2）联系人：

①原申请人在华机构工作人员。

②申请原产国或地区官方驻华代表机构工作人员。

（2）申请程序

步骤1：原申请人申请。

步骤2：经原产国或地区地理标志主管部门推荐，向国家知识产权局提出申请。

步骤3：国家知识产权局核准发布。

（3）申请材料

语言：中文，具体申请材料包括：

1）申请书。

2）申请人名称和地址、联系电话，在华联系人、地址和联系电话。

3）在原产国或地区获准地理标志保护的官方证明文件原件及其经过公证的中文译本。

4）原产国或地区地理标志主管机构出具的产地范围及其经过公证的中文译本。

5）该产品的质量技术要求。

①产品的中文名称和原文名称。

②保护的产地范围。

③产品属性及其生产工艺过程。

④质量特色，产品的感官特色、理化指标等。

⑤知名度。产品在原产国（地区）、中国以及世界其他国家和地区的知名度与贸易销售情况。

⑥关联性。产品质量特色与产地自然或人文因素之间关联性的描述等。

6）检测报告及其经过公证的中文译本。

7）其他辅助证明资料等。

知识点四 作为证明商标或者集体商标注册的地理标志产品的申请程序

■ 大纲要求：熟悉＊＊＊

1. 国内地理标志的申请程序

1）申请人向国家知识产权局提出注册申请并提交相关文件。

2）国家知识产权局受理申请，进行形式审查。

3）国家知识产权局进行实质审查。实质审查的内容：

①是否属于禁用标志。

②是否具有显著性。

③是否与在先权利重复。

④是否符合《商标法》第16条第2款的规定。

4）国家知识产权局发布初步审定公告。

公告的内容：该集体商标、证明商标使用规则的全文或摘要。

5）国家知识产权局核准注册并予公告。

时间范围：初步审定公告的3个月内。

2. 国外地理标志的申请程序

申请主体：来自该地理标志标示地区的生产经营者。

程序：

1）委托商标代理机构向国家知识产权局提出注册申请并提交相关文件或马德里体系申请领土延伸保护至中国。相关材料包括：

①商标注册申请书、商标代理委托书。

②主体资格证明文件。

③经认证的该地理标志以其名义在其原属国受法律保护的证明。

④申请人监督检测能力证明材料。

⑤地理标志产品特征及其与自然因素或人文因素关系的说明。

⑥地理标志所标示的地区范围。

⑦集体商标、证明商标使用管理规则。

⑧其他辅助证明材料。

2）国家知识产权局依照《商标法》《商标法实施条例》《集体商标、证明商标注册和管理办法》等有关规定开展审查、注册。

知识点五　地理标志产品的地域划定

■ **大纲要求：掌握****

1）县域范围内的，由县级人民政府提出产地范围的建议。

2）跨县域范围的，由地市级人民政府提出产地范围的建议。

3）跨地市范围或重大产品的，由省级人民政府提出产地范围的建议。

知识点六　地理标志产品技术标准要求

■ **大纲要求：掌握****

1. 制定依据

根据产品的类别、范围、知名度、产品的生产销售等方面的因素。

2. 国家标准

国家标准化行政主管部门组织草拟并发布。

3. 地方标准

省级地方人民政府标准化行政主管部门组织草拟并发布。

知识点七　地理标志产品关联性

■ **大纲要求：掌握****

1）申请保护的地理标志产品的特色、质量应与产地具有关联性。

2）产品所具有的理化、感官指标等质量、声誉或其他本质特征可归因于特定产地地域的自然因素和人文因素。其中，自然因素是指气候、土壤等地理环境因素，人文因素是指生产、加工工艺等社会文化因素。

知识点八　地理标志产品知名度要求

■ 大纲要求：掌握＊＊＊＊

1）产品名称应作为日常商业用语。
2）能够提供产品真实生产、销售以及历史渊源的有效证明。
3）产品具有良好声誉。

知识点九　地理标志专用标志的图样

■ 大纲要求：熟悉＊＊＊

使用者	地理标志产品产地范围内的生产者
审批部门	知识产权管理部门
使用申请程序	按照规定的程序提出申请
	提交相应的材料
	经审查合格注册登记后发布公告方
三个要点	官方标志
	统一的地理标志专用标志
	原标志使用过渡期至 2020 年 12 月 31 日
具体样式	颜色：红色、金色
依据文件	《深化党和国家机构改革方案》
	《中华人民共和国民法总则》
	《中华人民共和国商标法》
	《中华人民共和国商标法实施条例》
	《地理标志产品保护规定》
	《集体商标、证明商标注册和管理办法》

知识点十　地理标志专用标志的含义

■ 大纲要求：熟悉＊＊＊

位置	图样	含义表达
基地	经纬线地球	地理标志作为全球通行的一种知识产权类别和地理标志助推中国产品"走出去"的美好愿景
前景	长城及山峦剪影	代表着中国地理标志的卓越品质与可靠性
前景	长城及山峦剪影	透明镂空的设计增强了标志在不同产品包装背景下的融合度与适应性
底部	稻穗	象征着丰收

知识点十一　地理标志专用标志的合法使用

■ 大纲要求：熟悉＊＊＊

地理标志专用标志涉及部门及职责

部门	职责
国家知识产权局	统一制定发布地理标志专用标志使用管理要求
国家知识产权局	组织实施地理标志专用标志使用监督管理
地方知识产权管理部门	地理标志专用标志使用的日常监管

整体要求：

标注应清晰可识别。

不得更改专用标志的图案形状、构成、文字字体、图文比例、色值等。

1. 合法使用人

1）经公告核准使用地理标志产品专用标志的生产者。

2）经初步审定公告或公告变更的已作为集体商标注册的地理标志注册人的集体成员。

3）经公告备案的已作为证明商标注册的地理标志的被许可人。

4）经国家知识产权局登记备案的其他使用人。

2. 使用人义务

原则：诚实信用。

1) 组织生产地理标志产品。

2) 规范标示地理标志专用标志。

3) 及时向社会公开并定期报送标志使用情况。

3. 使用要求

地理标志专用标志的使用要求

类型	使用要求
地理标志产品	在标志指定位置标注统一社会信用代码
	标志应与地理标志名称一同使用
	在产品标签或包装物上标注地理标志标准代号或批准公告号
作为集体商标、证明商标注册的地理标志	在指定位置标注相关商标注册号和统一社会信用代码
	与集体商标或证明商标一同使用

4. 标示方法

1) 将专用标志附着在产品本身、产品包装、容器、标签等上。

2) 使用在产品附加标牌、产品说明书、介绍手册等上。

3) 使用在广播、电视、公开发行的出版物等媒体上，包括以广告牌、邮寄广告或者其他广告方式为地理标志进行的广告宣传。

4) 使用在展览会、博览会上，包括在展览会、博览会上提供的使用地理标志专用标志的印刷品及其他资料。

5) 将地理标志专用标志使用于电子商务网站、微信、微信公众号、微博、二维码、手机应用程序等互联网载体上。

6) 其他标示方法。

5. 国外地理标志产品用标

制度：申请、自我声明制度。

申请：向国家知识产权局申请使用。

自我声明：一经使用视其自我声明该产品符合国家知识产权局国外地理标志产品批准公告的要求。

知识点十二 地理标志产品权利构成要素

■ 大纲要求：掌握＊＊＊＊

序号	要素名称	内容
1	地理标志产品名称	具有地理指示功能的名称
		反映产品真实属性的名称
		长久使用、约定俗成的名称
		必须是商业或日常用语，不得为通用名称或动植物品种名称
2	地理标志申请机构	由产品所在地县级以上人民政府指定的地理标志产品保护申请机构或人民政府认定的协会和企业
3	地理标志产品范围	可以按照省、市、县、乡的行政区划划分
		水产品养殖范围还应包括含经纬度的自然水域界定
4	地理标志产品描述	产品的形状、重量规模、尺寸、颜色、味道、物理化学性质等
		加工产品还需提供原材料信息
5	地理标志质量要求	必须发生在产地范围内的具体生产和加工步骤
		产品的特色质量，包括感官特色和理化指标等
6	产品特色质量与地域关联性	产品的特色、质量与产地的自然因素和人文因素之间的关系
7	专用标志管理机构	一般为产品所在地知识产权管理部门
8	检测机构	承担本产品相关指标检测工作的检测机构

知识点十三 实施地理标志权利的行为

■ 大纲要求：理解＊＊

1. 符合条件生产者实施权利的行为

1）按照要求组织生产相关地理标志产品。

2）按照有关规定申请使用地理标志专用标志。

3）履行相应管理责任，对地理标志产品的名称、质量特色、专用标志使用等进行管理。

2. 国家知识产权局注销生产者使用的条件

满足下列条件之一，国家知识产权局将注销其地理标志产品专用标志使用注册登记，停止其使用地理标志产品专用标志并对外公告。

1）生产者未按相应标准和管理规范组织生产。

2）在 2 年内未在受保护的地理标志产品上使用专用标志。

知识点十四 地理标志产品侵权违法行为类型

■ **大纲要求：掌握 * * * ***

1. 侵权违法行为常见类型

1）擅自使用或伪造地理标志名称及专用标志的行为。

2）不符合地理标志产品标准和管理规范要求而使用该地理标志产品的名称的行为。

3）使用与专用标志相近、易产生误解的名称或标识及可能误导消费者的文字或图案标志，使消费者将该产品误认为地理标志保护产品。

4）将已经批准的地理标志产品名称、专用标志用于并非产自本地区的产品上，可能误导公众。

5）销售假冒地理标志产品。

2. 侵权违法行为处置涉及的部门及职责

类型	涉及部门	职责和行为
国内地理标志产品	社会团体、个人	监督、举报
	各地知识产权管理部门	日常监督管理
在华保护的国外地理标志产品	各级知识产权行政部门	受理侵权违法行为的举报投诉
	人民法院	受理申请人相关诉讼

国内地理标志产品和在华保护的国外地理标志产品享受同等保护。

知识点十五 侵犯地理标志产品行为的法律责任

■ **大纲要求：掌握 * * * ***

法律依据：《商标法》《产品质量法》《标准化法》。

侵权行为	相关处理
未经批准地理标志保护的产品冒充已经批准的地理标志产品生产销售	责令其立即停止假冒行为
	限期改正
	违法经营额 5 万元以上的，可以处违法经营额 20% 以下的罚款；没有违法经营额或者违法经营额不足 5 万元的，可以处 1 万元以下的罚款
冒充他人已经批准的地理标志保护产品进行生产销售	立即停止假冒行为
	没收、销毁侵权产品和主要用于制造、伪造地理标志产品的工具
	违法经营额 5 万元以上的，可以处违法经营额 5 倍以下的罚款；没有违法经营额或者违法经营额不足 5 万元的，可以处 25 万元以下的罚款
销售不知道是假冒地理标志的产品，但能说明产品合法来源和提供者	停止销售

知识点十六 地理标志监控制度

1）监控主体：集体商标、证明商标注册人。

2）监控标准：致使该商标使用的商品达不到其使用管理规则要求，对消费者造成损害的。

3）惩罚方式：由相关部门责令限期改正；拒不改正的，处以罚款。

知识点十七 作为集体商标、证明商标保护的地理标志侵权违法行为类型

■ **大纲要求：掌握 * * * ***

序号	侵权行为	
1	未经集体商标、证明商标注册人许可	在同一种商品上使用相同商标
2		在同一种商品上使用近似商标，或者在类似商品上使用相同或近似商标，容易导致混淆的

续表

3	销售侵犯集体商标、证明商标注册商标专用权商品
4	伪造、擅自制造他人注册的集体商标、证明商标标识
	销售伪造、擅自制造的注册的集体商标、证明商标标识
5	未经同意,更换并将该更换商标的商品又投入市场
6	故意为侵犯他人商标专用权行为提供便利条件,帮助他人实施侵犯商标专用权行为
7	给他人注册商标专用权造成其他损害

知识点十八 作为集体商标、证明商标保护的地理标志侵权应承担的法律责任

■ **大纲要求：掌握 ＊＊＊＊**

1. 侵犯注册商标专用权的责任

（1）申诉渠道

1）由当事人协商解决。

2）向人民法院起诉。

3）请求相关行政部门处理。

（2）行政部门处理

5 年内实施两次以上商标侵权行为或其他严重情节的,应从重处罚。其中:

1) 5 年内实施两次以上商标侵权行为是指同一主体曾被相关行政部门或者人民法院认定侵犯他人注册商标专用权,5 年内又实施商标侵权行为。

2) 其他严重情节是指侵权规模大、持续时间长、造成恶劣社会影响。

侵犯地理标志证明商标、集体商标行为及相关处理

侵权行为	相关处理
侵犯注册商标专用权	立即停止假冒行为
	没收、销毁侵权产品和主要用于制造侵权商品、伪造注册商标标识的工具
	违法经营额 5 万元以上的,可以处违法经营额 5 倍以下的罚款;没有违法经营额或者违法经营额不足 5 万元的,可以处 25 万元以下的罚款
销售不知道是假冒地理标志的产品,但能说明产品合法来源和提供者	停止销售

可以证明该商品是自己合法取得的情形包括：

1）有供货单位合法签章的供货清单和货款收据且经查证属实或者供货单位认可的。

2）有供销双方签订的进货合同且经查证已真实履行的。

3）有合法进货发票且发票记载事项与涉案商品对应的。

4）其他能够证明合法取得涉案商品的情形。

2. 查处商标侵权行为的职权

部门：县级以上相关行政部门。

职权：

1）询问、调查与侵犯他人注册商标专用权有关的情况。

2）查阅、复制当事人与侵权活动有关的合同、发票、账簿以及其他有关资料。

3）对当事人涉嫌从事侵犯他人注册商标专用权活动的场所实施现场检查。

4）检查与侵权活动有关的物品。

5）查封或者扣押有证据证明是侵犯他人注册商标专用权的物品。

3. 侵犯商标专用权的赔偿数额

1）按照权利人因被侵权所受到的实际损失确定。

2）实际损失难以确定的，以侵权得利确定。

3）权利人的损失或者侵权人获得的利益难以确定的，参照该集体商标、证明商标许可使用费的倍数合理确定。

4）上述所有均难以确定的，由人民法院根据侵权行为的情节判决给予 500 万元以下的赔偿。

5）恶意侵犯商标专用权，情节严重的，可按照上述方法确定数额的 1 倍以上 5 倍以下确定赔偿数额。

6）赔偿数额应当包括权利人为制止侵权行为所支付的合理开支。

4. 侵权人不承担赔偿责任的情形

同时满足以下条件，侵权人不承担赔偿责任：

1）被控侵权人以注册商标专用权人未使用注册商标提出抗辩。

2）注册商标专用权人不能证明此前 3 年内实际使用过该注册商标。

3）注册商标专用权人不能证明因侵权行为受到其他损失的。

5. 侵权人承担刑事责任的情形

满足以下条件之一，侵权人要承担赔偿责任：

1）未经商标注册人许可，在同一种商品上使用与其注册商标相同的商标，构成犯罪的。

2）伪造、擅自制造他人以地理标志作为集体商标、证明商标注册的商标标识或者销售伪造、擅自制造的注册商标标识，构成犯罪的。

3）销售明知是假冒，以地理标志作为集体商标、证明商标注册的商标的商品，构成犯罪的。

知识点十九　《巴黎公约》中涉及地理标志的有关制度

■ 大纲要求：掌握＊＊＊＊

1. 相关条款

1）《巴黎公约》第1条第2款规定："工业产权的保护对象有专利、实用新型、外观设计、商标、服务标记、厂商名称、货源标记或原产地名称和制止不正当竞争。"明确将"货源标记"和"原产地名称"作为知识产权独立形态予以保护。

2）《巴黎公约》第10条规定了保护义务，要求对标有虚伪的货源或生产者标记的商品在输入时予以扣押。

3）世界知识产权组织负责对《巴黎公约》的管理和执行。

2. 我国与《巴黎公约》的渊源

1）1984年，第六届全国人大常委会第八次会议决定加入《巴黎公约》，但对《巴黎公约》第28条第1款予以保留，不受该条款约束。

2）1988年，原国家工商行政管理总局履行《巴黎公约》对原产地名称保护的有关国际义务。

知识点二十　《马德里协定》中涉及地理标志的有关制度

■ 大纲要求：掌握＊＊＊＊

1）《马德里协定》全称是《制止商品产地虚假或欺骗性标记马德里协定》，创始缔约方主要包括法国、西班牙、瑞士和英国等欧洲国家。

2）我国和美国均未加入该协定。

3）世界知识产权组织负责对《马德里协定》的管理和执行。

4）《马德里协定》规定凡带有虚假或欺骗性产地标记、直接或间接把缔约方之一或该缔约方的一个地方标为原产国或原产地的商品，必须在进口时予以扣押或禁止其进口，或对其进口采取其他行动和制裁手段。

知识点二十一　《里斯本协定》中涉及地理标志的有关制度

■ **大纲要求：掌握 ＊＊＊＊**

1)《里斯本协定》是第一个对原产地名称提供专门保护的多边协定。

2) 世界知识产权组织负责对《里斯本协定》的管理和执行。

3) 截至 2020 年 1 月，《里斯本协定》由 30 个国家缔结，其中加入"斯德哥尔摩文本"的成员方共 29 个。

4)《里斯本协定》第 2 条规定给出了原产地名称的定义："一个国家、地区或地方的地理名称，用于指示一项产品来源于该地，其质量或特征完全或主要取决于地理环境，包括自然和人为因素。"

5) 我国尚未加入《里斯本协定》，目前以观察员的身份参加世界知识产权组织里斯本工作组的有关活动。

知识点二十二　《TRIPs 协定》中涉及地理标志的有关制度

■ **大纲要求：掌握 ＊＊＊＊**

1)《TRIPs 协定》第 22 条第 1 款定义了地理标志的含义："地理标志（Geographical Indications），是指识别一货物来源于一成员领土或该领土内一地区或地方的标志，该货物的特定质量、声誉或其他特性主要归因于其地理来源。"

2) 世界贸易组织负责对《TRIPs 协定》的管理和执行。

3) 2001 年，中国政府在《中国加入工作组报告书》第 5 章《TRIPs 协定》中表示，"国家工商行政管理总局和中华人民共和国国家质量监督检验检疫总局的有关规章对地理标识，包括原产地名称，提供了部分保护"。

4) 中国立法与《TRIPs 协定》（第 22、23、24 条）所规定的义务相一致。

知识点二十三　《中欧地理标志协定》的概况

■ **大纲要求：熟悉 ＊＊＊＊**

1) 2006 年，中方与欧盟农业总司共同发起中国-欧盟"10+10"地理标志保护双边互保项目，并取得初步成效。

2）2008年6月5日，《国家知识产权战略纲要》印发，为包括地理标志在内的知识产权事业发展指明了方向。中欧双方已经付诸了保护实践，具有合作基础。

知识点二十四　《中欧地理标志协定》的意义

■ 大纲要求：熟悉＊＊＊＊

1）中欧地理标志谈判于2011年正式启动，经历了22轮磋商，历时8年。

2）2019年11月6日，在中国国家主席习近平和法国总统马克龙的共同见证下，中欧代表签署联合声明，宣布中欧地理标志保护与合作协定谈判结束。

3）《中欧地理标志协定》是中国对外商签的第一个全面的、高水平的地理标志双边协定，充分显示了中国政府继续深化改革、扩大开放和保护知识产权的坚定决心。

知识点二十五　《中欧地理标志协定》的基本内容和互认互保模式

■ 大纲要求：熟悉＊＊＊＊

1）中欧协定纳入的地理标志产品既包括欧洲的葡萄酒、烈酒、奶制品和肉制品等，也包括我国的白酒、黄酒、茶叶、调味品、中药材、果品等。此外，协定还对我国的手工艺品地理标志给予了特别关注。

2）《中欧地理标志协定》主文共14条，还包含7个附录。

①协定主文设立了协定范围、地理标志的确立、地理标志的新增、地理标志的保护范围、地理标志的使用权、与商标的关系、实施保护、总则、透明度和信息交换、联合委员会、合作、领土范围、作准语言、最终条款和协定的范围。

②协定附录分两批对中欧双方各275个地理标志产品实施互认互保，第一批"100+100"清单将在协定生效日实施，第二批"175+175"清单将在未来4年分批实施。

3）中欧地理标志互认互保具有互相认可制度、采用行政保护、妥善协调地理标志与商标的关系、保护数量对等和妥善处理异议五大特点。

第十章 商业秘密

CHAPTER 10

一、基本内容框架

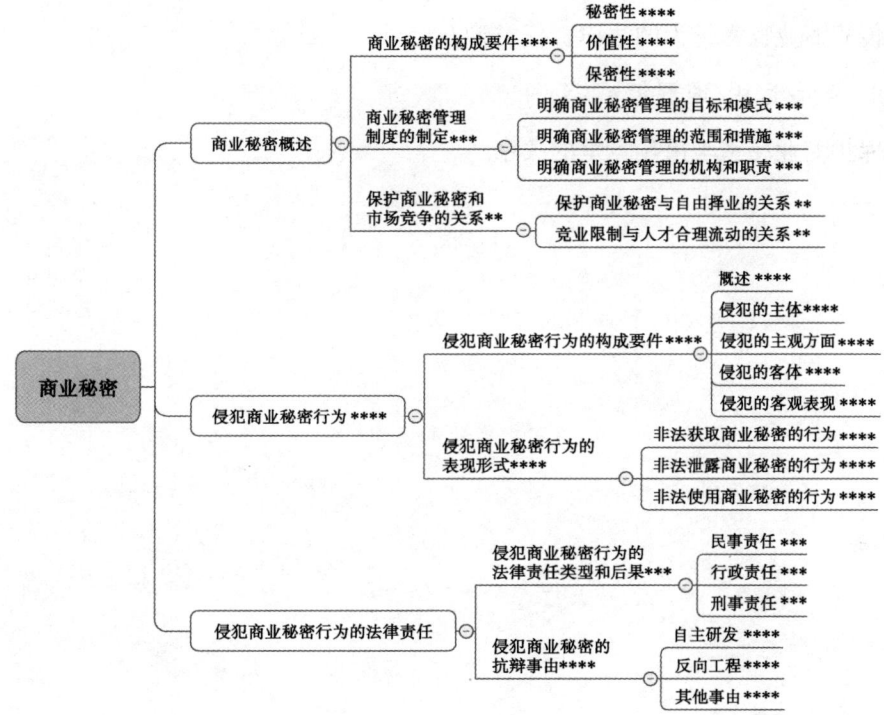

二、主要知识点

（一）掌握＊＊＊＊

1. 商业秘密的构成要件
2. 侵犯商业秘密行为的构成要件以及表现形式
3. 侵犯商业秘密的抗辩事由

（二）熟悉＊＊＊

4. 商业秘密管理制度的制定
5. 侵犯商业秘密行为的法律责任类型及后果

（三）辨析/运用/理解＊＊

6. 保护商业秘密与市场竞争的关系

三、知识点解析

知识点一 商业秘密的概念及构成要件

■ **大纲要求：掌握** ＊＊＊＊

商业秘密的概念		商业秘密是指不为公众所知悉、具有商业价值并经权利人采取相应保密措施的技术信息、经营信息等商业信息
商业秘密的构成要件	秘密性	含义：又被称为"非公知性"，它是指商业秘密应当是非公开的、不为公众所知悉的信息
		判断：商业秘密的"秘密性"是"相对的"而不是"绝对的"
	价值性	含义：是指该信息具有确定的可应用性，能为权利人带来现实的或者潜在的经济利益或者竞争优势
		判断：商业秘密的"价值性"是指信息具有客观的商业价值，但不能以权利人"主观上认为有价值"来确定
	保密性	含义：是指权利人采取的与商业秘密信息相适应的合理的保密措施
		判断：采取保密措施不要求是绝对的、无懈可击的，只要是合理的、适当的即可

知识点二 商业秘密管理制度的制定

■ **大纲要求：熟悉** ＊＊＊

1. 明确商业秘密管理的目标和模式

管理目标：防范法律风险、维护竞争优势。

管理模式：商业秘密权利人应当根据自身的经营管理模式、企业规划、研发重点、市场地位和竞争优势，制定和调整商业秘密管理模式。通常可采用的商业秘密管理模式包括：项目式管理、过程式管理、部门式管理、人员式管理等。

2. 明确商业秘密管理的范围和措施

管理范围：确定商业秘密管理的范围，即界定商业秘密的外延。其目的是把存在于单位内部各部门、各流程和各环节中符合商业秘密构成要件的商业信息识别出来，形成"商业秘密管理清单"，从而为制定相应的商业秘密管理措施奠定基础。

管理措施：采取相应的保密措施，是商业秘密的构成要件之一。因此，站在商业秘密管理的角度，制定保密措施是商业秘密管理的重要内容。

3. 明确商业秘密管理的机构和职责

管理机构：企业可以新建负责商业秘密管理的专门机构，也可以指定原有部门，如法务部、知识产权部或者其他综合部门负责。

管理职责：负责统一贯彻国家有关法律、法规和规章，落实上级保密机构、部门的工作要求，研究决定企业商业秘密管理工作的相关事项，如制定保密规章、制度以及保密协议等管理文件。

知识点三　保护商业秘密和市场竞争的关系

■ 大纲要求：理解＊＊

1）保护商业秘密与自由择业的关系：在保护商业与劳动者自由择业之间寻求利益平衡。

2）竞业限制与人才合理流动的关系：目的是保护商业秘密而不是限制劳动者择业自由。

知识点四　侵犯商业秘密行为的构成要件

■ 大纲要求：掌握＊＊＊＊

主体	含义	侵犯的主体是指侵犯商业秘密的行为人
	判断	经营者和非经营者
主观方面	含义	侵犯的主观方面是指行为人实施侵犯商业秘密行为时的主观心理状态
	判断	主观心理状态体现为故意或者过失
客体	含义	侵犯商业秘密的客体是指商业秘密所有人对其商业秘密所享有的财产利益以及与此相关的商业自由和诚实商业习惯
客观表现	含义	侵犯商业秘密的客观表现是指行为人违反法律规定，以不正当手段侵犯他人商业秘密的行为
	判断	界定商业秘密本身以及不正当手段，并排除合法行为

知识点五　侵犯商业秘密行为的表现形式

■ 大纲要求：掌握＊＊＊＊

非法获取商业秘密的行为具体包括：①以盗窃、贿赂、欺诈、胁迫、电子侵入或者其他不正当手段获取他人的商业秘密；②教唆、引诱、帮助他人违反保密义务或者违反权利人有关保守商业秘密的要求，非法获取他人的商业秘密；③第三人明知或者应知商业秘密是以不正当手段获取的，仍然获取该商业秘密。

非法披露商业秘密的行为具体包括：①以盗窃、贿赂、欺诈、胁迫、电子侵入或者其他不正当手段获取他人商业秘密的行为人将该商业秘密非法披露给他人；②从合法途径获取商业秘密的行为人，违反保密义务或者违反权利人有关保守商业秘密的要求，将该商业秘密非法披露给他人；③第三人明知或者应知其所掌握的商业秘密是以不正当手段获取的，仍然将该商业秘密披露给他人。

非法使用商业秘密的行为具体包括：①以不正当手段获取商业秘密的行为人自己使用或者允许他人使用该商业秘密；②从合法途径获取商业秘密的行为人，违反保密义务或者违反权利人有关保守商业秘密的要求，擅自使用或者允许他人使用该商业秘密；③第三人明知或者应知其所掌握的商业秘密是以不正当手段获取的，仍然使用该商业秘密。

知识点六　侵犯商业秘密行为的法律责任类型及后果

■ 大纲要求：熟悉＊＊＊

民事责任	含义	指由于侵犯商业秘密的行为人实施了民事违法行为所应承担的不利法律后果
	形式	主要包括停止侵害和损害赔偿
行政责任	含义	指由于侵犯商业秘密的行为人违反了行政法律规定而应承担的法律责任
	形式	主要包括责令停止侵权、没收违法所得、罚款等
刑事责任	含义	指侵犯商业秘密的行为人触犯了刑事法律而应当承担的法律后果
	形式	给商业秘密的权利人造成损失数额在50万元以上的，属于"给权利人造成重大损失"，应当以侵犯商业秘密罪判处3年以下有期徒刑或者拘役，并处或者单处罚金。给商业秘密的权利人造成损失数额在250万元以上的，属于《刑法》第219条规定的"造成特别严重后果"，应当以侵犯商业秘密罪判处3年以上7年以下有期徒刑，并处罚金

知识点七　侵犯商业秘密的抗辩事由

■ 大纲要求：掌握＊＊＊＊

自主研发	含义	指开发者通过自身的投资和辛劳而开发研制出的智力成果
	认定	认定自主研发通常要考虑以下因素：一是自主研发信息所形成的文件资料，如设计草图、研发资料以及研发人员的证人证言等；二是证明自主研发成功的时间早于其接触到商业秘密的时间

续表

反向工程	含义	指第三人以合法技术手段取得载有商业秘密的产品，对其进行拆解、检验、分析，从而还原出商业秘密中的技术信息
	认定	（1）作为技术还原基础的产品或服务，是通过合法方式取得的； （2）从事反向工程的技术人员与商业秘密权利人之间没有订立禁止反向工程的合同
其他事由		从合法途径取得使用权
		因权利人自身原因而获悉后使用
		因公共利益限制而有权使用

第十一章 其他类型知识产权

一、基本内容框架

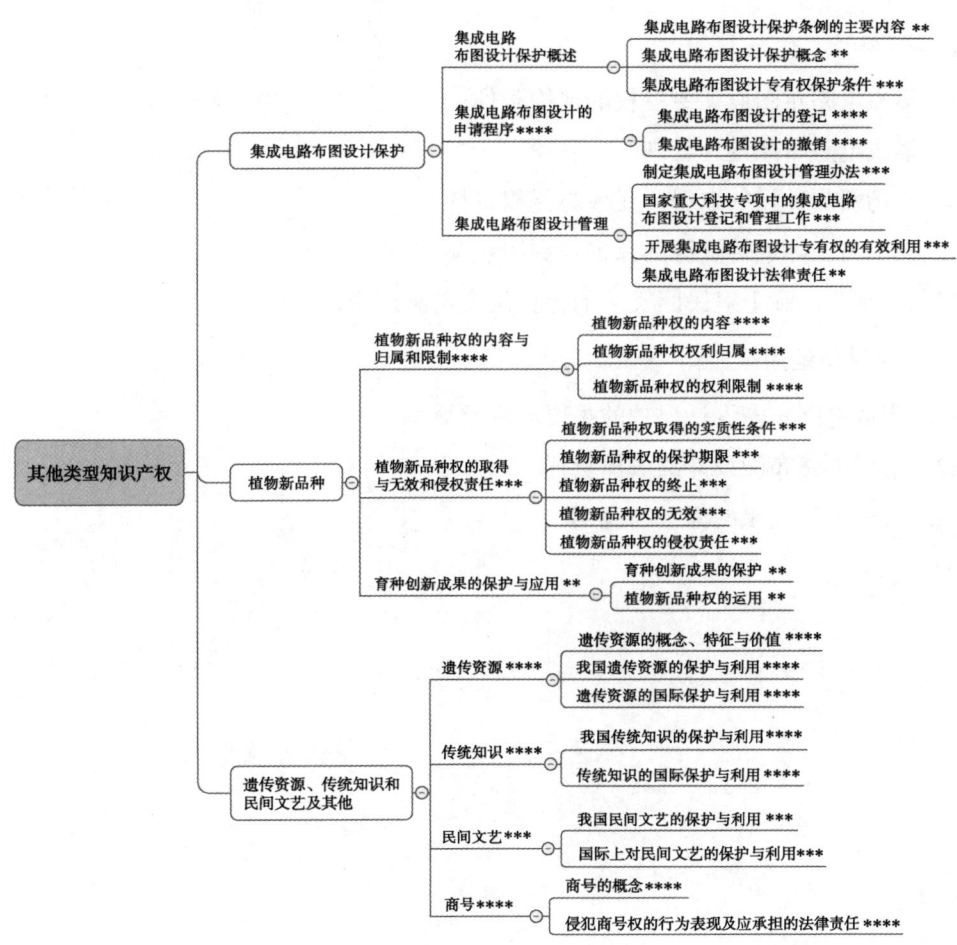

二、主要知识点

（一）掌握＊＊＊＊

1. 集成电路布图设计的申请程序
2. 植物新品种权的内容、归属及限制
3. 遗传资源的概念、特征与价值
4. 我国及国际上对传统知识的保护与利用情况
5. 侵害商号的概念、行为表现及应承担的法律责任

（二）熟悉＊＊＊

6. 集成电路布图设计专有权的保护条件
7. 集成电路布图设计管理
8. 植物新品种权的取得、无效与侵权责任
9. 我国与国际遗传资源的保护与利用状况
10. 我国与国际上对民间文艺的保护制度与利用现状

（三）辨析/运用/理解＊＊

11. 集成电路布图设计保护的主要内容及概念
12. 集成电路布图设计的法律责任
13. 育种创新成果的保护与应用

三、知识点解析

知识点一　集成电路布图设计保护的主要内容

■ **大纲要求：理解＊＊**

我国从 2001 年开始实施《集成电路布图设计保护条例》，共 6 章 36 条。主要内容包括：

第 1 章总则，主要规定条例制定宗旨、条例相关用语含义、受保护的布图设计特性；

第 2 章布图设计专有权，主要规定了布图设计专有权的内容、权利归属、保护期限等；

第 3 章布图设计的登记，主要规定登记的程序，包括布图设计的申请、初审、复审、公告等内容；

第 4 章布图设计专有权的行使，规定布图设计专有权的转让、许可、非自愿许可和救济等；

第 5 章法律责任，主要规定侵权行为及其法律责任、纠纷解决机制、财产保全措施、免责等内容；

第 6 章附则，规定缴纳费用等。

布图设计是为制作半导体集成电路而设计的三维配置，属于智力成果。

布图设计权具备知识产权的客体属性：无形性、专有性、地域性、时间性和可复制性。

布图设计权中的复制权和著作权中的复制权有差异。布图设计权是通过光学、电子学或其他方式的重复制作，类似于实施行为。

布图设计权中的独创性与著作权的独创性、专利的创造性有差异。布图设计权的独创性要求"作者独立形成的智力成果"+"不是公认的常规设计"，要考虑布图设计在行业中的客观水平或先进性。著作权法的独创性是作者独立创作的智力成果。专利的创造性要求技术方案至少要"有实质性特点+进步"。显然布图设计的创造性水平比著作权的独创性高，比专利创造性水平低。

知识点二　集成电路布图设计保护概念

■ 大纲要求：理解 * *

集成电路布图设计是指集成电路中至少有一个是有源元件的两个以上元件和部分或者全部互连线路的三维配置，或者为制造半导体集成电路而设计的元件和线路的三维配置。

集成电路布图设计保护是指法律赋予有独创性的集成电路的布图设计以专有权利，该专有权的保护客体应是布图设计。集成电路的生产需要按照详细的设计图或设计图纸进行完成，集成电路布图设计为生产集成电路而产生。

知识点三　集成电路布图设计专有权的保护条件

■ 大纲要求：熟悉 * * *

保护条件：

1）受保护的布图设计应当是创作者自己的智力劳动成果，具有独创性。在创作之时，对于其他集成电路布图设计创作者和集成电路制造商来说，其设计不能是一个司空见惯的常规设计。

2）如果受保护的是由常规设计组成的布图设计，其组合作为整体应当具有独创性。

知识点四　不受布图设计专有权保护的情形

■ 大纲要求：熟悉 * * *

布图设计专有权保护的客体应是为制作半导体集成电路而设计的三维配置，而不延及以下情形：

1）思想。集成电路布图设计只是停留在构思、构想状态，而没有表达出具体设计形式。

2）处理过程。处理过程是用特定的方法对工件或产品进行加工所经过的程序，不属于一种三维配置。

3）操作方法。操作方法是按照一定程序和技术要求进行的活动或工作方法，是人的思维参与的智力活动的方法。

4) 数学概念。数学概念是数学家创造出来的用于帮助人类更好地认识自然、改造自然的工具性理论，而不是揭示自然界中客观存在的物质、现象、变化过程及其特性和规律的理论。

知识点五　集成电路布图设计的申请程序

■ **大纲要求：掌握 ＊＊＊＊**

申请程序	内容
申请登记	1. 受理部门：国家知识产权局。 2. 递交方式：申请文件可以通过面交、邮寄、快递等方式，也可以登录"集成电路布图设计电子申请平台"通过电子方式提交。 3. 提交材料：布图设计登记申请表、布图设计的复制件或者图样、布图设计已投入商业利用的提交含有该布图设计的集成电路样品、国家知识产权局规定的其他材料
申请初审	1. 审查布图设计登记申请表。 2. 审查布图设计复制件或者图样及其目录。 3. 审查集成电路样品。 4. 审查代理事项及其他文件。 其他手续的审查包括著录项目变更、恢复权利请求、布图设计专有权的放弃、有关程序中止和恢复的处理等
撤销情形	1. 布图设计获准登记后，国家知识产权局发现该登记不符合《集成电路布图设计保护条例》规定的，应当予以撤销，通知布图设计权利人，并予以公告。 2. 不符合《集成电路布图设计保护条例》规定的集成电路和布图设计用语定义的。 3. 外国人创作的布图设计没有首先在中国境内投入商业利用，并且其创作者所属国没有同中国签订有关布图设计保护协议或与中国共同参加有关布图设计保护国际条约。 4. 申请保护的布图设计不具有独创性。 5. 延及思想、处理过程、操作方法或者数学概念等布图设计的保护。 6. 布图设计自创作完成之日起超过 15 年
撤销救济	1. 撤销布图设计专有权的，应当通知该布图设计权利人，要求其在指定期限内陈述意见。期满未答复的，不影响国家知识产权局作出撤销布图设计专有权的决定。 2. 国家知识产权局撤销布图设计专有权的决定应当写明所依据的理由，并通知该布图设计权利人。 3. 布图设计权利人对国家知识产权局撤销布图设计登记的决定不服的，可以自收到通知之日起 3 个月内向人民法院起诉

知识点六　集成电路布图设计的管理

■ 大纲要求：熟悉＊＊＊

集成电路布图设计的管理办法

管理办法	内容
申请管理	1. 在单位内部设立布图设计专门管理办公室或小组，配备专门人员制定并实施集成电路布图设计管理办法，注册并利用布图设计电子申请系统等。 2. 建立布图设计成果管理系统。管理现有布图设计权，跟踪布图设计权的登记、变更、转让、许可和维权保护情况，同时还可以快捷统计数据，跟踪研发人员的布图设计成果进度，为设计人员提供查询通道。 3. 协助设计人员整理并提交布图设计权申请的申报材料。 4. 处理申请失效案卷。与布图设计申请有关的案卷，自该申请失效之日起满3年后不予保存。提取符合销毁条件的案卷并制作申请号清单，将失效案卷与清单中的申请号逐一核销，确定销毁后，记录出库日、销毁日等信息；待主管领导批准后，此批案卷销毁
变更管理	1. 布图设计专有权发生转移的，当事人应当凭有关证明文件或者法律文书向国家知识产权局办理著录项目变更手续。 2. 著录事项变更手续费的裁决请求费应当自提出请求之日起1个月内缴纳；延长期限请求费应当在相应期限届满前缴纳；期满未缴纳或者未缴足的，视为未提出请求。 3. 国家知识产权局设置布图设计登记簿，需要登记布图设计权利人的姓名、名称、国籍和地址及其变更
使用管理	1. 专有权转让许可使用的管理 （1）订立书面合同； （2）向国家知识产权局登记，由国家知识产权局予以公告。布图设计专有权的转让自登记之日起生效； （3）要维护合同的有效。 2. 专有权合理使用的管理 （1）为个人目的或者单纯为评价、分析、研究、教学等目的而复制受保护的布图设计的行为； （2）在依据前项评价、分析受保护的布图设计的基础上，创作出具有独创性的布图设计； （3）对自己独立创作的与他人相同的布图设计进行复制或者将其投入商业利用的。上述行为，可以不经布图设计权利人许可，不向其支付报酬。 3. 布图设计专有权非自愿许可的管理 （1）根据非自愿许可的理由，规定他人使用的范围和时间； （2）非自愿许可的理由消除并不再发生时，权利人要及时请求国家知识产权局，经审查后作出终止使用布图设计非自愿许可的决定； （3）取得使用布图设计非自愿许可的自然人、法人或者其他组织应当向布图设计权利人支付合理的报酬，其数额由双方协商，双方不能达成协议的，由国家知识产权局裁决。双方对裁决不服的，可以自收到通知之日起3个月内向人民法院起诉

续表

管理办法	内容
保护管理	1. 设立布图设计专有权保护领导小组（办公室），制定布图设计专有权保护的方针政策、规章制度。 2. 对布图设计项目产生的科技成果，适时选择申请布图设计登记，或作为技术秘密等方式予以保护。对作为技术秘密予以保护的，应当明确界定、标识予以保护的技术信息及其载体，采取保密措施，与可能接触该技术秘密的科技人员和其他人员签订保密协议。 3. 明确单位职务成果的权利归属于单位，确定委托、合作创作等完成的成果权利归属管理，明确布图设计权的纠纷解决和维权管理，加强合同管理。 4. 开展对外合作布图设计专有权风险预警与防范。对外出口的新产品、新技术，应对出口国针对该产品和技术所涉及的布图设计专有权保护状况进行必要的调查，并制定相应的保护布图设计专有权的措施，同时避免因侵犯他人布图设计专有权而引起纠纷

知识点七　国家重大科技专项中的集成电路布图设计登记和管理

■ **大纲要求：熟悉＊＊＊**

国家重大科技专项主要用来完成国家重大科技任务，涉及国家安全和重大利益。

国家重大科研专项中的布图设计的登记

登记程序	内容
申请前期分析	重大专项在提交申请材料时，应提交本领域核心技术布图设计专有权状况分析，内容包括分析的目标和路径、主要权利人分布、项目的主要布图设计专有权目标和风险应对策略及其对产业的影响等
保密审查	申请登记的国家重大科技专项中的布图设计涉及国家安全或者重大利益，需要保密的，按照国家有关规定办理
论文等发表、发布前的审查和登记	论文、学术报告等发表、发布前，项目责任单位要进行审查和登记，涉及应当申请布图设计专有权的技术内容，在提出申请前不得发表、公布或向他人泄露
申请	重大专项中的布图设计申请登记时，应向国家知识产权局提交下列文件：布图设计登记申请表、布图设计的复制件或者图样、含有该布图设计的集成电路样品以及国家知识产权局规定的其他材料
初审	国家知识产权局在收到申请人的申请后，对申请进行初步审查
登记并公告	布图设计登记申请经初步审查，未发现驳回理由的，由国家知识产权局予以登记，发给登记证明文件，并予以公告

知识点八　国家重大科技专项中的集成电路布图设计管理

■ 大纲要求：熟悉＊＊＊

管理类型	内容
管理职责	重大专项牵头组织单位全面负责本重大专项布图设计专有权工作。各重大专项实施管理办公室应当设立专门岗位、配备专门人员负责本重大专项布图设计专有权工作。可以根据需要，委托知识产权服务机构对本重大专项布图设计战略制定和决策提供咨询和服务。重大专项专职技术责任人负责组织开展布图设计专有权战略分析，提出技术方向和集成方案设计中的布图设计专有权策略建议，对成果产业化可能产生的布图设计专有权问题进行预测评估并提出对策建议
实施过程中的布图设计管理	1. 牵头组织单位应把布图设计专有权作为立项评审的独立评价指标，合理确定其在整个评价指标体系中的权重。 2. 对批准立项的项目，应当在任务合同书中明确约定布图设计专有权任务和目标。 3. 项目实施过程中，责任单位应密切跟踪相关技术领域的布图设计发展动态，据此按照有关程序对项目的研究策略及布图设计专有权措施及时进行相应调整。 4. 各重大专项应当建立本领域布图设计专有权专题数据库，作为重大专项管理信息系统的重要组成部分，向项目责任单位开放使用。 5. 牵头组织单位应定期对本重大专项申请和获取的布图设计专有权总体情况进行评估分析，跟踪比较国内外发展态势，研究提出下一阶段策略。 6. 把布图设计专有权情况作为重大专项验收的重要内容之一
专有权的归属管理	1. 涉及国家安全、国家利益和重大社会公共利益的，属于国家，项目责任单位有免费使用的权利。 2. 授权项目责任单位依法取得的，为了国家安全、国家利益和重大社会公共利益的需要，国家可以无偿实施，也可以许可他人有偿实施或者无偿实施
专有权的转移和运用管理	1. 重大专项产生的布图设计专有权，应当首先在境内实施。 2. 布图设计专有权转让、许可出现特殊情形的，应当报牵头组织单位审批。 3. 许可他人实施的，一般应当采取非独占许可的方式。 4. 向境外组织或个人转让或许可的，经批准后，还应依照《中华人民共和国技术进出口管理条例》执行

知识点九　集成电路布图设计专有权的有效利用

■ 大纲要求：熟悉＊＊＊

使用方式	内容
转让	1. 集成电路布图设计专有权人在有效期内，通过订立合同方式，将其集成电路布图设计复制权或商业利用权让予他人。 2. 布图设计专有权发生转移的，当事人应当凭有关证明文件或者法律文书向国家知识产权局办理著录项目变更手续

续表

许可	集成电路布图设计专有权人与被许可人之间,通过签订实施许可合同的方式,允许被许可人在约定期限、约定范围内,按照约定方式实施其集成电路布图设计复制权或商业利用权
合理使用	1. 为个人目的或者单纯为评价、分析、研究、教学等目的而复制受保护的布图设计的。 2. 在依据前项评价、分析受保护的布图设计的基础上,创作出具有独创性的布图设计的。 3. 对自己独立创作的与他人相同的布图设计进行复制或者将其投入商业利用的
非自愿许可使用	1. 在国家出现紧急状态或者非常情况时,或者为了公共利益的目的,或者经人民法院、不正当竞争行为监督检查部门依法认定布图设计权利人有不正当竞争行为而需要给予补救时,国家知识产权局可以给予使用布图设计非自愿许可的决定。 2. 非自愿许可应当根据其理由,规定使用的范围和时间,其范围应当限于为公共目的非商业性使用,或者限于经人民法院、不正当竞争行为监督检查部门依法认定布图设计权利人有不正当竞争行为而需要给予的补救。国家知识产权局作出给予使用布图设计非自愿许可的决定,应当及时通知布图设计权利人。非自愿许可的理由消除并不再发生时,国家知识产权局应当根据布图设计权利人的请求,经审查后作出终止使用布图设计非自愿许可的决定。 3. 取得使用布图设计非自愿许可的自然人、法人或者其他组织不享有独占的使用权,并且无权允许他人使用。取得使用布图设计非自愿许可的自然人、法人或者其他组织应当向布图设计权利人支付合理的报酬,其数额由双方协商;双方不能达成协议的,由国家知识产权局裁决。 4. 布图设计权利人对国家知识产权局关于使用布图设计非自愿许可的决定不服的,布图设计权利人和取得非自愿许可的自然人、法人或者其他组织对国家知识产权局关于使用布图设计非自愿许可的报酬的裁决不服的,可以自收到通知之日起3个月内向人民法院起诉

知识点十　集成电路布图设计的侵权行为

■ **大纲要求:理解＊＊**

布图设计侵权行为,是指侵犯了布图设计权人的专有权利,依法应当承担法律责任的行为。具体分为两种:

1) 未经许可复制受保护的布图设计的全部或者其中任何具有独创性的部分。

2) 未经许可为商业目的进口、销售或者以其他方式提供受保护的布图设计、含有该布图设计的集成电路或者含有该集成电路的物品的。

民事法律责任:

1) 停止侵权。有未经布图设计权利人许可的上述两种行为之一的,行为人必须立即停止侵权行为。

2）赔偿损失。侵犯布图设计专有权应承担赔偿责任，其赔偿数额为侵权人所获得的利益或者被侵权人所受到的损失，包括被侵权人为制止侵权行为所支付的合理开支。

知识点十一　不视为侵犯集成电路布图设计专有权的行为

■ 大纲要求：理解＊＊

不视为侵犯集成电路布图设计专有权的行为：

1）反向工程，是指通过技术手段对从公开渠道取得的受保护的布图设计进行评价、分析而获得该产品的有关技术信息，在此基础上，创作出具有独创性的布图设计的行为。

下列行为可以不经布图设计权利人许可，不向其支付报酬：

①为个人目的或者单纯为评价、分析、研究、教学等目的而复制受保护的布图设计的。

②在依据前项评价、分析受保护的布图设计的基础上，创作出具有独创性的布图设计的。

③对自己独立创作的与他人相同的布图设计进行复制或者将其投入商业利用的。

2）权利穷竭，是指布图设计权利人将受保护的布图设计、含有该布图设计的集成电路或者含有该集成电路的物品，由布图设计权利人或者经其许可投放市场后，其权利已经用尽，他人再次商业利用的，无须征得布图设计权利人许可，并不向其支付报酬。

3）善意免责，是指行为人在获得含有受保护的布图设计的集成电路或者含有该集成电路的物品时，不知道也没有合理理由应当知道其中含有非法复制的布图设计，而将其投入商业利用的，不视为侵权，此处行为人即为善意第三人。善意第三人得到其中含有非法复制的布图设计的明确通知后，可以继续将现有的存货或者此前的订货投入商业利用，但应当向布图设计权利人支付合理的报酬。

知识点十二　集成电路布图设计纠纷处理机制

■ 大纲要求：理解＊＊

1. 未经布图设计权利人许可，使用其布图设计，即侵犯其布图设计专有权，引起纠纷的，由当事人协商解决。

2. 不愿协商或者协商不成的，布图设计权利人或者利害关系人可以向人民法院起诉，也可以请求国家知识产权局处理。

国家知识产权局处理时，认定侵权行为成立的，可以责令侵权人立即停止侵权行为，没收、销毁侵权产品或者物品。当事人不服的，可以自收到处理通知之日起15日内依照《中华人民共和国行政诉讼法》向人民法院起诉。

侵权人期满不起诉又不停止侵权行为的，国家知识产权局可以请求人民法院强制执行。

应当事人的请求，国家知识产权局可以就侵犯布图设计专有权的赔偿数额进行调解；调解不成的，当事人可以依照《中华人民共和国民事诉讼法》向人民法院起诉。

布图设计权利人或者利害关系人有证据证明他人正在实施或者即将实施侵犯其专有权的行为，如不及时制止将会使其合法权益受到难以弥补的损害的，可以在起诉前依法向人民法院申请采取责令停止有关行为和财产保全的措施。

知识点十三 植物新品种权的内容

■ **大纲要求：掌握 ＊＊＊＊**

植物新品种权包括独占权和衍生权。独占权包括生产权、销售权、使用权三种权利。衍生权包括许可权、转让权、标记权、追偿权四种权利。

独占权，就是任何单位或者个人未经品种权所有人（以下称品种权人）许可，不得为商业目的生产或者销售该授权品种的繁殖材料，不得为商业目的将该授权品种的繁殖材料重复使用于生产另一品种的繁殖材料。但是，非商业化的育种及其他科研活动、农民自繁自用授权品种的繁殖材料可以不经品种权人许可也不向其支付使用费，以及强制许可无须品种权人许可但应当付给品种权人合理的使用费三种情况例外。

权利		内容
独占权	生产权	品种权人有权依法再生产自己的授权品种，任何单位和个人不得阻止品种权人合法生产自己的授权品种
	销售权	品种权人有权合法销售自己的授权品种，其他人销售授权品种必须经过品种权人的许可
	使用权	品种权人有权合法使用自己的授权品种，任何单位和个人不得阻止品种权人合法生产自己的授权品种

续表

衍生权	许可权	品种权人除可以自己实施品种权外，还可允许他人实施其品种权。只是使用权的有偿转让，所有权仍归品种权人所有，而被许可人只能在合同所规定的范围内生产、销售或利用其授权品种的繁殖材料，并应按合同规定履行相应的义务
	转让权	转让植物新品种的申请权和品种权的权利。申请权的转让是指育种人可以将自己培育出来的新品种申请植物新品种权的权利转让给任何单位或个人的行为，品种权的转让是指品种权人将其品种权转让给任何单位和个人的行为
	标记权	品种权人销售自己的授权品种可以在销售授权品种时标记有关品种授权信息。例如品种权申请号、品种权号、品种权人名称、授权时间等
	追偿权	品种权被授予后，在自初步审查合格公告之日起至被授予品种权之日止的期间，对未经申请人许可，为商业目的生产或者销售该授权品种的繁殖材料的单位和个人，品种权人享有追偿的权利

知识点十四 植物新品种权的权利归属

■ **大纲要求：掌握** ＊＊＊＊

育种分类	内容
职务育种	执行本单位的任务或者主要是利用本单位的物质条件所完成的职务育种，植物新品种的申请权属于该单位。包括： 1. 在本职工作中完成的育种。 2. 履行本单位交付的本职工作之外的任务所完成的育种。 3. 退职、退休或者调动工作后，3年内完成的与其在原单位承担的工作或者原单位分配的任务有关的育种。 本单位的物质条件是指本单位的资金、仪器设备、试验场地以及单位所有的尚未允许公开的育种材料和技术资料等
非职务育种	育种人完全独立依靠自己的智力劳动以及资金、仪器设备、育种材料、试验场地等物质条件所完成的育种。 非职务育种，植物新品种的申请权属于完成育种的个人。 申请被批准后，品种权属于申请人
委托育种	以合同方式委托他人完成的育种，品种权的归属由当事人在合同中约定；没有合同约定的，品种权属于受委托完成的单位或者个人
合作育种	合作育种是指两人或两人以上共同完成的育种品种权的归属由当事人在合同中约定；没有合同约定的，品种权属于共同完成育种的单位或者个人

知识点十五　植物新品种权的权利限制

■ 大纲要求：掌握＊＊＊＊

1. 合理使用：指利用授权品种进行育种及其他科研活动或者农民自繁自用授权品种的繁殖材料，可以不经品种权人许可使用授权品种，并不向其支付使用费。但是，利用授权品种进行育种及其他科研活动，农民自繁自用授权品种的繁殖材料等，不得侵犯品种权人享有的其他权利。

2. 强制许可授权品种：为了国家利益或者公共利益，审批机关可以作出实施植物新品种强制许可的决定，并予以登记和公告。取得实施强制许可的单位或者个人应当付给品种权人合理的使用费，其数额由双方商定；双方不能达成协议的，由审批机关裁决。品种权人对强制许可决定或者强制许可使用费的裁决不服的，可以自收到通知之日起 3 个月内向人民法院提起诉讼。

知识点十六　植物新品种权取得的条件

■ 大纲要求：熟悉＊＊＊

实质性条件：授予品种权的植物新品种应当具备新颖性、特异性、一致性、稳定性、适当的名称。

非实质性条件：申请品种权的植物新品种应当属于国家植物品种保护名录中列举的植物的属或者种。植物品种保护名录由审批机关确定和公布。

1) 新颖性：指申请品种权的植物新品种在申请日前该品种繁殖材料未被销售，或者经育种者许可，在中国境内销售该品种繁殖材料未超过 1 年；在中国境外销售藤本植物、林木、果树和观赏树木品种繁殖材料未超过 6 年，销售其他植物品种繁殖材料未超过 4 年。不符合上述条件的，则认为不具备新颖性。

新颖性的宽限期。对《植物新品种保护条例》施行前首批列入植物品种保护名录的和《植物新品种保护条例》施行后新列入植物品种保护名录的属或者种的植物品种，自名录公布之日起一年内提出的品种权申请，经育种人许可，在中国境内销售该品种的繁殖材料不超过 4 年的，视为具有新颖性。另外列入植物新品种保护名录的植物属或者种，从名录公布之日起 1 年内提出的品种权申请，凡经过育种者许可，申请日前在中国境内销售该品种的繁殖材料未超过 4 年，符合《植物新品种保护条例》规定的特异性、一致性和稳定性及命名要求的，承认新颖性。农业农村部可以授予品种权。

"销售"是判定申请品种是否具备"新颖性"的重要标准。销售不管数量、价值多大，只要有经济行为，就构成销售行为。具有下列情形之一的，属于《植物新品种保护条例》规定的销售：

①以买卖方式将申请品种的繁殖材料转移他人。
②以易货方式将申请品种的繁殖材料转移他人。
③以入股方式将申请品种的繁殖材料转移他人。
④以申请品种的繁殖材料签订生产协议。
⑤以其他方式销售的情形。

具有下列情形之一的，视为《植物新品种保护条例》规定的育种者许可销售：
①育种者自己销售。
②育种者内部机构销售。
③育种者的全资或者参股企业销售。
④农业农村部规定的其他情形。

2）特异性：指申请品种权的植物新品种应当明显区别于在递交申请以前已知的植物品种。"已知的植物品种"，包括品种权申请初审合格公告、通过品种审定或者已推广应用的品种。

是否"已知品种"是判断特异性的标准：
①已经公知公用的品种。
②考察本国范围的品种。品种权范围有地域性，一个品种的品种权只在一个国家或区域内有效，要得到另一个国家或区域的保护，还要到另一个国家或区域去另行申请，因此，"已知品种"应是在本国范围内来考察。

判断特异性方法。根据不同作物的繁殖方法和特性，利用植物学的一些理论和方法进行判断，选出几个其生物学特征特性理论上应该和申请品种最为接近的近似品种来和申请品种进行比较，看其是否具有特异性。若有特异性，则认为该申请品种具备特异性，符合授权对特异性的要求。

3）一致性：指申请品种权的植物新品种经过繁殖，除可以预见的变异外，其相关的特征或者特性一致。

审查一致性主要需要考虑植物的繁殖方式，有性繁殖还是无性繁殖，有性繁殖还要考虑是自花授粉、异花授粉还是常异花授粉。另外还要注意育种方式，不同的育种方式变异也是不同的。

4）稳定性：指申请品种权的植物新品种经过反复繁殖后或者在特定繁殖周期结束时，其相关的特征或者特性保持不变。

如果一个品种经过反复繁殖有关特性保持不变，或者是在一个特殊繁殖周期情况下，在每个周期末尾其有关特性保持不变，这个品种就被认为是稳定的。同一个品种按照其相应的繁殖方式繁殖的后代要和前代的生物学特征特性保持一致。

5）具备适当的名称，并与相同或者相近的植物属或者种中已知品种的名称相区别。该名称经注册登记后即为该植物新品种的通用名称。下列名称不得用于品种命名：仅以数字组成的；违反社会公德的；对植物新品种的特征、特性或者育种者的身份等容易引起误解的。

① 《植物新品种保护条例实施细则（林业部分）》第 13 条规定，除《植物新品种保护条例》第 18 条规定的以外，有下列情形之一的，不得用于植物新品种命名：

a. 违反国家法律、行政法规规定或者带有民族歧视性的。

b. 以国家名称命名的。

c. 以县级以上行政区划的地名或者公众知晓的外国地名命名的。

d. 同政府间国际组织或者其他国际知名组织的标识名称相同或者近似的。

e. 属于相同或者相近植物属或者种的已知名称的。

② 《植物新品种保护条例实施细则（农业部分）》第 18 条规定，有下列情形之一的，不得用于新品种命名：

a. 仅以数字组成的。

b. 违反国家法律或者社会公德或者带有民族歧视性的。

c. 以国家名称命名的。

d. 以县级以上行政区划的地名或者公众知晓的外国地名命名的。

e. 同政府间国际组织或者其他国际国内知名组织及标识名称相同或者近似的。

f. 对植物新品种的特征、特性或者育种者的身份等容易引起误解的。

g. 属于相同或相近植物属或者种的已知名称的。

h. 夸大宣传的。

已通过品种审定的品种，或获得《农业转基因生物安全证书（生产应用）》的转基因植物品种，如品种名称符合植物新品种命名规定，申请品种权的品种名称应当与品种审定或农业转基因生物安全审批的品种名称一致。

6）申请、授予植物品种权的植物新品种必须列入国家保护名录。植物品种保护名录由审批机关确定和公布。我国植物新品种保护工作由农业农村部和国家林业和草原局根据各自的职责范围分工负责，植物新品种保护名录也由两个部门根据需要和可能陆续分别发布。

申请授予植物新品种权的植物所属的属或种只有在国家公布的植物品种保护名录范围中才能申请植物新品种权，才可能获得植物新品种权。不在范围内的植物新品种，则不能申请。但是，对于那些虽然还不在保护范围内，但有良好市场前景和效益预期的植物种类，相关的培育者希望得到保护，可以以书面形式向农业农村部或国家林业和草原局提出要求早日列入保护名录。植物新品种保护办公室会根据市场需求及测试指南等审查测试技术支撑体系的情况，陆续公布新的植物属或种列入保护名录。

知识点十七　植物新品种权的保护期限、终止

■ 大纲要求：熟悉＊＊＊

我国品种权的保护期限，自授权之日起，藤本植物、林木、果树和观赏树木为20年，其他植物为15年。

《保护植物新品种国际公约》第19条第2项规定，自批准之日起不少于20年，对于树木和藤本植物，这个期限不少于25年。我国与公约规定保护期限不同。

1）品种权在其保护期限届满自动终止；

2）品种权在其保护期限届满前终止的，其终止日期为：

①品种权人以书面声明放弃品种权的，自声明之日起终止。

②品种权人未按照有关规定缴纳年费的，自补缴年费期限届满之日起终止。

③品种权人未按照要求提供检测所需的该授权品种的繁殖材料或者送交的繁殖材料不符合要求的，国家林业和草原局予以登记，其品种权自登记之日起终止。

④经检测该授权品种不再符合被授予品种权时的特征和特性的，自国家林业和草原局登记之日起终止。

农业农村部为农业植物新品种权的审批机关。农业植物新品种权终止由农业农村部负责登记和公告，具体由农业农村部植物新品种保护办公室定期发布植物新品种保护公报，公告品种权有关内容。

国家林业和草原局为林业植物新品种的审批机关。国家林业和草原局植物新品种保护办公室设置品种权登记簿，登记品种权申请、授予、转让、继承、终止等有关事项。国家林业和草原局定期出版植物新品种保护公报，公告品种权申请、授予、转让、继承、终止等有关事项。

知识点十八　植物新品种权的无效

■ **大纲要求：熟悉** * * *

1. 宣告品种权无效的情形

自审批机关公告授予品种权之日起，植物新品种复审委员会可以依据职权或者依据任何单位或者个人的书面请求，对不符合授予品种权的植物新品种应当具备新颖性、特异性、一致性、稳定性等任一条件的，宣告品种权无效。

2. 宣告品种权无效的效力

1）被宣告无效的品种权视为自始不存在。

2）宣告品种权无效的决定不具有追溯力。对在无效决定宣告前人民法院作出并已执行的植物新品种侵权的判决、裁定，省级以上人民政府农业农村行政主管部门、林业和草原行政主管部门作出并已执行的植物新品种侵权处理决定，以及已经履行的植物新品种实施许可合同和植物新品种权转让合同，不具有追溯力。但是，因品种权人的恶意给他人造成损失的，应当给予合理赔偿。依照前款规定，明显违反公平原则的，品种权人或者品种权转让人应当向被许可实施人或者受让人返还全部或者部分使用费或者转让费。

知识点十九　植物新品种权的侵权责任

■ **大纲要求：熟悉** * * *

1. 侵权行为

1）任何单位或个人未经品种权人认可，以商业目的生产、销售或者重复利用授权品种的繁殖材料的行为。除《品种管理条例》规定的合理使用情况外，未经品种权人许可，下列情形属于侵犯品种权的行为：

①生产或者繁殖授权品种的繁殖材料、由授权品种的繁殖材料获得的收获物或者由授权品种的收获物制成的直接产品。

②将授权品种的繁殖材料或者收获物重复使用于生产另一品种的繁殖材料。

③为生产、繁殖或者重复使用行为而进行的收购、存储、运输。

④为繁殖授权品种进行的处理加工。

⑤对授权品种的繁殖材料或者收获物进行的许诺销售、销售、推广、出口或者进

口行为。

2）假冒授权新品种的行为。

假冒授权新品种的行为是指非法印制、使用或者销售伪造的、已被驳回、撤回、种植或者宣告无效的植物新品种权证书、植物新品种权申请号或者其他植物新品种标志的行为。

《植物新品种保护条例实施细则（林业部分）》规定，假冒授权品种是指：

①使用伪造的品种权证书、品种权号的。

②使用已经被终止或者被宣告无效品种权的品种权证书、品种权号的。

③以非授权品种冒充授权品种的。

④以此种授权品种冒充他种授权品种的。

⑤其他足以使他人将非授权品种误认为授权品种的。

《植物新品种保护条例实施细则（农业部分）》规定假冒授权品种行为是指下列情形：

①印制或者使用伪造的品种权证书、品种权申请号、品种权号或者其他品种权申请标记、品种权标记。

②印制或者使用已经被驳回、视为撤回或者撤回的品种权申请的申请号或者其他品种权申请标记。

③印制或者使用已经被终止或者被宣告无效的品种权的品种权证书、品种权号或者其他品种权标记。

④生产或者销售本条第①项、第②项和第③项所标记的品种。

⑤生产或销售冒充品种权申请或者授权品种名称的品种。

⑥其他足以使他人将非品种权申请或者非授权品种误认为品种权申请或者授权品种的行为。

2. 侵犯植物新品种权承担侵权责任的方式

1）未经品种权人许可，以商业目的生产或者销售授权品种的繁殖材料的，品种权人或者利害关系人可以请求省级以上人民政府农业农村行政主管部门、林业和草原行政主管部门依据各自的职权进行处理，也可以直接向人民法院提起诉讼。

省级以上人民政府农业农村行政主管部门、林业和草原行政主管部门依据各自的职权，根据当事人自愿的原则，对侵权所造成的损害赔偿可以进行调解。调解达成协议的，当事人应当履行；调解未达成协议的，品种权人或者利害关系人可以依照民事诉讼程序向人民法院提起诉讼。省级以上人民政府农业农村行政主管部门、林业和草原行政主管部门依据各自的职权处理品种权侵权案件时，为维护社会公共利益，可以责令侵权人停止侵权行为，没收违法所得和植物品种繁殖材料；货值金额5万元以上的，可处货值金额1倍以上5倍以下的罚款；没有货值金额或者货值金额5万元以下的，根据情节轻重，可处25万元以下的罚款。

2）假冒授权品种的，由县级以上人民政府农业农村行政主管部门、林业和草原行政主管部门依据各自的职权责令停止假冒行为，没收违法所得和植物品种繁殖材料；货值金额5万元以上的，处货值金额1倍以上5倍以下的罚款；没有货值金额或者货值金额5万元以下的，根据情节轻重，处25万元以下的罚款。

知识点二十　育种创新成果的保护与应用

■ **大纲要求：理解** * *

1）为了保护植物新品种权，鼓励培育和使用植物新品种，促进农业、林业的发展，我国于1997年10月1日就开始实施《中华人民共和国植物新品种保护条例》，保护育种创新成果，推动育种创新成果转化为植物新品种权。

2）植物新品种保护预警应急机制是指实现植物新品种权风险预测、告警和应对的制度体系，主要包括新品种信息收集机制、分析处理机制和告警机制。

①新品种及品种权信息的检索和采集机制。采集植物新品种申请和授权信息、植物新品种争议的纠纷信息、品种相关法律法规、国家农业林业科技、投资活动中的品种权信息。

②新品种权数据分析机制。通过建设新品种权预警分析软件，开展障碍品种筛选、建立新品种权指标体系；开展侵权判定、组织专家评估和分析，提供新品种权预警分析报告。

③新品种权预警信息发布。使企业随时掌握国际上新品种技术发展状况和植物新品种权保护动态。

④新品种权预警应对机制。根据新品种权预警分析报告、植物新品种技术发展状况、植物新品种权保护动态等制定相应对策。

⑤新品种权预警信息反馈。进行后续跟踪，并对预警分析意见进一步修正。

3）制定技术支撑体系加强植物新品种保护：

①建立和完善种质资源库数据库。

②完善植物新品种权数据库。

③完善植物新品种在线申报系统。

④建立网格化的植物新品种测试中心。在全国建立1个植物新品种测试总中心，在各地设立若干 DUS 测试分中心。

⑤在部分条件成熟的省市设立植物新品种保护受理办事处，实行受理、初审、咨询等服务。

4）品种权推广应用和转化主要包括三方面内容：

①品种权人自己转化实施。

②许可实施。

③转让实施。

5）植物新品种测试是指对植物新品种特异性（Distinctness）、一致性（Uniformity）和稳定性（Stability）的测试（简称 DUS 测试）。它是申请品种授权前进行实质审查的重要步骤，其结论也是授予植物新品种权的必要条件。我国目前已建成包括1个 DUS 测试中心、27个 DUS 测试分中心、3个 DUS 专业测试站的测试体系。测试指南是开展植物 DUS 测试的技术基础，是判定新品种的标准。制定规范化和标准化的测试指南及流程，形成更多的农业行业标准，可保证植物新品种测试的科学性和准确性。

知识点二十一　掌握遗传资源的概念、特征和价值

■ **大纲要求**：掌握＊＊＊＊

	内容
遗传资源的概念	取自人体、动物、植物或者微生物等含有遗传功能单位并具有实际或者潜在价值的材料，任何能在生物间进行传递的遗传信息的载体为遗传功能单位
遗传资源的特征	1. 复合性。遗传资源是无形信息和有形载体的统一体。有形载体是指具有物理表现形式的物质材料，如植物、动物、微生物等；无形信息是指其有形载体所承载的遗传信息。遗传信息可以脱离其有形载体而继续存在，当遗传信息同筛选、研究、开发等活动相结合时，可以成为新产品的来源。 2. 分布不均衡性。表现在"时空"差异上，即遗传资源往往是在特定时期内存在于特定地域内。遗传资源的地理分布受到地理环境、气候条件等的制约，因而在不同的地域内遗传资源的分布往往呈现出较大的差异。世界上最高比例的遗传资源为热带和亚热带地区的少数国家所拥有。 3. 不可再生性。遗传资源所承载的无形信息是可以再复制的，但无形信息依托的有形载体一旦灭绝，其所承载的无形信息也就随之灭失。在自然环境中原本大量存在的生物物种一旦灭绝，便不能再生

续表

遗传资源的价值	1. 遗传资源本身对于延续生物多样性的完整性和持续性具有重要意义。 2. 遗传资源为人类提供维持人类生存所必需的食物、药品。 3. 遗传资源可以维持生态平衡，具有重要的生态价值功能

知识点二十二　我国遗传资源保护与利用状况

■ **大纲要求：熟悉*****

1) 我国遗传资源的生物多样性具有下列特点：物种高度丰富；特有属种多；区系起源古老；栽培植物、家养动物及其野生亲缘的种质资源异常丰富；生态系统丰富多彩；空间格局繁复多样。

2) 我国关于遗传资源的立法可以概括为以宪法为指导，以相关法律法规为主体，以国际条约为补充的分散式立法。

我国遗传资源保护的立法体系

位阶	名称	条目	内容
宪法	《中华人民共和国宪法》	第9条、第26条	确立了保护自然资源的立法指引
法律	《中华人民共和国专利法》（2008年修正）	第5条、第26条	对依赖遗传资源完成的发明创造进行了规定
	《中华人民共和国野生动物保护法》（2018年修正）	第17条	对野生动物遗传资源的利用和保护进行了规定
	《中华人民共和国畜牧法》（2015年修正）	第2章	对畜禽遗传资源的保护、管理和利用进行了规定
	《中华人民共和国种子法》（2015年修订）	第8条、第9条、第10条、第11条	对种质资源的保护、管理和利用进行了规定
	《中华人民共和国渔业法》（2013年修正）	第29条	对水产种质资源及其生存环境的保护进行了规定
	《中华人民共和国科学技术进步法》（2007修订）	第28条	规定了珍贵、稀有、濒危的生物种质资源、遗传资源等科学技术资源出境管理制度

续表

行政法规	《中华人民共和国人类遗传资源管理条例》	全文	对人类遗传资源的采集、保藏、利用与对外提供进行了详细规定
	《中华人民共和国专利法实施细则》（2010年修订）	第26条、第109条	对遗传资源的定义、依赖遗传资源完成的发明创造的专利申请进行了规定
	《中华人民共和国野生植物保护条例》（2017年修订）	第3条、第5条、第9条、第10条、第15条、第16条、第17条、第21条	对野生动物资源的保护、发展和利用进行了规定
	《中华人民共和国植物新品种保护条例》（2014年修订）	全文	对植物新品种的保护进行了规定

遗传资源的利用，即遗传资源的获取与惠益共享的问题。遗传资源的获取即在不占有的前提下获取并利用遗传资源，遗传资源的获取可以分为原始获取与嗣后取得两种方式。遗传资源的惠益共享即不同主体之间公平合理、共同分享利用遗传资源所产生的货币性与非货币性回报，这不仅涉及一国境内的不同主体之间的惠益共享，而且涉及不同国家之间的惠益共享。

知识点二十三　国际遗传资源保护与利用状况

■ **大纲要求：熟悉** * * *

1. 《生物多样性公约》（CBD）

《生物多样性公约》是在联合国环境规划署的主持下，经政府间谈判而达成的具有法律约束力的多边环境协定。我国于1992年加入该公约，随着第30个国家的批准，该公约于1993年正式生效。《生物多样性公约》旨在保护生物多样性、持久使用其组成部分以及公平合理分享利用遗传资源而产生的惠益。

公约确立的基本原则与基本类型。其一，公平原则。遗传资源的提供国应能够充分参与遗传资源的研究开发并分享相关技术资料及因研究成果所产生的收益。其二，（发展中国家）优先原则。发展中国家，在公平的基础上优先取得基于其提供资源的生物技术所产生的成果和惠益。其三，共同商定原则。由于遗传资源的提供者以发展中国家居多，而利用者以发达国家居多，双方之间的地位不平等将会实质上破坏惠益分享公平原则，需要各国特别是发展中国家采取针对政策加以应对。

2. 《粮食和农业植物遗传资源国际条约》（ITPGRFA）

这是联合国粮食和农业组织（FAO）制定并于2001年通过的国际法律文件。该条约旨在建立一个全球系统，为农民、植物育种者和科学家获取植物遗传资源材料；确保受助人相互分享他们从使用这些来自原产国的遗传资源材料的获益。该条约由正文七个部分共35条组成，另外还有两个附件。根据联合国粮食及农业组织对该条约的介绍，该条约的主要条款包括"多边系统""获取和利益分享""农民权"与"可持续利用"。

知识点二十四　我国对传统知识保护与利用情况

■ **大纲要求：掌握 ****

广义上的传统知识几乎涵盖了所有的知识产权对象，但是需要加以"基于传统"的限制；狭义的传统知识一般仅指基于传统的技术类知识。

我国对于传统知识保护和利用的法律规定：一类是有关传统知识的专门立法，另一类为传统知识的非专门立法。

专门立法包括技术类传统知识（狭义上的传统知识），还包括遗传资源、民间文艺等。狭义的传统知识的立法主要有《中华人民共和国中医药法》。

非专门立法，传统知识可以在既有的知识产权法律框架之下获得保护。在满足知识产权法的客体要求的前提下，传统知识的持有人可以获得民事权利保护。知识产权的民事权利性与传统知识的社会性也很难兼容，因此，借用知识产权法律框架对传统知识的保护与利用进行规制难免力所不逮。

知识点二十五　国际上对传统知识的保护与利用情况

■ **大纲要求：掌握 ****

世界知识产权组织（WIPO）是目前对传统知识保护与利用进行探索的最主要的国际组织。由于各国就传统知识等问题上的分歧，至今没有形成一部统一的国际法律文书。但是也取得了一些重要成果，如《知识产权与遗传资源、传统知识和传统文化表现形式重要词语汇编》及其多次修订、《保护传统知识：目标与原则》及其多次修订、《保护传统知识：条款草案》及其多次修订等。

联合国教育、科学及文化组织（UNESCO）成立于1945年，其致力于推动各国在教育、科学和文化领域开展国际合作，更多地关注与传统知识有关的人权问题，将传统知识视为土著居民与社区的一项基本权利，并在此前提下探索传统知识的保护问题。2003 年 UNESCO 在第 32 届大会上通过的《保护非物质文化遗产公约》可以说是传统知识保护的国际法律文件。2005 年 UNESCO 在第 33 届大会上通过的《保护和促进文化表现形式多样性公约》，表明其对原住民传统知识在促进人类可持续发展方面的重要价值。

知识点二十六　我国对民间文艺保护的制度与利用现状

■ 大纲要求：熟悉＊＊＊

《中华人民共和国著作权法》第 6 条授权国务院对民间文学艺术作品的著作权保护进行规定。2014 年《民间文艺作品著作权保护条例（征求意见稿）》将民间文学艺术作品界定为"由特定的民族、族群或者社群内不特定成员集体创作和世代传承，并体现其传统观念和文化价值的文学艺术的表达"并列举规定了如下类型：①民间故事、传说、诗歌、歌谣、谚语等以言语或者文字形式表达的作品；②民间歌曲、器乐等以音乐形式表达的作品；③民间舞蹈、歌舞、戏曲、曲艺等以动作、姿势、表情等形式表达的作品；④民间绘画、图案、雕塑、造型、建筑等以平面或者立体形式表达的作品。

我国目前没有关于民间文艺的统一立法，有关民间文艺保护与利用的规定散见于国家和地方的相关文件中。《中华人民共和国非物质文化遗产法》使用了"传统文化表现形式"一词，实际上就是民间文艺。该法所保护的不仅包括各种传统文化表现形式，也包括与传统文化表现形式相关的实物和场所。

我国多个省份也出台了有关非物质文化遗产的地方性法规。

知识点二十七　国际上对民间文艺保护的制度与利用现状

■ 大纲要求：熟悉＊＊＊

有关民间文艺保护的统一的国际保护的文件尚未形成。

《保护文学和艺术作品伯尔尼公约》于 1886 年制定于瑞士伯尔尼，后经多次修订并形成不同文本，我国于 1992 年加入该公约。这是最早涉及有关民间文学艺术保护问题的国际公约，但实际保护效率并不高。

1976 年世界知识产权组织与联合国教科文组织制定了《发展中国家突尼斯版权示范法》。它为很多发展中国家的版权立法起到了示范作用，但对成员方没有强制力。

1982 年联合国教科文组织和世界知识产权组织通过了《保护民间文学艺术表达免被滥用国内立法示范法》，认为在民间文学艺术表达的保护上，各成员方有充分的自由来选择适合其实际情况的保护模式，既可以是版权保护模式，也可以是特别保护模式或者邻接权模式。它对成员方同样没有强制力。

知识点二十八　商号及商号权的概念

■ 大纲要求：掌握＊＊＊＊

商号及商号权的概念

商号定义	申请登记的企业名称，包括字号（商号），商号应由两个以上的文字组成，民族自治地方的商号可以用民族通用的民族文字
商号权定义	即厂商名称权，一种工业产权，对自己已登记的商号（厂商名称、企业名称）不受他人妨害的一种使用权。商事主体对商号在一定地域范围内依法享有的独占使用权
商号权主体	是依法取得商事主体资格的独立的商品生产者或经营者，且具有单一性。商号主体的单一性是指同一商号在核准范围内只能为一个商品生产经营者所拥有。一个总公司的商号可为其数个子公司共同使用，但只有总公司才有权转让该商号，总公司是该商号的唯一的所有者
商号权的客体	是依法核准注册的商号。我国商号或企业名称必须经过登记才能获得专有权。有些国家规定依法注册并不是取得商号权的必要条件。如日本法律将商号权分为商号专用权和商号使用权，商号使用权是指未经核准登记的商号，其使用人无权对抗他人使用相同或相似的商号
商号权的内容	具有人身权和财产权双重属性。商号是商事主体法律人格的化身，更具人格性。同时具有无形财产属性，信誉良好的商号可以给商号所有人带来一定的经济利益

知识点二十九　侵犯商号权的行为表现及应承担的法律责任

■ 大纲要求：掌握＊＊＊＊

商号权人的权利

权利名称	内容
使用权	商号权利人可以依法自主地使用其商号
禁止权	禁止他人登记注册与其商号相同或近似的商号，禁止他人擅自使用其商号
转让权	商号权利人有权依法将其商号转让给他人使用
许可使用权	商号权利人有权允许他人使用其商号

侵犯商号权是指未经商号权人许可，对商号重复登记或擅自冒用、盗用其商号的

行为。商号权具有排他性和专用性。

　　侵犯商号权的行为主要表现为"混淆行为",经营者擅自使用他人有一定影响的企业名称(包括简称、字号等)、社会组织名称(包括简称等)、姓名(包括笔名、艺名、译名等),引人误认为是他人商品或者与他人存在特定联系,构成不正当竞争行为。违反《反不正当竞争法》规定的,应当承担民事责任、行政责任和刑事责任。